최후의 금기어를 논하다
실패의 향연

최후의 금기어를 논하다

실패의 향연

크리스티아네 취른트 지음 · 오승우 옮김

들녘

끊임없이 시도했다. 그때마다 **실패**했다. 늘.

다시 시도했다. 또 **실패**했다.
이번에는 좀더 세련되게.

사무엘 베케트
「최악의 방향을 향하여 *Worstward Ho*」

실패의 구조

진보하는 실패

실패하며 사는 세상

현대성의 경험

우리는 실패에 대해 말하는 것을 좋아하지 않는다. 생각하는 것
조차 싫어한다. 실패라는 단어도 별로 좋아하지 않는다. 헛된
망상, 잃어버린 꿈, "꿈 깨라" 같은 말이 그렇듯 실패란 말도 좋
아하지 않는다.

　허나 실패는 인생사의 일부라고들 한다. 자기 인생이 '실
패'라는 단어와 연결되기를 바라는 사람은 없을 테지만 누가
실패했다는 이야기처럼 흔한 것도 없다. 취업에 실패했다, 결혼
생활이 파탄났다, 임신했는데 애인과 헤어져버렸다는 이야기
와 빈곤, 전락, 실업, 악몽으로 끝난 사업 이야기. 저녁뉴스에서
는 앞길이 창창해보이던 유명 정치인의 비참한 말로가 화제가
된다. 내 주변에도 지금까지 이루고 소유하고 성취했던 모든 것

이 갑자기 흔들려 삶의 위기를 맞는 친구들이 있다.

미국의 사회학자 리처드 세네트는 현대사회 최후의 메가톤급 금기어는 바로 '실패'라고 했다. 그렇다. 머리로는 끊임없이 생각하지만 입 밖으로 내지 못한다는 점에서 실패에 대한 우리의 태도는 빅토리아 시대에 성(性)을 다루던 모습과 흡사하다.

성공이냐 아니냐의 한 가지 잣대밖에 없는 오늘날, 실패는 지나친 성공 중심 사회의 잡음으로 도처에 존재한다. 실패는 잘 안 될 거라는 두려움, 빈곤에 대한 두려움, 지위 상실에 대한 두려움 속에 존재한다. 또 잘 하지 못할까 봐, 현재 수준을 유지하지 못할까 봐 두려워하는 태도에도 존재한다.

19세기에는 성을 금기시했다. 극단적인 경우지만 일반 가정에서는 거실에 둔 그랜드 피아노의 볼륨감 있게 세공된 다리를 천으로 덮어 두기까지 했다. 나무 다리의 곡선이 야릇한 상상을 불러 일으킨다는 게 이유였다. 이러한 금욕주의 뒷면에는 금지된 욕구와 성도착 문화가 공공연하게 존재했다. 유곽, 포르노 서적, "채찍 클럽"이라는 사도마조히즘 전문점도 있었다. 오늘날도 그렇다. 실패에 대해 침묵하는 분위기가 오히려 역문화를 만들어냈다. 19세기가 당시의 억눌린 성욕구를 과장하고 변조해 수면 아래에서 창궐하도록 했다면 오늘날은 실패에 대한 두려움에 짓눌린 사람들을 대신해 미디어가 앵무새처럼 수다를 떨어준다. 미디어의 수다는 우리의 관음증을 만족시켜 준다. 정치가의 실패는 물론이고 축구선수의 파경, 벤처 회사의 실패

경험담을 경쟁적으로 보도하는 것이 미디어의 주요 기능이 되어버렸다. 우리는 또 그것들을 안주삼아 곱씹는다. 나락으로 떨어질수록 매스미디어는 기뻐한다. 그러나 미디어도 실패가 무엇을 의미하는지, 어째서 우리 스스로 실패에 대처하지 못하는지 설명하지 못한다. 실패가 성공보다 훨씬 흥미롭다고 보았던 멋쟁이 영국 신사 맥스 비어봄처럼 미디어는 실패라는 현상을 더없이 화려하게 장식함으로써 실패에 대한 진지한 논의를 가로막는다.

통상적으로 성공은 사교의 주제가 되지만 실패는 그렇지 못하다. 오랜만에 만난 사람에게 "요즘 어떻게 지내세요?"라고 상냥하게 인사를 건네는 것이 실은 "나보다 잘 나가세요?" 하고 떠보는 의도임을 모르는 이는 없다. 우리는 가능하면 자기가 실수한 이야기를 입 밖에 내지 않는다. 자기 능력 밖의 일이나 놓쳐버린 기회에 대해서도 잘 터놓지 않는다. 침묵한 채로 실패의 불씨를 슬쩍 덮어버리고자 한다. 실패의 심리적, 재정적 또는 실존적 결과를 감수하고 싶지 않기 때문이다.

실패의 결과가 극적이고 심각할수록 그것에 대해 이야기할 가능성은 낮다. 실패는 아무도 모르는 나만의 비밀이다. 남들에게는 자신이 무능하다는 것을 드러내고 싶지 않다. 그러나 과거의 실패가 성공으로 가는 하나의 과정이 된다면 얘기는 달라진다. 이미 톱스타 반열에 오른 B는 예전에 연기학교 입학시

험에서 여섯 번이나 떨어졌다는 이야기를 기꺼이 공개한다. K
의 소설이 수년 동안 팔리지 않았다는 말도 그 소설이 3만 부나
팔린 후에는 쉽사리 이야기할 수 있다. M이 1984년 대입시험
에 낙방했다는 사실도 그가 일단 10억을 벌어들인 다음에는 더
이상 숨길 이유가 없어진다. 그러나 이렇다 할 성공의 비전도
없는데 자신의 실패를 곳곳에 떠벌이는 짓은 아무도 하고 싶지
않을 것이다. 우리가 사는 이 세상에서 실패는 부끄러운 것, 차
마 드러낼 수 없는 것이기 때문이다. 사람들은 실패를 두려워한
다. 그렇지 않은가.

성공 전략을 다룬 수많은 책들은 불가능한 것을 가능하게 해주
겠다고 약속한다. 올바른 조언에도 불구하고 여태껏 성공하지
못한 이들에게 부자가 되도록, 사랑에 골인하도록 도와주겠다
고 한다. 대학의 세미나를 한번 살펴보자. 사랑과 실패는 문학
의 영원한 주제다. 그러나 문학도의 박사 논문이나 교수 임용
논문은 주로 그 외의 것들을 다룬다. 거기서 결코 다루지 않는
주제가 하나 있다. 바로 야망과 소망을 가진 인간이 자신 또는
외부의 한계에 부딪힌다는 것이 무엇을 의미하는가이다. 우리
사회는 바벨탑을 이야기할 때 그 주제인 실패에 집중하는 것이
아니라 이야기의 특별한 전달 방식에 초점을 맞춘다. 직업세계
도 이와 다르지 않다. 이제는 더 이상 많은 인사 담당자들조차
아름답고 흠잡을 데 없이 수직 상승한 이력에만 집착하지 않는

다. 명예스럽지 못한 사건도 창의적인 이력에 포함시키는 것이 우리 사회의 미덕이 되었다. 그렇다고 면접에서 자신의 실패에 대해 직접적으로 이야기하는 것은 바보 같은 짓이다. 대신 우리는 도전정신이나 융통성 또는 배울 자세가 있음을 피력하면 된다. 결코 실패의 '실' 자도 직접 말해서는 안 된다.

유럽과 달리 미국 문화에서는 실패를 다른 측면에서 바라본다. 즉 실패를 이루지 못한 개인적 행위의 결과로 본다. 만일 실패한다고 해도 성공을 열망해 다시 노력한다면 누구나 곤궁함에서 벗어날 수 있다고 믿는다. 얼마나 권장할 만한 실패 적응법인가! 어쨌든 미국에서는 '이력에서의 실패'만 이야기하고 있을 뿐이다. 이것은 분명히 알아두어야 할 차이점이다.

실패란 한계에 다다랐음을 의미한다. 제자리에서 한 발짝도 더 나아가지 않는 것, 한마디로 지금까지 해왔던 것처럼 계속 할 수 없음을 뜻한다. 실패는 야심을 갖고 행동했으나 뜻대로 되지 않았을 때, 즉 도저히 저항할 수 없는 상황에 부딪혔을 때 발생한다. 실패는 종종 비유적인 그림으로 나타난다. '난파선'과 운명에 의해 '추락하는 인간.' 고대로부터 내려오는 이 두 그림은 삶의 극적 전환 그 자체다. 이것은 인간이 예측할 수 없는 힘 앞에 무력하게 내동댕이쳐졌을 때 어떤 일이 벌어지는지 상징적으로 보여준다. 오늘날에도 우리는 '난파'와 '추락'을 떠올리며 언제 닥칠지 모르는 실패를 두려워한다.

실패는 언제나 끔찍한 경험이다. 온 세상이 무너져 내린다. 모든 것이 전과 같지 않다. 관계든 직업이든 학업이든 또는 오래 품고 있던 꿈이든 간에 이것들을 포기해야 할 때는 두려움에 힘이 빠진다. 당사자에게는 엄청난 고통이다. 그러나 그는 계속 나아가야 한다. 명백한 목표나 계획이 없어도 뭔가 하긴 해야 한다. 사실 뭘 어떻게 해야 하는지도 모르는데 말이다. 이것이 바로 실패의 구조다. 실패를 경험하는 순간 미래는 소멸된다. 자신의 현재와 과거가 한꺼번에 흔들리는 탓에 가장 절박하게 필요한 계획과 비전을 세울 수 없기 때문이다. 무언가를 결정할 만한 입장도 안 된다. 실로 끔찍한 딜레마가 아닐 수 없다. "실패는 또 하나의 기회"라고 흔히 말하지만 이는 말장난에 불과하다.

한계에 부딪힌 사람은 상황을 명확히 이해하지 못한다. 단순히 극복할 수 없는 일이라고 생각했거나 실제로 극복하기 어려운 상황이었다 해도 마찬가지다. 이것은 자신의 단점이나 판단 착오를 순순히 시인하려 들지 않아서가 아니라 한계를 뛰어넘어야 할 때 비로소 한계가 눈에 보이기 때문이다. 사고가 자유로운 20~50세에 이르는 도시인들은 대개 한계 뛰어넘기의 달인이다. 그들은 아프리카 리듬과 프랑스 샹송이 섞인 음악을 즐길 수 있고, 필요하면 성역할의 한계도 뛰어넘는다. 능력만 있다면 히말라야에서 헬리콥터 스키를 탈 수 있고, 움직이기 싫다면 최소한 기네스북이라도 살 수 있다. 우리는 늘 한계를 설정하고 시험해본다. 그러면서 얼마나 높이, 얼마나 멀리, 얼마나 많이, 얼마나 빠르게, 얼마나 오래 갈 수 있는지 생각한다. 그리고는 "그 이상은 어떻게 좀 안 되려나?" 하고 자문한다.

38km 지점에서 포기한 마라톤, 빛도 보지 못한 채 서랍 속에 처박혀 있는 시나리오, 힘든 면접 끝에 받은 불합격 통보, 이런 일들은 운이 나쁜 정도를 넘어 확실하게 쓰라린 실패다. 한계에 부딪혔다는 인식이야말로 실패를 참기 어렵게 만든다. 실패는 사소한 불쾌감 정도가 아니다. 불행도 불운도 고장도 착오도 아니다. 일상에서 맞닥뜨리는 성가신 일이 아니다. 내 차를 어디에 주차했는지 단번에 못 찾는 것, 아침마다 셔츠에 잼을 흘리는 것, 이케아에서 산 종이 서랍장의 뒷면이 자꾸 쓰러지는 것과는 전혀 다른 문제다. 실패는 차원이 다른 문제다. 실패는 한계체험으로서 인생 자체를 힘들게 한다. 결과도 각양각색이다. 그러나 모든 실패에는 한 가지 공통점이 있다. 실패의 결과는 내가 누구인가, 내가 무엇을 할 수 있는가, 내가 무엇을 가지고 있는가에 대한 지금까지의 생각을 바꿔버린다는 사실이다. 인간의 삶을 송두리째 뒤흔드는 한계체험에 대한 인식은 고대부터 나타난다. 이러한 한계체험은 많은 사람을 매료시켰다. 그리스 비극에서는 전 관객이 주인공이 경험하는 끔찍한 몰락의 증인이 되었다. 당시만 해도 실패는 영웅의 특권이었다. 평범한 개인이 실패를 체험할 수 있게 된 것은 근대가 시작되면서부터다. 그것은 아마도 내가 누구인가, 내가 할 수 있는 것이 무엇인가, 또 내가 가지고 있는 것이 무엇인가를 자문할 수 있

게 되었기 때문일 것이다. 이러한 의문에 직면한 인간은 그에 대한 답을 구하고자 충격을 감수하며 모험을 감행한다.

현대사회에서는 누구나 이런 질문을 제기할 수 있고 또 제기해야 하므로 그 해답도 다양하다. 누가, 인생의 어느 위치에서, 어떤 조건 하에서 이 질문을 제기하느냐에 따라 답도 달라진다. 실패의 스펙트럼은 매우 넓다. 남들 눈에는 잘나 보이지만 자기가 세운 기준에서 야망을 이루지 못했으므로 스스로를 실패자라고 생각하는 사람이 있는가 하면, 누가 보아도 바닥을 기는 실패자도 있다. 대학교수이면서도 원래 자신의 꿈이었던 유명한 학자가 되지 못했다는 불만 때문에 성공을 갉아먹는 사람이 있다. 반면 어떤 이는 집세도 내지 못하고 근근이 산다.

이러한 개인적 나락의 경험 뒤에는 우리가 모르는 실패의 문화가 있다. 나는 이 책에서 과거 우리가 들여다본 적이 없었던 실패의 세계를 다룰 것이다. 현대를 사는 우리는 패배의 문화에 두려움을 갖기보다 차라리 친숙해져야 하기 때문이다. 그래야 실패를 보는 시각이 완전히 왜곡되는 것을 막을 수 있다. '실패'라는 말에 즉각적으로 혼란스러워 하거나 기분 나빠하지 말고 실패에 관한 수많은 그림과 인물, 이야기들을 떠올려보자. 이카로스, 고대 비극에 등장하는 영웅의 끝없는 추락, 난파선, 좌절한 천재, 망가진 인생에서 느끼는 아이러니컬한 기쁨, 인생의 거짓, 컴백. 우리가 이런 식으로 거리를 두고 실패를 관찰하면 거기에서 진실로 무엇이 끔찍한 것인지 깨닫게 된다. 일단 한 번 실패를 경험하면 더 이상 실패를 부끄러워하지 않게 된다. 그리고 이것을 우리 문화의 일부로 이해한다면, 실패가 닥쳐도 생존 기반을 염려하지 않게 된다. 실패했다고 해서 바로 내쫓기거나 생존권을 박탈당하는 것은 아니다. 실패에 맞닥뜨렸을 때 어떻게 두려움이 만들어지는지, 그 두려움이 어디서 오는지를 이해한다면 겁을 집어먹지 않을 수 있다. 실패에 당당하게 대처할 수 있다.

2005년 초 이 책을 쓰는 동안 '실패'와 실업을 동일시하려는 사람들을 많이 만났다. 그러나 실패를 실업과 동의어로 여기는 것은 적절하지 않다. 실업자가 되었다고 해서 자동적으로 실패자가 되는 건 아니기 때문이다. 실패를 지위 상실이나 빈곤과 동일시할 수도 있다. 하지만 반드시 그런 것은 아니다. 물론 일반적으로 '실패'라고 말했을 때 직업적 실패라고 생각하는 데에는 나름대로 이유가 있다. 우리 사회가 낭만적 이유를 허락하는 것은 파트너를 선택할 때뿐이다. 다른 큰 결정은 전부 돈과 관련이 있다. 직업에서 얼마나 성공했느냐, 돈을 얼마나 많이 버느냐로 성공 여부를 가늠하는 사회 분위기가 팽배해 있는 탓이다.

　나는 이 책에서 직업적 실패와 그에 대한 두려움이 어떤 문화적 배경에서 나왔는지 보여줄 것이다. 하지만 이렇게 한다고 해서 실패를 전부 이해할 수 있는 것은 아니다. 실패에 관한 책을 쓰겠다고 생각하면서 나는 실패가 가진 특성 중 그동안 제대로 조명되지 않은 부분을 다뤄야겠다고 생각했다. 실패는 우리 인생에서 현대성을 경험하게 해준다. 그러나 실패를 통해 겪는 세계는 도저히 극복할 수 없을 만큼 복합적이다. 세계화된 사회에서는 누구라도 실패할 수 있다. 우리의 삶을 이전 세기의 삶과 구분짓는 것은 바로 이 점이다. 실패할 가능성은 언제나 존재한다. 아마도 모든 것을 해낼 수 있다고 배워왔기 때문일 것이다. 우리는 실패를 통해 비로소 꿈꾸어오던 것들이 전혀 다르게 진행될 수 있다는 사실을 경험하게 된다.

인생의 계획이 전복된다. 은행원이 되면 삶은 보장되리라 생각했지만 지금은 실업자가 되었다. 견고해 보이던 가정은 관계가 깨지자 무너져내렸다. 아내나 남편은 물론이고 때론 아이들과도 이별해야 한다. 사회도 더 이상 한 사람과 평생을 보내야 한다고 강요하지 않는다. 아이들은 학교를 졸업하면 형식상 그 이전의 어떤 세대도 가져보지 못한 '자수성가할 수 있는' 많은 가능성에 노출된다. 세상이 그들을 향해 열려 있는 덕분이다. 그러나 노동시장의 현실은 전혀 다르다. 그리고 이제 우리는 '아이들이 잘나가지 않는다'는 사실을 안다. 여러 세대를 거치는 동안 사회적 신분 상승 스토리의 결말이 완전히 새롭게 바뀌었기 때문이다. 처음에는 가능한 한 모든 역할을 해내고자 노력한다. 슈퍼스타, 인생의 구원자, 파워우먼, 어머니, 아버지…… 원하기만 하면 다 할 수 있을 줄 알았다. 대중매체가 만들어낸 이상적인 인생설계가 마치 자신의 것인 양 끝없이 환상을 좇는다. "이게 더 중요해, 아니야 저게 더 중요해, 더 멋있잖아, 남들은 저렇게 잘나가는데 나는 왜 이러지." "난 진짜 너무 똑똑해, 그런데도 기회가 안 온단 말이야."

이 책은 삶에서 겪는 실패의 경험을 다룬다. 무엇이 실패를 야기하는지 정치적, 경제적으로 분석한 책이 아니다(어떻게 그것들을 이 책 한 권에 다 담을 수 있겠는가?). 나는 실패란 무엇이며, 시대마다 실패의 의미가 다른 이유가 무엇인지 궁금했다. 그래서 새로운 시각에서 실패를 관찰했다. 이 책의 내용은 처세술 입문서에서 만날 떠들어대는 것들이 아니다. 성공을 장담하는 그런 책들은 자칫 치명적일 수 있다. 나는 이 책에서 당장 답을 내야 하지만 무슨 일을 어떻게 해야 할지 모르는 우리들의 이야기를 다뤘다. 그리고 이 사회의 종교적 신념처럼 여겨지는 성공과의 관계에 대해서도 질문을 던졌다. 실패는 무엇을 의미하는가, 실패라는 말을 들으면 어떤 생각이 떠오르는가? 실패가 왜 금기 주제인가, 실패의 유형학이란 것이 있는가? 있다면 그것은 어떤 것일까? 미국인들이 유럽인보다 실패에 보다 세련되게 대처하는가? 우리는 왜 가능성의 시대에 살면서 실패에 대한 두려움에 사로잡히는 것일까? 성공은 과연 실패의 유일한 대안인가? 좋은 아버지가 되지 못한 것은 그냥 넘어가면서 왜 직업에서의 실패는 비난받아 마땅하다고 고개를 끄덕이는 것일까? 실패란 생각해서도 말해서도 안 되는 것이라고, 살아가는 데 상관없는 주제라고 생각했다면 이런 책을 쓰지 않았을 것이다. 성공이나 능력의 문제가 꼬리표처럼 따라 붙는 사회에서 실패는 우리와 상관없는 것처럼 보인다. 그러나 사실 실패는 우리와 아주 가까운 곳에 있다. 그렇다고 미리부터 공포를 느낄 필요는 없지만.

누구라도 실패할 수 있는 메커니즘

현대인의 이력은 복잡하다. 불안한 사건의 연속이다. 본질적으로 불안정하고, 항상 변화 가능하고, 예기치 못한 일들에 노출되어 있다. 이런 문제들은 '짜깁기 가족', '커리어의 신축성', '현대적 유목민'이라는 말과 더불어 오래전부터 논의되었다. 우리는 파트너를 바꾸고, 파트너에 딸린 가족까지 바꾸며, 직장은 물론 필요하다면 직업까지 바꾼다. 사랑이나 일을 위해서라면 사는 도시나 나라까지 옮긴다. 지금 사는 곳이 아닌 다른 곳에 새로 천막을 칠 준비가 되어 있다. 우리는 이런 변화들을 아주 잘 견디며, 현대인으로서 전망을 바꾸고 배경을 바꾸는 데에 익숙하다.

2002년 여름에 소설 『수정*The Corrections*』이 수주 동안 베스트셀러 자리를 지킨 것은 우연이 아니다. 작가 조너선 프란

젠은 이 책에서 60년대 미국 중산층 가정에서 태어나 자란 세 형제에 대해 이야기한다. 드니즈, 개리, 칩 람버트는 30대 후반으로 20세기 말의 미국 사회에서 길을 찾아 헤매는 인물들이다. 길을 찾는 일이 늘 단번에 되는 것은 아니다. 만일 단번에 길을 찾을 수 있었다면, 그것은 그들이 근본적인 무엇을 고치고 바꿨다는 뜻이다. 성별을, 인생계획을, 직업을, 배우자를 바꾼 것이다. 그들은 60년대 부모들이 섬겼던 미덕을 수정해야 한다. 위기를 맞은 90년대 미국 중산층은 소비사회에 대한 순진한 믿음을 재고해야 했다. 이들은 기회의 땅에 살고 있는 미국 후손들의 전형적인 현재 모습을 보여준다. 유일하게 기능하는 삶의 원칙은 "수정하라!"는 것뿐이다.

19세기 진보 개념의 등장으로 목표지향적 출세 과정이 선전되기 전까지 유럽 사람들은 전통적으로 인간의 삶을 주기적 순환이라고 보았다. 인생은 돌고 도는 봄, 여름, 가을, 겨울과 같았다. 한 계절이 지나면 다음 철이 찾아온다. 생명이 태어나면 그다음은 꽃이 피고, 꽃이 피고 나면 차차 시든다. 마침내 한 과정이 끝난다. 이렇게 삶과 죽음은 조물주의 손이 만든 대로 완전한 질서에 따라 시작하고 끝난다. 그리고 처음부터 다시 시작이다. 당시 사람들은 인생 사이클과 계절 사이클이 똑같다고 생각했다. 사람의 일생에도 세상의 흐름과 마찬가지로 시간적 구조가 있다고 굳게 믿었다. 생성과 소멸의 영원한 반복.

16세기의 마지막 10년 동안 셰익스피어는 사랑과 젊음, 인생무상을 주제로 소네트를 썼다. 이 소네트에 등장하는 수백 장의 그림과 비유들은 사람의 일생과 자연의 흐름이 갖는 유사성을 표현한다. 봄은 청춘, 인생의 꽃인 여름, 그리고 가을과 함께 나이가 들고, 첫서리는 이제 더 이상 새로운 것이 탄생할 수 없는 운명을 의미했다. 노화가 시작되고, 눈처럼 굳어 자연 속에 묻히며, 결국 죽음으로 인생의 말미를 장식하게 된다. 인류가 사는 이 세계의 큰 흐름은 겨울이 지나면 다시 처음부터 반복된다. 그런데 400년이 지난 현재 우리 인생에서 과거와 똑같은 순환 구조를 발견해내기란 불가능해졌다. 8월인데도 갑자기 서리가 내리고 봄에 가뭄이 드는가 하면 38세나 먹어서도 "처음부터 다시!"를 외친다.

한편 시민사회에서는 인생을 작은 계단에 비유했다. 즉 인생의 중반까지 계단을 올라가다가 그 후로는 다시 내려간다. 다양하게 변형된 경우도 있지만 18세기부터 1950년대까지 존재했던 이러한 인생 모델은 이른바 인간의 '계단연령'이었다. 자연법칙이 아닌 사회적 역할이 기준이 된 것이다.

남녀의 역할이 다르기 때문에 계단연령도 성별에 따라 근본적으로 차이가 있다. 남자는 청년이 되면 여자를 얻고, 서른 살이 되어 아이를 낳고 '남자'가 된다. 마흔 살이 되면 이룰 것을 이루고, 쉰 살에는 성취의 최고봉에 선다. 인생의 중반에 괄목할 만한 정점에 도달한다. 그리고 그때부터 점잖게 산을 내려

DAS STUFENALTER DER FRAU

오는 것이다. 한 계단 한 계단씩 여유롭게. 남자는 늙어 허리가 굽고 영혼마저 늙기 시작한다. 반면 여자의 계단연령은 어머니로서의 역할로 일관된다. 자녀 양육의 범위를 넘어서는 일이 거의 없다. 여자는 일단 아이를 생산할 수 있는 잠재적 어머니였다가 어머니가 되고 나중에는 할머니가 된다.

이 전형에 따라 일생은 늘 똑같은 모습이었다. 오르막 다음에 절정이, 그 후에는 내리막이다. 예상 밖의 일이나 경로 이탈의 가능성은 많지 않았다. 인생의 전반부는 사회적으로 공히 부여되는 의무에 복종하며 보냈다. 남자는 직업적 성공을 이루고, 여자는 어머니가 됨으로써 사회적 기대치를 채웠다. 인생의

DAS STUFENALTER DES MANNES.

후반부는 늙어가는 일뿐이었다. 이런 사회에서 '자신의 인생'이란 것은 생각조차 할 수 없었고 다른 종류의 인생은 거론되지 않았다. 반쯤 묵인되었던 이탈이라 해봤자 결혼하지 않는 것 정도가 고작이었다. 환영받지는 못했지만 여기에는 두 가지 역할이 있었으니 하나는 '노처녀' 역이고, 다른 하나는 '노총각' 역이었다. 그런데 이렇게 사회 질서에 편입되지 못한 사람은 틀에서 완전히 벗어난 것으로 간주되었고 어떤 경우에도 용납받지 못했다. 실패는 벌을 받아 마땅한 것이었다. 사회적 역할을 꾸준히 수행해야만 시민사회가 안정적으로 유지될 수 있었기 때문에 경로 이탈자(아웃사이더, 히피족, 펑크족)들은 설 자리가 없었다. 오늘날과 아주 달랐다. 하나의 경구가 되어버린 도덕적 엄격함이 그들 세대를 키웠고 그들의 삶을 규정지었다. 그것은 당시 사람들이 특히 경직되어서도 예민해서도 아니었다. 이것이 사회 내의 음지를 극히 제한적으로만 허용했던 그 시대의 사회 모델이었기 때문이다. 이러한 사회질서는 계단에서 한번 떨어지면 두번 다시 올라갈 수 없게 만들었다. 영원히 구원받지 못하는 것이다. '실패한 존재'에 대한 이야기는 이런 문화에서 유래했다. '추락한 여인' 그림도 마찬가지다. 실패한 존재와 추락한 여인 모두 예정된 역할에서 벗어나 있다. 그래서 이들은 도덕적 경멸을 받으며 '사회'로부터 격리당했다. '품위와 관습'을 해친 여자도, 낡은 외투에 뒤축이 닳아 빠진 구두를 신은 파산한 사업가도 '사회적으로 용납 가능한' 부류가 아니었다.

19세기 후반부터 전해오는 두 개의 그림은 당시 중상류층 남녀에게 요구된 이상적인 삶의 과정을 보여준다. 실제로는 다소 차이가 나긴 했으나 누구나 자기 앞에 놓인 삶을 살아야 했다. 여기저기 가시덤불이 우거진 삶을 혼자 헤쳐나가며 길을 만들어야 했던 것이다.

현대인은 인생을 설계할 때 사계절을 생각하지 않는다. 인생의 황혼기에 이르기까지 차례차례 밟아야 하는 계단도 생각하지 않는다. 인생 이력과 인생 여정은 거쳐야 할 과정이나 길과 전혀 다르다. 유치원, 학교, 결혼, 직장, 육아, 주택 마련 같은 과제들을 순서대로 실에 꿸 수는 없다. 아무리 늦어도 학교 교육이 끝나는 시점이 되면 이 실은 저절로 끊긴다. 그 때부터 정말 어려운 과제에 직면한다. 다시 말해 여러 가지를 동시에 능숙하고도 재빨리 처리해내야 하는 것이다. 직업, 경력, 사랑, 성, 여가, 자녀, 경제, 라이프 스타일. 이 모든 것을 어떻게든 조화롭게 조정해 스스로 만족하는 것은 물론 사회에서도 인정받아야 한다. 이것을 어떻게 해야 하는지, 이것이 가능한지는 그 상황에 직접 처해봐야 알 수 있다. 그 누구도 돌발 상황 투성이인 오늘날의 삶을 이탈이 거의 불가능했던 과거의 삶과 맞바꾸려고 하지 않을 것이다. 자유로운 삶은 그 무엇보다 가치가 있다. 여성의 시각에서는 더욱 그러하다. 물론 이러한 자유를 얻는 대신 우리는 불안정, 좌절, 때로는 실패의 가능성까지 대가로 지불하게 됐다.

인생 여정에서 경험하는 모든 종류의 방황이 곧바로 실패로 이어지는 것은 아니다. 하지만 지금은 한 세대 전보다 실패를 경험할 가능성이 더욱 커졌다. 현대의 삶이 약속하는 그 모든 것, 즉 더 나은 기회, 더 큰 행복, 더 큰 성공, 더 많은 성취의 반대편에는 많은 함정들이 기다리고 있다. 변동이 많은 우리의 인생에서 계획은 너무 쉽게 좌절된다. 우리는 멋진 미래뿐 아니라 파산, 예상 밖의 사건, 불가피한 방향 전환, 방향 상실, 정체 상태를 참아내야 한다.

인생에서 이룰 수 있다고 생각했거나 기대했던 많은 목표들이 서로 상충하는 것도 문제를 어렵게 만든다. 지금 살고 있

는 곳과 직장을 포기할 만큼 현재 사귀고 있는 사람이 중요한
지 판단을 내릴 수가 없다. 만일 이 직장을 포기하고 다른 도시
로 가면 직장을 구하지 못할 수도 있기 때문이다. 그렇다고 애
인과의 관계를 깰 만큼 지금 직장이 중요하다고 판단할 수도 없
다. 새로운 요구, 욕망, 기대들이 너무 빨리 나타나 자아실현은
갈수록 어려워진다. 사회학자 노르베르트 볼츠는 이러한 모순
적인 삶에 대해 다음과 같이 말한다. "이런 상황에서 최상의 해
결책을 찾으려 한다면 인식의 자원만 고갈될 뿐이다."

이 책을 쓰고 있는 동안 독일 라디오 방송을 들은 적이 있다. 청
취자가 전화를 걸어 매번 제시되는 질문에 의견을 말하는 프로
그램이었다. 그날 질문은 "당신은 자신의 목표를 달성할 수 있
는가"였다. 전화를 건 첫 번째 사람은 함부르크에 사는 60세의
고급 서점 경영인이었다. 그렇죠, 물론 인생의 목표를 세워야
합니다. 목표가 그리 높을 필요는 없어요. 그 자신도 스스로 세
웠던 목표에 도달했다고 말했다. 서적상이 되기 위한 교육을 받
을 때부터 그는 자신의 '목표를 세우고', '뚜렷한 목표의식으로
추구' 해왔다. 그는 더 큰 만족을 얻으려면 자신의 계획을 더욱
완벽하게 실행하도록 힘써야 한다고 했다.
　　나는 그의 말이 옛날 옛적 먼 나라 이야기처럼 들렸다. 내
가 개인적으로 아는 사람들 대부분은 어떻게, 어디서, 누구와,
5년 뒤 혹은 10년 뒤 어떤 삶을 영위할지 확실한 결정을 내리

려 하지 않는다. 인생설계에 혼란이 오기 때문이다. 게다가 노동시장의 움직임은 눈으로 확인할 수도 없으며 불분명한 데다 때론 비논리적이다. 십 년 넘게 공영방송에서 일해온 H(64)는 내년에 회사에서 해고될지도 모른다. 직업이 음악가인 G(41)는 웹사이트를 제작하고 있다. C(32)는 이미 세 번이나 실직했다. 아이들 교육은 어떻게 시켜야 할지 대책이 안 선다. 이 모두 이해할 수 없는 일이다. 물론 모두가 실패했다고 할 수는 없다. 이들은 이런 삶이 얼마나 굴러갈지, 얼마나 오래갈지 한번 두고 보자는 식으로 받아들인다. '도전과 실수' 원칙에 따른 복잡한 인생의 과정이다. '일생 동안 한 가지 모델만을 고수할 필요가 없다'는 바로 그것이 가장 오래 지속되는 모델이다.

고등학교나 대학을 갓 졸업한 사람은 시험 삼아 일정 기간 일을 시작한다. 인턴 사원이 되는 것이다. 시대 변화를 가장 잘 나타내주는 명함에는 더 이상 그의 직업을 새기지 않는다. 대신 그가 현재 하고 있는 일이 여러 개의 조합으로 적혀 있다. 〈페트라 뮐러, 경영인〉이 아니라 〈페트라 뮐러, 고객의 요청에 따라 PR, 사업 계획 및 조직 운영을 도와드립니다〉라고 써 있다. 내 친구 한 명이 최근 직업 교육을 마친 그의 여자친구와 나눈 대화 내용을 들려주었다. 앞으로 이뤄야 할 꿈이 있어? 별로. 그녀는 앞으로의 인생을 이렇게 말했다. "지금처럼 굴러가겠지. 직장을 여러 군데 전전할 거고, 독신에, 아니 어쩌면 결혼도 하겠지. 아마도 여기서 계속 살겠지만 어쩌면 이곳을 떠날 수도 있어. 그게 내 인생이야."

　마지막으로 전화를 건 청취자는 슈베린에 사는 고등학교 졸업생이었다. 그는 직업적 성공에 따라 인생에 값이 매겨지는 사회가 불만이라고 말했다. 또한 사람들은 "무슨 일을 할 것인가, 무엇을 보여줄 것인가, 무엇을 가질 것인가"의 문제에만 집중하고 있다고 불평했다. 그의 목표는 특별했다. 그는 기억에 남고 싶다고 말했다. 위대한 역사적 인물로서가 아니라 그의 친구들과 그가 알고 있는 사람들의 기억에 남고 싶다는 것이었다. 학업을 마치면 직장을 구해야 하고, 그 다음은 내 집을 마련해야 한다는 식으로 구체적인 목표를 이뤄나가는 것이 고달프다고 느낀다면 인생의 목표 역시 제대로 검증되기 어렵다. 첫 단계에 도달하기도 전에 갑자기 예상하지 못했던 일이 나타날 수 있는 게 인생이니까.

무한 가능성의 세계

플로리안 일리스는 2000년 『골프 세대 *Generation Golf*』에 자기 세대의 초상을 그려냄으로써 베스트셀러 작가가 되었다. 그 후 3년 만에 『골프 세대』의 1차 개정판이 나왔다. 그가 그린 '골프 세대'가 더 이상 3년 전의 그들이 아니었기 때문이다. 모든 것이 달라졌다. 2003년에 출판된 『골프 세대 2』의 표지에는 기우뚱거리며 굴러가는 폴크스바겐 골프 그림이 인쇄되어 있다. 속편은 단기간에 자신의 인식을 바꾸어준 온갖 변화를 둘러싼 경험을 다루고 있다. 분위기는 더욱 암울하다. 한때 자기모순적이면서도 자기만족 또한 강했던 골프 세대가 이제 실망에 빠져 용기를 잃은 듯했다. 1차 번영은 달성했으나 2000년 이후 전자상거래 거품이 빠지자 또다시 상실의 시대가 도래했다. 지난 30년간 그들이 사회와 맺었던 관계는 끝났다. 그들은 처음 들어갔던 회사에서 해고당했다. 일리스 세대는 '최상의 것'이 눈앞에 있다고 믿었다. 그러나 이제 보니 큰 조각을 차지할 수 있다고 믿었던 케이크 자체가 이미 사라져버린 뒤였다. 하지만 정말 중요한 부분은 다음이다. "만일 우리의 윗세대나 아랫세대가 우리의 인생편력을 묻는다면 뭐라고 답할 것인가? 짧게 대답해서 – 1999년 대학 입학 시험, 취미는 전화하기와 친구 만나기, 대학 졸업, 취업, 결혼. 또는 무엇을 알고 싶으세요? 언제 결혼했는지, 언제 이혼했는지, 그 좋은 직장에 언제 들어갔는지, 아니면 언제 직장에서 쫓겨났는지?" 이런 질문에 당황하고 마음이 상해서 느끼는 근본적인 불안이 바로 우리 자신의 인생편력에서 경험하는 현대성이다. 삶에서 모든 것이 계속 변화하고 있다고 인지하는 것이야말로 현대성을 경험하는 일이다.

영국의 여류작가 자디 스미스는 일리스가 묘사한 세대 이후의 세대에 관해 고찰했다. 1975년생인 스미스는 2000년 영국 문학계와 미디어계의 스타로 떠올랐다. 그는 보통 작가들이 꿈도 못 꾸는 최고의 조건을 제시한 출판사에 원고를 넘겼다. 스미스의 두 번째 소설 『사인 장사꾼*The Autograph Man*』은 작가 자신이 직접 경험한 내용을 담고 있다. 깜짝 놀랄 만한 명성과 엄청난 성공에 대한 이야기다. 소설의 주인공 알렉스는 다른 사람의 유명세를 사고 판다. 그는 사인 장사꾼이다. 나이는 20대 초반, 일은 먹고 살 만큼만 한다. 적당히 성공한 그는 조용한 런던 근교에 산다. 멋진 흑인 여자친구가 있지만 몰래 바람도 피운다. 세 명의 충실한 코흘리개적 친구들은 늘 그를 난처하게 만든다. 그는 답답한 일상에 뭔가 흔적을 남기고자 매일 할리우드 스타에게 팬레터를 쓴다. 그러던 어느 날 알렉스는 학창 시절 친구인 아담을 방문하게 된다. 그는 자신에게 없는 무언가를 아담에게서 발견한다. 아담은 자기 삶에 만족하고 있다. 알렉스는 아담이 어떻게 지금의 모습이 되었을까 생각한다.

아, 잠깐만, 어떻게 이렇게 되었지? 매력적이고, 지적이고, 의식도 깨어 있고, 훤칠하단 말이야. 검은 피부의 퉁퉁한 유대인은 어디로 간 거야? 정체성을 찾는다고 여름마다 지독히도 방황했는데. 히피짓도 하고 쓰레기 같이 술집 깡패 노릇도 했잖아. '과거로 돌아가자'며 검은색이 아름답다느니, 원래 국적을 회복하자느니, 자메이카식 레게 머리에,

영어만 쓰면서, 미국화, 아프리카 스타일, 기름 바른 올백 머리, 흑인처럼 머리 땋기, 스킨헤드, 넓은 청바지, 꼭 붙는 청바지, 백인 여자친구, 흑인 여자친구, 유대인 여자친구, 비유대인 여자친구, 보수주의, 사회주의, 무정부주의, 파티 광, 마약, 은둔 생활, 사회 이탈자, 재교육 — 그런 그가 어떻게 이렇게 되었지? 어떻게 이렇게 행복해질 수 있었지?

이 문단에서 자디 스미스는 학교에 들어가면서부터 어른의 삶을 시작할 때까지, 완전히 현대적인 삶의 히스토리를 스케치한다. 아담의 삶에는 인생계획이 없었다. 방향 전환만이 있었다. 아담의 정체성은 그야말로 혼란의 총집합이다. 목적 없는 도전과 시도, 잠시 시험 삼아 해본 역할과 모델로 이어진 삶이며, TV에서나 보고 들을 수 있는 일들로 가득찬 삶이다.

아담의 인생은 일리스가 묘사하는 세대가 가졌던 삶의 감정보다 결코 덜 복잡하지 않다. 그런데 일리스가 불안하게 여기는 바로 그것이 스미스에게는 놀이에 불과하다. 퍼즐과 변장의 반복이다. 스미스는 아담이란 인물을 통해 난해한 삶이 어떻게 성공을 일구었는지 보여준다. 그는 매력적일 만큼 가벼운 행동들을 통해 우리가 삶에서 경험하는 현대성이 삶을 위협하는 요소나 좌절할 일이 아니라는 사실을 보여주고 있다.

아담의 인생계획은 언제라도 모든 것—역할, 생각, 스타일—을 스스로 감당할 수 있을 정도로 자명하다. 그는 언제든 인생계획을 수정할 수 있다. 의미가 있다고 생각할 때 실행에 옮기기만 하면 그만이다. 이러한 주체성이야말로 아담에게 에너지를 주는 잠재력이다. 바로 여기서 알렉스는 깊은 인상을 받고 놀라움을 금치 못한다. 알렉스는 이 스펙트럼의 반대편에 서 있기 때문이다. 그는 인생의 가능성을 인정하지 않았다. 그는 지금 행복하지 않다. 방향도 잃었다. 아담이 성공을 위해 이용하는 갖가지 가능성은 알렉스를 마비시키고 위협하는 요소일 뿐이다. 게다가 알렉스라는 캐릭터는 소설가에게는 그야말로 리스크다. 지루한 인물이기 때문이다. 그의 삶은 내적 공허로 가득차 있다. 하지만 스미스는 알렉스라는 인물을 주인공으로 내세워 언제 어디서라도 모든 것을 이룰 수 있는 젊은 세대의 삶 이면에 불가해한 어둠이 있음을 보여준다. 아담과 알렉스가 혼동하기 쉬운 이름인 것도 우연이 아니다. 그들이 구현하는 삶의 형태는 유동적이다. 인간이 모든 것을 할 수 있다고 생각하는 무한 가능성의 세계에는 언제나 위험이 도사리고 있다. 가능성은 많아도 할 수 있는 게 '별로' 없거나 '아무것도' 없기 때문이다.

현대성이 '그 누구나, 어떤 역할이든 맡을 수 있다'는 생각을 가능하게 했다면, 실제로 도전하도록 조건을 만든 것은 매스미디어다. 스미스의 책에 나오는 아담과 알렉스는 미디어 시대의 산물이다. 그들은 TV를 보았다. 극장에 드나들고 MTV를 봤다. 그들은 비디오 세대다. 그들은 비디오에 맞춰, 스타에 맞춰 자신의 삶을 꾸미는 데에 익숙하다. 그들은 팝스타의 쿨한 행동을 모방하고, 유명 TV 드라마 주인공의 외모에 정통하고, 영화에 나오는 이데올로기와 라이프 스타일을 흉내낸다. 아담과 알렉스, 미디어 시대의 모든 아이들은 마르지 않는 비디오 저장고를 품에 안고 살아간다. 성공적이고 행복해 보이려면 어떤 모습을 해야 하는지, 예를 들어 성공적인 컨설턴트는 어떤 모습을 하고 있는지, 맥킨지식 부유한 슈퍼히어로는 어떤 모습(자동차, 헤어스타일, 양복, 서류 가방, 안경 등등)을 하고 있는지 그들은 이미 알고 있다. 또한 국제협력기구 직원이 된다는 게 무엇을 의미하는지, 사진작가나 스타가 되는 것은 무엇인지 알고 있다. 그들은 이 모든 것을 영화에서 수백 번도 더 보았다. 그들처럼 하기만 하면 된다. 그러기 위해 뭘 해야 하는지도 그들은 이미 알고 있다. "그냥 하라니까! Just do it!"

언제나, 누구에게나 가능성으로 다가오는 이런 모델들은 야망을 일깨우고 추진하도록 종용한다. 아무런 대책도 마련하지 않은 채 무작정 계획만 세우는 것이다. 어떻게 살고 싶은지 또 어떻게 살 수 있는지 사이의 간격이 커질수록 실패할 위험이 높아진다. 서구문화는 돈키호테로부터 뼈아픈 교훈을 배웠다. 돈키호테는 픽션에 이끌려 될 수 없는 것이 되고자 했다.

세계 공통어인 팝 문화의 몸짓만큼 "너는 뭐든지 할 수 있어"라는 모토를 크게 외치는 것은 없다. 팝 문화가 선호하는 세계적 매스미디어는 MTV이다. MTV에서 빠르게 지나가는 장면들이 불러일으키는 욕망은 "너는 이것이 될 수 있어, 너는 여기에 있을 수 있어, 너는 저것을 가질 수 있어"라고 말한다. 팝 문화의 엄청난 광고와 선전, 즉 하이프는 모든 이들에게 스타나 슈퍼모델이 될 수 있다고 말한다. 하지만 한 소녀가 실업학교를 졸업하고 근처 슈퍼마켓의 계산원이 되는 순간 꿈은 깨지고 끝을 알 수 없는 나락이 보인다. 그녀는 팝 문화라는 극단적인 조건 때문에 현실적인 목표를 세울 기회조차 빼앗기고 실패하는 것이다.

반면 하이프가 만들어내는 상은 상충하기 때문에 실현할 수 없다고 말할 수도 있다. 하지만 그럴 경우, 젊은이들은 무한한 가능성의 세계에 뛰어들려는 의욕을 가질 수 없다. "내가 진정으로 바라는 건 아무것도 하지 않는 거야. 하지만 나는 알고 있지. 모두 뭔가가 되어야만 한다는 것을."

하이프 팝 문화가 심화되면서 예상하지 못했던 곳에서도 실패할 위험이 생겨났다. 거의 모든 면에서 그렇다. 일등이, 최고가 되어야 해. 사랑받아야 돼, 독창적이어야 돼, 아름다워야 돼, 쿨해야 돼. 실패하지 마. 안 어울리는 청바지? 너는 아웃이야.

실패는 불을 보듯 뻔한데, 결과가 너무 가혹하지 않은가?

실패의 체감

이 책을 쓰기 시작했을 때 어떤 내용의 책이냐는 질문을 많이 받았다. 실패에 관한 책이라고 하면 항상 같은 반응이 돌아왔다. "아! 실패! 그거라면 내가 잘 알지, 내가 전문가거든." 실패가 일상적인 일이며 현대인의 화두라는 생각은 오래전부터 하고 있었지만, 입을 열기가 무섭게 이런 대답이 나올 줄은 미처 예상하지 못한 일이었다.

많은 사람들이 스스로 이 분야의 전문가라고 생각하고 있었다. 고급스럽게 나무 바닥재를 깔아놓은 집, 꼬박꼬박 들어오는 급여, 대학 졸업장, 자랑할 만한 아내와 아이들까지 있는 사람들이 그런 말을 하다니 놀라웠다. 사실 그들은 완벽했다.

성공사회를 살아가는 사람들에게 그들의 삶이 완전히 실패한 게 아니냐고 묻는 것은 금기다. 그들은 성공한 교사가 될수도 있지만, 국경없는 의사회의 일원으로 보다 가치 있는 삶을 살 수도 있었다. 가능한 일이다. 선택의 폭이 넓어질수록, 할 수 있다는 생각이 깊이 내면화될수록, 결정적인 순간에 자신이 그릇된 선택을 했을지 모른다는 생각을 피할 길이 없어진다. 또 자신의 능력에 대한 믿음이 클수록, 개인적 자주성에 대한 믿음이 강할수록, 실패라는 한계경험은 그만큼 쓰라리다. 잘됐든 잘못됐든 자유롭게 내린 결정에서 실책을 인정하기란 아주 괴로운 일이다. 그러므로 평소에 자기 삶에서 약하고 부족한 점이 무엇인지 끊임없이 모색해두어야 한다. 이 과정을 통해 실패에 대한 두려움을 정면으로 바라본다면 언제든 유연하게 대처할 수 있다. 하지만 이것은 어찌 보면 내숭에 불과하다. 만일 우리가 '모든 것'을 스스로 이뤄내야 한다면 시작부터 실패한 것이나 다름없다. 그 누구도 혼자서는 모든 것을 이룰 수 없기 때문이다.

19세기 성공사회가 열렸을 때, 가장 먼저 모습을 드러낸 것은 사회 변혁주의였다. 이는 산업화 물결을 일으켜 전 세계를 변화시켰다. 그리고 이런 사상의 이면에는 계몽주의가 있었다. 이 두 가지 모두 진보라는 기치 아래 움직였는데 사회와 개인이 발전하려면 뚜렷한 목표를 가지고 끊임없이 앞으로 나아가야 한다는 주의였다. 이것은 오늘날에도 성공의 기본 원칙으로 간주된다. 성공의 방향은 오직 전진뿐이고, 시제는 미래이며, 그 모양은 위로 솟아 있을 따름이다. 중단, 단락, 고요, 방황은 성공 이데올로기와 전혀 관계가 없다. 사람들은 이런 것들이 혼란과 위협을 가중시킬 뿐이라고 여겼다. 유럽식 계몽주의는 사람들에게 세계가 변화를 통해 나아질 수 있다는 믿음을 주었다. 수백 년 동안 인간은 조물주가 만물을 지배한다고 생각했다. 절대적이고 완벽한 창조의 질서 속에 인간이 끼어들 여지는 없었다. 인간은 자연과 마찬가지로 초월적인 힘에 의해 불가해한 방식으로 지배당하는 세계의 일부였다. 인간은 이 질서에 의문을 제기해서도 안 되었고, 제기할 수도 없었다. 삶은 수수께끼로 가득 찼으나 인간은 정의롭기 그지없는 우주 안에 투영된 작고 부유하는 존재에 불과했다.

17세기에 들어와 이러한 질서는 급변했다. 홉스, 로크, 루소와 같은 계몽주의 대가들의 혁명적 사상은 파급력이 대단했다. 사회는 인간을 위해 존재하므로 인간에 의해, 인간의 행복을 위해 형성되어야 한다는 게 그들의 주장이었다. 계몽주의 사상가들이 더 나은 정부 형태에 대해 논의했던 반면, 철학자들은 인간의 완벽성을 주장했다. 모든 계몽주의자들의 제1고백은 "모든 인간은 태어날 때부터 동등하다"는 것이었다. "그러나 인간은 완성될 수 있다. 그것도 지금, 여기서." 이것이 그들의 제2고백이었다. 이제는 그 누구도 하늘에 올라가려고 높으신 분의 부름을 기다릴 필요가 없었다. 누구나 (남자라는 가정 하에) 세상을 살아가는 동안, 주어진 능력을 바탕으로 더 많이, 더 멀리 뻗어나갈 수 있었다. 행복해지기 위해 천국에 올라가는 날을(천국에 올라간다는 게 어차피 불가능한 일이지만) 기다리지 않아도 되었다. 이제 현세에서도 행복하게 살 수 있다. 누구나 자신의 행복을 만드는 대장장이가 될 수 있었다.

오늘날의 인간은 그 어느 때보다도 완벽하다. 물론 계몽주의자들이 말한 의미와는 다르다. 그들은 '완벽하다'는 것을 두 가지로 보았다. 첫째, 인간은 이성을 통해 자신을 끊임없이 계발할 수 있다. 둘째, 인간은 도덕적으로 교화될 수 있다. 요즘엔

이 말이 엉뚱한 방향으로 흘러간 것 같다. 헬스클럽은 우리를 완벽한 몸매로 만들어준다. 세계 도처에 있는 종교적, 영적 훈련 프로그램은 영혼을 완성시킨다. 자연과학 연구는 생물학적 삶을 완성시키고, 질병과 죽음으로부터 우리를 해방시킨다.

계몽주의 시대에 등장한 '완벽'이란 개념은 서구 사상에 근본적이고 결정적인 변화를 가져왔다. 인간이 발전하기 위해 변화할 수 있다는 생각, 교육학이나 심리 치료, 또 자기실현이나 삶의 질에 대한 개념도 계몽주의 사상 없이는 생각할 수 없다. 계몽주의의 전통을 가진 유럽과 미국 사회는 개인의 발전을 중시한다. 이런 사회는 성공의 모습을 다양하게 제시함으로써 사람들의 열정을 부추겨 인간 '스스로' 무엇인가 창조해낼 수 있는 조건을 만들고자 노력한다. 좋은 일이다. 그러나 이러한 사회에도 음지는 있다. 바로 사회적 좌절감이다.

시시포스가 좋은 예다. 시시포스는 큰 바위를 끊임없이 산 위로 굴려 올려야 했다. 그러나 산 정상에 도달하는 즉시 그 바위는 다시 굴러 떨어졌다. 그러면 그는 다시 바위를 굴려 올려야 했다. 시시포스가 너무 어둡거나 멀게 느껴진다면 팝스타들의 독창적인 탄생 과정에 눈을 돌려보자. 현존하는 존재양식 가운데 가장 현대적인 그들은 상승할 때부터 추락을 이야기하고, 추락을 예비하며 상승을 기다린다.

막다른 골목

자신이 실패의 전문가라고 말한 사람 중에는 G도 있다. 내가 그를 만나 이야기하는 중에 그의 얼굴은 웃고 있었지만 눈에는 한 순간 눈물이 비쳤다. 나는 수년 전부터 그와 알고 지냈다. 그는 현재 정부보조금을 받아 살고 있다. 현대사회가 우리에게 준비해놓은 여러 가능성 중에는 돌이킬 수 없는 실패도 있다. 영원히 잃어버린 꿈에 대한 슬픔, 희망의 상실, 막다른 골목.

나는 이 책에서 실패를 희망 상실과 용기 상실의 순간으로만 한정하지 않았다. 실패에는 기회가 숨어 있다는 맹목적 낙관주의 때문에 그렇게 한 것은 아니다. 그것은 말도 안 되는 순진한 생각이다. 출구를 찾을 수 없는 무자비한 실패도 있기 때문이다. 그런 종류의 실패는 주변에서 심심찮게 목도할 수 있다.

내가 말하고자 하는 것은 이와 좀 다르다. 실패가 우리 삶에서 겪는 현대성의 경험이라고 단언하는 이유는 기피 주제를 어떻게든 지적이고 매력적으로 포장하려는 심산이 아니다. 현대사회에서는 누구나 실패를 할 수 있다는 점을 분명히 하고 싶어서다.

2005년 3월 이 책을 탈고했을 즈음 '신빈곤층'이란 말이 신문 문예란에 자주 언급되었다. 이 단어는 실패, 그리고 실패에 대한 두려움이 우리 사회에 편재되어 있음을 여실히 드러냈다. 우리는 한동안 이 개념을 잊고 지냈었다. 1990년대 사회학자들이 "오늘날 사회는 너무 복잡해져서 더 이상 계층사회로 보기 힘들다"고 선언했기 때문이다. 오늘날에는 (이론적으로는!) 누구나 사회의 모든 영역에 참여할 수 있다. 그러나 동시에 바로 이 점 때문에 한 개인을 사회 내의 어느 계층으로 분류해야 옳을지 혼란스러워진다. 박사 학위까지 받고서도 매달 40만 원으로 생활하는 물리학자가 있다면 그를 과연 어떤 계급에 집어넣어야 좋을까? 건설업자의 장기 실업은 무엇을 뜻할까? 모든 것이 가능한 사회에서 왜 어떤 아이들은 읽기조차 배울 수 없는 것일까? 그들은 어디에 서 있는가. 위에, 아래에, 중간에, 밖에?

신빈곤층에 대한 논의에서 현대사회의 복잡한 계층 구조를 밝혀내는 새로운 내용은 전혀 없었다. 논의 방식을 보면 사람들이 신빈곤층 문제를 진지하게 받아들이는 대신—진지한 토론을 벌일 경우 그들이 마땅한 해법을 갖고 있지 않음이 드러날 수도 있다—자신들의 기분을 표현하는 데 그쳤다는 것을 알 수 있다. 자기 자신은 물론 신빈곤층에 속하지 않는다고 여긴다. 사람들은 스스로를 특별한 성품과 도덕적인 위생 관념을 통해 이 같은 깊은 추락에 대비하고 있다고 생각하는 모양이다. 그러나 이런 태도는 이미 실패했거나 바닥까지 내려간 사람들에게 아무런 도움을 주지 못한다. 오히려 사람들이 주체적으로 실패에 대응하지 못하게 만들 뿐이다. 이런 자세는 두려움을 불러일으키는 동시에 실패와 추락과 실망의 끔찍한 경험을 상징적인 공간에 가두어버린다. 그들은 타인의 실패로 채워진 이 공간에 자신의 두려움도 던져놓는다.

현대사회에서는 누구나 실패할 수 있다. 영국의 작가 로버트 루이스 스티븐슨이 19세기에 이미 말했듯이 우리는 이제 관점을 바꿔야 한다. "우리의 과제는 이런 세상에서 성공하는 것이 아니라, 앞으로도 계속 용감하게 실패하는 것이다."

알렉시스 조르바가 그러하다. 그리스인 노동자 조르바는 무모하지만 철학적인 사색을 즐기는 인물이다. 그는 마치 고대 영웅서사시에서 튀어나온 주인공처럼 자신의 인생과 싸운다. 앤소니 퀸이 주연을 맡은 영화 「그리스인 조르바」의 마지막 장면은 아주 유명하다. 조르바는 산 아래 바다까지 목재를 수송할 레일을 깔려고 한다. 대규모 계획이 성공리에 이루어진 것을 축하하기 위해 마을 전체가 모인 자리에서 첫 번째 나무가 계곡으로 우당탕 떨어졌다. 갑자기 나무 지지대가 무너지고 구조물도 함께 붕괴해버렸다. 기둥이 무너지면서 다른 기둥을 밀어 넘어뜨리자 거대한 도미노처럼 기둥들이 하나씩 무너져 내렸다. 불과 몇 분만에 산 아래 기둥까지 모두 무너졌다. 마을 주민들은 공포에 질려 모두 흩어졌고, 조르바와 그의 친구인 작가 바질만이 남았다. 바질은 이 레일을 만드는 데에 돈을 댔으나 결국 폐허만 남았을 뿐이다. 꿈은 깨어졌다. 낙심천만이었다. 이런 순간에는 가장 단순한, 그러니까 인간의 생명을 유지시키는 먹고 마시는 일 같은 생각밖에 들지 않는 법이다. 두 남자 중 하나가 축제에 쓰려고 꼬치에 끼워놓았던 양고기를 기계적으로 썬다. 갑자기 조르바가 펄쩍 뛰며 웃기 시작한다. "대장, 이런 멋진 붕괴 장면을 본 적이 있소?" 그는 바다를 향해 소리치며 춤을 추기 시작한다.

기회로서의 실패

사전은 '기회'를 '유망하고 좋은 시기'라고 설명해놓았다. 파산했거나 실연당했거나 시험에 떨어진 사람은 "잘됐어, 나는 실패했어. 이런 좋은 기회는 다시 없을 거야"라고 말하지 않는다. 실패는 행운이 아니라 두려움의 대상이다. 실패를 겪고 나면 인생은 이전과 비교할 수 없을 만큼 힘들어지며 전망도 어두워진다. 우리는 실패를 기회라고 말한다. 그러나 이 말은 아무도 받고 싶어하지 않는 위로이며, 열려라 참깨가 아닌 진흙탕길이고, 세일 날 잘 건진 물건이 아니라 빚이라는 걸 누구나 알고 있다. 기회라는 말은 실패라는 주제를 다룰 때마다 등장한다. '기회로서의 실패'는 그러니까 실패에 관한 공식인 셈이다. 실패하는 사람은 다른 이의 실패가 자기에게 도움이 된다는 말을 듣는다. 그러나 기회로서의 실패라는 말을 쓰는 순간 실패에 대한 이야기는 중단된다. 이런 미사여구는 오래 생각해봤자 소용 없다는 충고와 다름없기 때문이다. 실패 속에 숨겨진 기회는 결점이 있는 기회다. 그렇다면 왜 이렇게 말하는 것일까?

실패를 기회라고 이야기하는 경우 그 뒤에는 대개 마법의 주문이 따른다. 이 말은 실패의 금기를 깨지 않는다. 실패를 한 번도 되어 본 적이 없는 상태로, 좋은 기회로, 성공과 가까운 그 무엇으로, 바꿔치기 하는 것이다. 명백한 눈속임이다. 실패를 행운으로 다루는 한 우리는 실패를 진정으로 받아들일 수가 없다. 바닥을 기고 있는 사람에게 미사여구를 늘어놓는 것은 상대방을 일으켜 세우기 위함이 아니라 타인의 실패가 자기에게 전염될까 봐 전전긍긍하기 때문이다. 기회라는 미사여구를 들먹이는 것은 "나는 그 실패에 대해 말하고 싶지 않아"와 다름없다. 개인의 실패를 금기시하는 사회에서는 대개의 경우 그런 행동이 옳다. 실패한 사람에게 실패를 재난이 아닌 많은 것을 약속해주는 좋은 기회로 봐야 한다고 이야기해주는 것 외에는 별다른 선택의 여지가 없기 때문이다. 이것은 실패를 곤란하게 여기는 사회에서 체면을 유지하는 방법이다. 실패했을 경우, 실패를 기회로 받아들이라고 말하는 것만큼 실패와 대면하는 것을 효과적으로 회피하는 방법은 없다. 실패와 관련된 당혹감을 이만큼 잘 설명해주는 것도 없다. 현대적인 성공 이데올로기의 우월성을 이만큼 쓰라리게 보여주는 것도 없다. 실패를 성공의 부정적인 측면으로 성공 논리 아래에 둔다는 것을 이만큼 잘 보여주는 것도 없다. 이제 기회로서의 실패라는 말을 저만치 떨어져서 생각해보라. 그러면 우리가 실패에 대처하는 방식에 딜레마가 있다는 사실을 알 것이다. 실패를 극복해야 하지만 실패에 대해 아는 게 아무것도 없다는 점을 깨닫게 될 것이다.

실패는 기회가 아니다. 행운도 아니다. 극복할 수 없는 장애물도 아니다. 실패는 보다 복잡하다. 실패는 역설이다. 실패한 사람은 "이제 모든 것이 끝났어" 하는 동시에 "앞으로 어떻게 하지?"라고 말한다. 실패에는 끝과 시작이 함께 나타난다. 기회와 막다른 골목이 함께 나타난다.

실패한다는 것은 서로 화합할 수 없는 극과 극이 동시에 나타나는 모순적인 경험이다. 산을 올라가야 하는데 길이 좁은 것이다. 포기인 동시에 희망이고 절망인 동시에 용기다. 이런 경험을 하면 이것 아니면 저것을 보게 된다. 실패하는 사람은 강하지만 약하다. 자존심에 상처를 받았지만 실패하지 않은 사람들보다 언제나 한발 앞서 있다. 더 이상 나아갈 수 없는 동시에 새로운 시작과 대면하게 된다.

실패의 역설에 대한 경험들은 은유로 표현된다. 문학이나 그림은 인간의 실패를 모순의 경험으로 묘사한다. 오이디푸스는 관객의 관심을 받기 위해 끝없는 나락으로 떨어져야 한다. 배가 난파되었는데도 오디세우스는 가라앉지 않는다. 햄릿은 그의 제국이 폐허가 되는 것을 보지만 무너지지 않는다. 이 세 가지 이야기에서 보듯 영웅은 몰락과 상승 사이를 격정적으로 오간다. 위협적인 한계체험과 숨 막히는 변화가 혼재된 그들의 운명은 예나 지금이나 관객을 매료시킨다.

우리도 오이디푸스나 오디세우스, 햄릿처럼 실패를 삶의 어둠이자 죽음으로 경험한다. 하지만 그들과 달리 우리는 추락하는 영웅이나 위대한 패자로서 문화와 역사의 페이지에 남지 않는다. 우리의 삶에는 예술 작품이 헌정되지 않는다. 그 어떤 화가나 시인, 오페라 작곡가도 우리가 저지른 실패를 고매하게 격상시켜주지 않는다. 우리는 현실의 맨땅에서 실패하는 것이다. 그리고 바로 그곳에서 실패를 극복해야만 한다. 우리는 도대체 어떤 일이 일어나는지 자세히 살펴볼 필요가 있다. 직장 상사, 파트너, 은행계좌, 우리의 재능이 신호를 보낸다. 더 이상은 안 돼. 하지만 삶의 한가운데서 오는 이 신호를 결코 받아들일 수 없기 때문에 동시에 다른 신호를 주목한다. 지금 즉시 뭔가를 바꿔야 돼. 이 두 번째 신호는 내면에서 울릴 수도 있고 밖에서 올 수도 있다. 삶 자체를 바꿀 만한 결정을 내려야 한다는 인식이거나 현실의 거친 요구를 따르라는 명령일 수도 있다. 예를 들어 새로운 일자리를 찾거나 내 집을 마련해야 하는 필요성 같은 것이다. 이것은 위협과 새로운 시작, 장애와 새로운 가능성의 발견으로 이뤄진 복잡한 배열이다. 그래서 우리는 이를 통해 실패를 기회라고 미화하는 것이다.

실패를 통해 얻는 기회에는 함정이 있다. 항상 "실패하는 자는 어떻게든 무언가를 계속 해야" 하기 때문이다. 처음에는 새로운 시작이나 개선점이 될 수 있는 조짐이 보이지 않는다.

그렇다고 해서 훗날 돌이켜 보았을 때 더 나은 것으로 간주할 만한 것이 결코 나타날 수 없다는 뜻은 아니다.

기회는 언제나 나중에 나타난다. 원하지 않았던 기회를 얻는다는 면에서 이는 강요된 변화라고 할 수 있다. 실패하는 자는 그의 인생을 바꾸려는 아웃사이더가 아니라 원하지 않은 어떤 것을 겪는 사람이다. 실패한 후에 보이는 긍정적인 면들은 일단 실패의 부정적인 경험이 있고 나서야 뒤따른다. 실패한 사람은 폐허를 보면서 "이제 뭔가 다른 것을 할 거야"라고 다짐한다. 이런 태도는 실패를 극복하기 어려운 것으로 만든다.

전혀 다른 방식으로 실패에 대처하는 세 가지 경우를 보자. 실패한 사람의 대부분은 보통 능력우선 사회에서 기피하는 행동을 한다. 정확하게 말해 아무것도 하지 않는다. 시간이 흘러가게 내버려 두고 아무 목표 없이 한자리에 머물러 있다. 아니면 싸우고 행동하는 것 이외에 다른 선택이 없다. 사랑에 실패한 어떤 여자는 실연을 진정 아름다운 문학으로 승화시키기도 한다.

첫 번째 이야기. 기차 여행을 하던 중 젊은 오케스트라 단원과 이야기를 나누었다. 그는 공부를 마친 후 3년 동안 클라리넷 연주자 자리를 얻기 위해 노력했다. 독일 전역을 돌아다니며 면접을 보았으나 매번 탈락했다. 그는 크게 절망했고 한동안 음악가라는 직업 자체에 확신을 잃었다. 반년 동안 악기를 구석에 처박아두었다. 그러나 반년이 지난 뒤 다시 음악을 해야겠다고,

음악가가 되어야겠다고 생각한 그는 연습을 하고 면접을 보았다. 이번에는 얼마 가지 않아 독일 대도시의 한 관현악단에 자리를 얻었다.

두 번째 이야기. 미국 영화 「크레이머 대 크레이머」는 현대판 실패 스토리의 고전이다. 이 영화는 실패 후에 어떤 가능성이 남는가 하는 점을 미국 오락영화의 희곡론이 허용하는 한 가장 생생하게 보여준다. 크레이머(더스틴 호프만)는 야심 찬 광고 기획자다. 어느 날 결혼 생활에 염증을 느낀 아내(메릴 스트립)가 집을 나간다. 그의 결혼 생활은 비참하게 끝난다. 크레이머는 일곱 살 난 아들과 뉴욕의 멋진 아파트에 홀로 남겨진다. 지난 7년 동안 너무 바쁘게 살아온 그는 아들과 거의 시간을 보내지 못했다. 그는 새로 떠맡게 된 것이나 다름없는 아버지로서의 역할에 당연히 실패한다. 그런데 크레이머가 새로운 과제에 점점 익숙해지는 사이 그의 커리어는 산산조각난다. 직장에서 해고된 것이다.

크레이머 부부는 이혼한다. 아버지와 아들은 함께 사는 법을 배우고 크레이머는 전보다 월급이 적은 새 직장을 구한다. 그의 전 부인이 아들에 대한 양육권을 요구하면서 그들은 법정에서 만난다. 아버지는 소송에서 지고 양육권은 어머니에게 돌아간다. 영화의 끝은 이런 실패 상황에서 어떻게 새로운 것이 탄생하는지 보여준다. 어머니는 자신에게는 최고의 선택이 아니지만 아이를 위해 아버지와 아이가 함께 살게 한다. 그리고 마지막에는 부부가 처음으로 다시 순조롭고 다정하게 재회한다. 이것이 해피엔딩의 본보기는 아니다. 우리는 문제가 완전히 해결된 것은 아니지만 무언가 근본적인 것이 변했으며 실마리가 보이기 시작한다는 것을 짐작하게 된다.

마지막 이야기. 1920년대 마르셀 소바죠라는 프랑스 여인이 결핵 치료차 스위스의 요양원에 가게 된다. 거기서 그녀는 다른 여자와 결혼하겠다는 애인의 통보를 받는다.

소바죠는 장문의 답장을 쓴다. 이 편지는 너무 길어져서 약 70페이지에 이르는 예술 작품이 된다. 편지는 부쳐지지 않았다. 이 편지는 1930년대 서른셋의 나이로 소바죠가 죽고 난 후 『마지막 편지*Commentaire*』라는 제목으로 출간되었다. 이 편지는 폴 발레리와 같은 많은 프랑스 작가들을 경탄시켰다.

원래는 아무것도 아니었던 이 편지에서 소바죠는 자신의 실패한 사랑을 마치 현미경을 들여다보듯 관찰했다. 그녀는 애인과의 지난 관계를 분석했다. 마치 손에 메스를 든 것처럼 계속 파헤쳤다. 때로는 법의학자처럼 거리를 두고 관찰했고 때로는 손에 든 칼로 스스로 상처를 입히는 것처럼 예리하게 해부했다. 소바죠는 연애할 때의 자신과 그 남자를 현재의 자신과 아무 관계가 없는 사람들처럼 바라보았다. 그러나 다음 순간 발악하듯 감정이 파고든다. 분노, 모욕, 남자의 새 여자에 대한 질투, 슬픔. 때로는 고통을 이야기하고, 때로는 지나간 사랑을 미화하고, 때로는 대담하게 관계의 파괴적인 메커니즘을 들여다

본다. 때로는 자랑스러워 하고, 때로는 바닥에 주저앉는다. 목소리 톤을 바꾸고, 느낌을 집어넣고, 모든 낱말이 제자리를 찾도록 문장을 다듬는다. 이렇게 함으로써 그 사건은 그녀로부터 분리되었다. 이 편지는 하나의 예술로서 짧고 우아한 이야기가 되었다. 그녀에게 사랑의 실패를 견딜 수 있게 해준 유일한 피난처가 되었다. 그녀는 온몸으로 글을 썼다. 자신의 이야기를 빛나고 원숙한 이야기로 변화시켰다. 이런 방식으로 처음에는 소극적으로 참아내야만 했던 실연의 아픔을 스스로 통제하게 되었던 것이다. 글의 초반은 경직되어 있다. 애인의 편지를 막 읽었을 때의 느낌이 그대로 드러난다. 눈앞이 까마득해지는 순간이다. "아직 재생하지 않은 부분은 아무 그림도 들어 있지 않은 정지된 필름과 같았다. 그리고 이미 재생한 부분의 인물들은 나무 인형처럼 굳어졌다. 그들은 더 이상 아무 의미를 가지지 못한다." 그러나 그녀는 어느 순간 자신도 모르게 생동감 있는 삶으로 서서히 돌아온다. 이 책은 밤새 춤추는 무도회 장면으로 끝난다. "몸이 리듬에 따라 움직일 때. 새로운 삶이 피어나는 것 같았습니다. 악기 소리가 만들어내는 리듬과 발목의 유연한 동작이 서로 조화를 이뤄 조금씩 모이다가 가슴 한가운데를 아릿하게 만들었습니다. 춤은 인생의 가장 행복한 리듬입니다. 이제 다시는 춤을 출 수 없을 거라고 생각하고 있을 때. 그때 추는 춤은 인생에서 가장 행복한 기쁨입니다."

실패 후 얻은 승리는 힘들게 쟁취한 것이다. 기회를 말하는 것은 불완전한 표현에 불과하다. 그것은 실패 후의 상황을 이야기하지 않기 때문이다. 이 세 가지 이야기는 실패 후의 상황이 얼마나 다르게 나타날 수 있는지를 보여준다. 시간이 흘러가도록 내버려둠으로써 승리자가 되었는가 하면, 또 한 사람은 싸워서, 세 번째 사람은 실패에 대해 오래 생각함으로써 마침내 그것을 자신과 별개의 것이 되도록 했다. 그들은 승리자다.

한계체험

이카로스의 추락

실패의 본질을 적나라하게 보여주는 유명한 그림이 있다. 이 그림은 16세기 후반, 네델란드의 피테르 브뢰헬이 그린 것으로 현대세계에서 실패를 이해하기 위해 필요한 모든 것을 보여준다.

바다의 양쪽으로 모래 색의 바위섬이 보인다. 왼쪽에는 항구가 있다. 이상적인 경치다. 이 해안은 현실에 없는 곳이다. 굳이 찾아보자면 남이탈리아나 그리스에 비슷한 곳이 있을 뿐이다. 그림의 왼쪽에 있는 좁고 길쭉한 곳으로 사람들은 일하러 간다. 농부 하나가 쟁기로 밭을 갈고 있다. 밭 아래에 서 있는 목동은 진지한 표정으로 하늘을 바라보고 있다. 아래 물가에는 낚시꾼 하나가 쭈그리고 앉아 있다. 조금도 흐트러짐 없이 질서 정연해 보인다. 하지만 이 목가적인 그림은 거짓말을 하고 있

다. 이 세 사람과 불과 몇 미터도 떨어지지 않은 곳에 물에 빠진
사람의 모습이 보인다. 마치 하늘에서 그대로 떨어진 것 같다.
허우적거리는 다리와 손 하나가 보인다. 우스꽝스럽다. 상선 하
나가 옆을 지나고 있다. 다음 항구가 목적지인 모양이다. 하지
만 그 배는 물에 빠진 사람을 구할 생각이 전혀 없어 보인다.

　　화가는 무대에 올리면 좋을 것 같은 장면을 간결하고 아이
러니컬하게 순간포착했다. 현대사회에서의 실패의 의미를 최
초로 보여준 이 그림은 추락하는 영웅의 비극을 강조하지 않는
다. 추락하는 이는 혼자다. 떨어지는 모습은 조금도 멋지지 않
다. 당사자에게는 추락 자체가 극단적인 불행이지만 이 불행은
말 그대로 일상의 진부함 속에 가라앉는다.

이 그림은 오늘날에도 호소력이 크다. 특히 중요한 점은 화가가 등장인물들의 격정을 그리지 않았다는 것이다. 이 그림은 슬픈 이야기를 담고 있다. 가장 끔찍한 것은 이 그림에서 무력감이 느껴진다는 점이다. 물에 빠진 사람을 구하려고 나서는 이가 아무도 없다. 모두 먼 곳에서 지켜볼 뿐이다. 도우려고 해봤자 실패할 게 뻔하기 때문이다. 이 그림에서 가장 주목할 점은 브뢰헬이 타인의 실패를 바라보는 사람들의 감정을 강조했다는 것, 실패의 본질이 무엇인지 말하려 했다는 점이다.

이 그림은 20세기 초반에 발견되어 1912년 브뤼셀의 예술 박물관에 전시되었다. 그 후로 외롭게 추락하는 사람의 멜랑콜리한 형상은 현대 예술가들을 자석처럼 끌어당겼다. 고트프리트 벤과 영국의 서정시인 W. H. 오든은 이 그림이 위기에 빠진 현대인, 특히 예술가를 상징한다고 보았다. 외롭고, 고립되고, 버림받고, 절망하고, 불행하고, 상실을 경험한 실패자로 본 것이다. 그러나 이 그림의 원주제는 현대 예술가의 절망이 아니라 이카로스의 추락 신화다. 고대 신화의 예술 상징학을 어느 정도 아는 주의 깊은 관찰자라면 넘실거리는 파도에 떨어지는 깃털이 부드럽게 추락하기 위한 것임을 알게 된다. 이카로스 신화는 너무 높이 솟아 오르려 했기 때문에 나락으로 떨어진 사람의 우화다.

이카로스는 재능 있는 발명가 다이달로스의 아들이다. 다이달로스는 경쟁자를 질투한 나머지 그를 죽인 죄로 사형을 선고받았다. 크레타 섬으로 도망친 그는 미로를 만들어 소머리에 인간 몸을 하고 사람을 잡아먹는 괴물인 미노타우로스를 온 세상이 보는 앞에서 사라지게 했다. 크레타 섬에 머물게 된 다이달로스는 미노스 왕의 특별대우를 받는 죄수가 된다. 그러나 고향에 돌아가고 싶은 마음을 다스릴 길이 없었다. 바다를 건너기 위해 하늘길을 택한 그는 새 깃털과 밀랍으로 비행기를 만들기 시작했다. 비행기가 완성되자 다이달로스는 아들에게 "물에 가까이 가서도, 태양에 가까이 가서도 안 된다"고 일렀다. 물의 습기가 날개를 무겁게 하거나, 작열하는 태양이 밀랍을 녹일 수 있기 때문이었다. 그러나 신이 난 아들은 아버지의 말을 귓등으로 들었고, 높이 더 높이 날아 태양 가까이 다가갔다. 날개를 붙였던 밀랍이 녹아버리자 이카로스는 바다로 추락한다.

이카로스 신화는 오비디우스의 여덟 번째 책 『변신 이야기 *Metamorphoses*』에 수록되어 있다. 이 장면을 알고 있었던 브뤼헬은 오비디우스의 작품에서 읽어낸 것을 그림으로 그렸다. 그는 아버지와 아들이 높이 날아가는 장면과 어부와 목동, 농부가 그들의 머리 위로 날아가는 이 부자(父子)를 보고 자신들의 눈을 믿지 못하고 놀라는 장면을 묘사했다. 브뤼헬의 그림은 오비디우스의 묘사를 그대로 옮긴 것일 수도 있다. 그러나 자세히 보면 수수께끼 같은 구석이 있다. 다이달로스는 어디에 있는가, 왜 목동과 농부는 추락하는 이카로스를 거들떠보지도 않는가, 제목이 되는 주요 사건인 이카로스의 추락을 왜 그렇게 작게 오른쪽 아래 모서리에 처박아 두어 관찰자의 시선이(보기나 한다면) 가장 마지막에 이르도록 했는가.

이카로스 신화는 그리스도교 시대부터 수세기 동안 자기 분수를 모르고 설쳐댄 사람들이 맞이하게 되는 종말에 대해 경고하는 역할을 했다. 브뢰헬의 그림도 이런 도덕적인 가르침의 전통과 맥을 같이 한다. 도덕주의자인 브뢰헬은 「나태한 자의 천국Schlaraffenland」 같은 그림에서도 분수에 맞는 삶을 살라고 충고하고 있다. 그는 이카로스 그림 역시 교육을 목적으로 사용했을 것이다. 그림을 자세히 관찰해보라. 화가는 우리에게 겸손함을 촉구하면서 너무 지나친 목표를 세우는 건 인간에게 적합하지 않다고 역설하고 있다. 하지만 우리는 이 그림에서 더 많은 것을 읽어낼 수 있다. 정말로 브뢰헬이 지나친 야심에 대한 도덕적 경고만을 목적으로 이 대목을 선택했다면 이 그림은 지금과 전혀 달랐을 것이다. 이 그림은 인간의 한계에 대해 말하는지도 모른다. 한계는 지켜져야 하지만 뛰어넘을 수도 있다. 다시 한 번 이 그림을 자세히 살펴보면 특별한 의미를 지닌 세 가지 모티브가 있음을 알 수 있다. 앞쪽에는 배와 농부가 배치되어 있어 이카로스는 거의 드러나지 않는다. 하지만 주인공은 이카로스다. 이 세 모티브는 각각 특별한 형태의 한계를 보여준다.

농부는 전통사회에 매인 존재다. 플랑드르 지방의 농부 의상을 입은 그는 태어날 때부터 자신에게 정해진 밭일을 하고 있다. 아직 결혼을 하지 않았다면 언젠가 그는 마을 농부의 딸과 결혼할 것이다. 사내아이를 낳으면 그 아이도 농부가 될 테고 여자아이라면 다른 농부와 결혼할 것이다. 그의 생에는 성공과 실패에 대한 문제가 제기될 여지가 전혀 없다. 그의 삶에는 오직 풍작과 흉작의 구분만 존재한다. 그가 아는 것은 자연의 영원한 순환뿐이다. 그는 거기에 아무런 영향도 끼칠 수 없다. 반짝이는 빨간 옷을 입은 이 농부의 삶은 자연과 신이 결정한다. 그는 한계를 넘어설 생각도 없고 저항할 마음도 없는 사람이다. 16세기의 정적인 사회가 쳐놓은 좁은 울타리 안에 머무를 뿐이다. 그러나 바다를 항해하고 있는 상선은 전혀 다른 것을 표현한다. 배는 고대로부터 한계를 뛰어넘는 상징이었다. 하지만 근대가 시작되면서, 한때 위협적이었던 무한대의 바다는 이제 새로운 삶의 무대가 되었다. 차츰 바다를 극복할 수 있게 된 것이다. 항해사, 탐험가, 근대의 해외 상인은 해도를 더욱 발전시켰고 더 나은 항해 도구들을 보유했다. 근대에 이르러 세계의 한계를 깬다는 것은 전적으로 새로운 의미를 갖게 되었다. 한계의 극복은 지식과 부, 행복과 지위를 가져다 주었다.

브뢰헬 생전에도 네덜란드의 몇몇 지방은 발트 해 무역을 통해 부유해졌다. 그리고 반세기 후 전 세계는 동남아시아와도 무역을 하게 되었다. 16, 17세기 네덜란드 상인들의 초기 자본주의적 해외 무역은 유례 없는 결과를 가져왔다. 네덜란드는 채 200년도 되지 않아 엄청난 부를 축적할 수 있었다. 항해술 덕분이었다. 17세기 네덜란드는 뛰어난 성능의 선박을 보유한 세계 최대 무역국이었고, 세계 최초로 현대적인 경제체제를 갖춘 나라였다. 당시 사람들은 자신들이 황금시대에 살고 있다는 것을 자랑스럽게 여겼다. 황금시대란 근대 유럽에서 평화와 번영이 지속될 때마다 회자되던 말이다.

해외 무역을 독점하다시피 한 네덜란드의 상인들은 부유해졌을 뿐 아니라 권력까지 갖게 되었다. 암스테르담은 전 유럽의 시장을 관리했다. 그들은 향신료, 이탈리아 비단, 설탕, 향유, 화약을 제조하는 데에 쓰이는 초석 등을 독점했다. 그들이 물건을 매점하면 값은 하늘 끝까지 올랐고, 그 물건을 유럽 시장에 갑자기 방출하면 영국과 포르투갈에서 온 경쟁자들은 우르르 무너졌다. 브뢰헬이 활동하던 안트웨르펜은 1500년에서 1550년에 이르는 동안 보잘것없던 해변 도시에서 유럽의 최대 곡물 환적장으로 변모했다.

목가적인 브뢰헬의 그림에 별로 어울리지 않는 당당한 모습의 쾌속 범선은 그들의 상업적 우월성을 떠올리게 만든다. 거기엔 새로운 무역을 촉진하는 도시적 시민정신과 그들의 부, 영향력, 사회적 이동성이 고스란히 담겨 있다. 16세기에서 17세기에 걸친 네덜란드 그림에는 당시 회자되던 '최전성기'가 등장하는데 모두 이러한 문화를 보여주는 데 손색이 없다. 네덜란드의 화가들 역시 새롭게 부상한 중산층과 활성화된 현대적인 미술품 시장에서 큰 이득을 보았다. 브뢰헬이 그린 배는 허용되지 않는 한계 뛰어넘기가 아니라 지식과 문화, 부를 가져오는 합법적인 한계 깨기에 관한 상징이다.

아직 이카로스가 남아 있다. 그는 의심의 여지없이 한계에 부딪히는 인물이다. 여기에는 두 가지 복합적 의미가 있다. 그는 금지된 것과 불가능한 것을 감행한다. 태양에 가까이 가려는 그의 시도는 엄청난 월권이다. 이것은 비도덕적 행위인 동시에 무능력의 증거이기도 하다. 그의 비행은 성공하지 못한다. 그것을 감행하기에는 비행 도구가 부실했기 때문이다.

브뢰헬은 어째서 한계와 한계의 의미를 복합적으로 뒤섞어 놓았을까? 브뢰헬의 시대에 들어와 한계 문제는 보다 흥미롭고 복잡해지기 시작했다. 지난 수세기 동안은 한계가 어디까지인지 생각할 필요조차 없었다. 한계는 고정되어 있었고 넘을 수 없는 선이었다. 근대가 동트면서 한계는 유동적인 것이 되었다. 브뢰헬이 이 그림을 그렸을 즈음 유럽에는 근대의 기운이 태동하고 있었다. 브뢰헬은 이런 과도기에 살며 그림을 그렸다. 엄청난 붕괴와 변화가 눈앞으로 다가오고 있었다. 구교와 신교의 분할, 국민국가의 형성, 신대륙의 발견과 전 세계 항해시대의 도래, 자본주의의 시작. 이 세계는 끊임없는 변화의 물결을 타고 있었다. 구 질서를 무너뜨리고 새로운 질서를 세우는 시대였다.

잠시 뒤를 돌아보자. 고대로부터 근대 초기까지의 사람들은 세계를 위계질서 안에서 이해했다. 맨 위에는 신이 있고 가장 아래에는 땅이 있다. 그 사이에 동물, 식물, 인간이 있었고 모든 생물체에게는 각각의 자리가 정해져 있었다. 농부는 귀족 아래, 귀족은 왕 아래였다. 그 누구도 자신의 자리를 벗어날 수 없었다. 왜냐하면 그 자리는 신이 내려준 것이기 때문이다. 신이 창조한 절대적 질서 속에서 자신의 위치를 의심하는 것은 완벽한 창조 질서를 의심하는 행위에 다름 아니었다.

신은 설명할 수 없는 지혜로 사물과 인간에게 각자의 자리를 정해주었고, 사물과 인간은 그 자리에서만 각자의 목적과 의미를 충족시킬 수 있었다. 인간은 신이 아니었으므로 지적인 수준을 쌓아서도, 이 세계를 학문적으로 설명하려고 해서도 안 되었다. 갈릴레이의 행동이 이단이었던 것은 바로 이런 이유 때문이다. 여자는 남자가 아니므로 남자처럼 행동해서는 안 되었다. 잔 다르크는 이 규율을 어긴 탓에 화형을 당했다. 농부는 귀족이 아니므로 육체노동을 했고, 모욕을 당한다 해도 존엄성이 무시되었다고 항변힐 수 없었다. 부당한 일을 겪은 농부에 대한 사례가 전해오지 않는 것은 당시 어느 누구도 이런 일을 기록해야 한다고 생각하지 않았기 때문이다. 질서에 대항하거나, 무엇이 옳고 그른지 생각해봐야 한다고 주장했던 이들은 극소수에 불과했다. 질서는 신의 작품이었으므로 무조건 옳은 것으로 간주되었다. 그러므로 고대 비극에 등장하는 왕이나 셰익스피어 작품의 주인공들이 추락하는 것은 세계가 완전히 엉망진창이 되었다는 표시였다. 오이디푸스, 리어 왕, 맥베스는 불행을 향해 맹목적으로 돌진함으로써 자신의 존재를 파괴했을 뿐 아니라 사회 전체에 죽음과 불행을 안겨준 인물로 각인되었다.

중세 사람들이 자기 자신의 삶을 어떻게 규정지었는지 볼 수 있는 작품이 있다. 바로 단테의 『신곡』이다. 『신곡』의 기본 사상은 당시(1265~1331)의 위계질서에 기초한다. 『신곡』에서는 이 세계를 길로 묘사했다. 인간을 아래로 내렸다 위로 당겼다 하는 이 길에서 이탈하는 것은 상상조차 할 수 없었다. 『신곡』은 중세의 독자들을 하나님에게 가는 여행으로 인도한다. 이런 영적인 여행은 지옥에 떨어지는 것으로부터 시작해 연옥을 통과한 후 천국으로 올라가는 데서 정점을 이룬다. 『신곡』에는 고대로부터 단테 시대까지의 유명한 역사적 사건들이 포함되어 있다. 수백 명의 역사적 인물 가운데는 저 유명한 항해사 오디세우스도 있다. 그는 중세에 적응하지 못하는 불안한 존재였는데, 호메로스의 『오디세이아』에서 경계가 없는 세계, 즉 바다에서 오랫동안 시간을 보냈기 때문이다.

단테는 오디세우스 이야기에 자기 나라 탐험 이야기를 슬쩍 가미함으로써 새로운 전환점을 마련했다. 1291년 피렌체 출신의 비발디 형제는 모로코에서 출발해 아프리카로 항해를 떠났다. 이 모험은 북아프리카 해안에서 수킬로미터도 못 가 끝난 것으로 기록되어 있다. 단테는 오디세우스 이야기를 비발디 형제와 다른 이들의 운명에 빗대어 풀어나간다. 『신곡』의 오디세우스는 마지막 여행을 떠나게 된다. 지브롤터 해역을 지나 남대

서양에서 폭풍우를 만난 그는 다른 선원들과 함께 바다에 가라앉는다.

익사한 오디세우스는 불쌍하게도 비발디 형제와 마찬가지로 지옥에서 끔찍한 불길로 고통받는다. 단테는 지옥이야말로 항해사에게 딱 맞는 장소라고 생각했다. 그는 자신의 도덕적 견해에 입각해 호기심 많고 모험을 즐기는 항해사를 금지된 한계를 뛰어넘은 죄인으로 보았다. 남쪽으로 항해를 시작한 것은 분수를 모르고 세계를 탐험하려 한 부도덕한 짓이었다. 알 수 없는 지식의 영역에 뛰어들려고 한 그는 벌을 받아 마땅했다. 하지만 난파와 죽음도 중세에서 금지되었던 한계 뛰어넘기의 대가로는 부족했다. 악당의 죽음으로 처벌이 끝나는 할리우드식 심리학에 익숙한 우리들로서는 잘 이해할 수 없는 대목이다. 단테는 오디세우스가 잘못에 대한 대가를 다 치렀다고 생각하지 않았다. 단테는 난파조차 오디세우스의 잘못이므로 당연히 신의 심판을 받아야 한다고 믿었다. 신이 만든 완벽한 질서를 어지럽히는 행동은 배의 난파, 즉 실패를 불러온다. 오디세우스와 비발디 형제에게는 한계를 뛰어넘는 것, 잘못을 저지르는 것, 실패하는 것, 몰락하는 것, 벌을 받는 것 사이에 아무런 차이가 없다. 그러므로 난파된 이들은 지옥에 떨어진다.

중세에서 근대가 태동하던 브뢰헬의 시대에는 이렇게 한계를 구분하는 것이 대단히 어려운 일이었다. 어떤 한계를 뛰어넘어야 하는가, 과연 어떤 것이 뛰어넘어도 되는 한계인가, 벌을 받아야 하는 한계는 어디까지인가?

단 한 번도 한계를 넘지 않은 사람이 있다. 농부로 태어나서 농부로 죽을 사람도 있기 때문이다. 그는 일생 동안 50킬로미터 평방 범위를 벗어나지 않을 것이다. 전 세계로 뻗어나가는 16세기의 네덜란드에서도 농부의 이동은 매우 제한적이었다. 농부에게는 한 가지 원칙이 있었다. 타고난 대로 살아라.

다른 한편에는 지리적 경계를 허물고 장밋빛 미래를 향해 가는 상선이 있다. 상선은 무한한 경제적 부를 약속하는 자본주의를 향해 항해한다. 브뢰헬의 시대에는 이에 대해 한 점의 의심도 없었다. 네덜란드의 배들은 훌륭한 항해 장비를 갖추고 세계의 경계를 허물면서 부를 가져다 주었다. 그러나 모든 일이 순조롭지만은 않은 법이다. 훌륭하고 값비싼 배들이었지만 폭풍우에 약했다. 상선은 언제라도 침몰할 수 있었다.

마지막으로 이카로스를 보자. 그는 한계를 뛰어넘었다. 그러나 이는 잘못된 한계였다. 그는 오만한 데다 만용이 지나쳐 잘못을 저지르고 말았다. 때문에 그는 죽음이라는 최고형을 선고받았다. 하지만 그림 속에 나타난 형벌은 뭔가 개운치 않다. 오디세우스에겐 지옥이 제격이라고 생각했던 단테의 단호함이 브뢰헬의 그림에는 나타나지 않는다. 이카로스의 모습 역시 부도덕한 이가 그에 따르는 정당한 벌을 받는 것 같지는 않다. 이카로스의 고독한 추락을 보면 브뢰헬이 세상을 다시 올바른 자리에 놓았다는 생각이 들지 않는다. 오히려 그 반대다. 무수한 이카로스들이 살고 있는 현대세계에는 언제나 추락의 위험이 도사리고 있다. 그러나 우리들 중 누구도 이카로스가 빠져 죽는 것을 쳐다보지 않는다.

현대사회에서는 누구나 끊임없이 한계를 뛰어넘는다. 개개인은 스스로 한계를 설정하고 어떤 한계를 넘을 것인지, 언제 넘을지, 그것이 가능한지, 꼭 그래야만 하는지 결정해야 한다. 그러나 동시에 한계 설정은 거의 불가능해 보인다. 한계는 유동적이고 보이지 않는 데다 미룰 수 있는 것이기 때문이다. 한계는 고무줄과 같다. 뛰어넘을 수 있고, 뛰어넘어도 되고, 뛰어넘어야만 한다. 한계는 가상에서만 존재한다. 그러면서도 결코 공중분해되지 않는다. 이런 세계에서는 실패할 가능성이 매우 크다. 한편에서는 점점 더 높은 한계를 뛰어넘어야 하는 반면, 다른 한편으로는 한계가 어디에 있는지, 무엇을 의미하는지조차 알기 힘들어지기 때문이다.

한계를 분녕히 인식하고 지적하는 게 어려워진 세상을 브뢰헬의 그림에서 만나게 된다. 그 안에는 "여기까지, 더 이상은 안 돼"라는 절대적인 기준이 없다. 한계를 무시하고 더 나아갔을 때 어떤 결과가 나올지 알려주는 도덕적 지표나 논리적 확신도 없다. 이곳에서는 무한대가 한계 바로 옆에, 가능이 불가능 옆에, 안전한 항해가 쓰라린 침몰 옆에 존재한다. 실패에 대한 우리의 두려움은 이런 세계에서 비롯된다. 이 세계는 무한대의 가능성을 열어 놓았지만, 동시에 불확실한 세계다. 한계를 뛰어넘는 것은 허용되어야 하고 또 필요하다. 그러나 그 누구도 앞으로의 일을 예견할 수 없다.

아문센과 스콧의 남극탐험

1912년 4월 14일 밤, 당시 최대 규모를 자랑하는 호화 여객선 타이타닉은 북대서양 빙하 지대를 고속 항해하고 있었다. 자정 무렵 타이타닉은 빙산에 부딪혀 침몰 위기에 처했다. 12시 15분 선장은 SOS를 치라는 명령을 내렸다. 몇 초 지나지 않아 주변에 있던 열두 척의 배가 이 신호를 들었다. 그러나 그 어떤 배도 1,522명의 승객을 죽음에서 구해낼 만큼 가까이 있지 않았다. 도움을 줄 수 있었던 유일한 배조차 야간이라 무전시설을 꺼놓고 있었다. 1시 20분, 타이타닉의 무전이 캐나다 뉴펀들랜드 전신국에 도착했다. 그러고는 대서양 연안의 수백 개 전신국에 연이어 도착했다. 뉴욕에 도착한 구조 요청 신호는 케이블을 통해 호주 대륙을 거쳐 유럽까지 전달되었다. 이튿날 아침, 전 세계가 타이타닉의 침몰 소식을 들었다. 타이타닉의 침몰만큼 현대의 무한성과 한계 경험이 동시에 일어날 수 있음을 보여주는 예는 없다. 타이타닉이 현대인의 사랑을 받는 아이콘이 된 것도 우연은 아니다. 통신기술 덕택에 타이타닉의 침몰 소식은 몇 시간 안에 세계 각국으로 전파되었다. 더 많은 가능성이 있는 곳에 더 많은 불가능이 있는 법이다. 타의 추종을 불허하는 무적함대라 할지라도 부두에서 출발한 뒤에는 언제든 호두껍질처럼 부서져 침몰할 수 있다는 사실을 인식했어야 했다. 그러나 당시에는 아무도 그렇게 생각하지 않았다.

20세기가 시작할 무렵 지구본 위에는 더 이상 흰 점들이 남아있지 않았다. 다만 남극만이 아직도 탐험되지 않은 지역으로 남아 사람들의 정복욕을 자극했다. 모든 가능성이 열린 시대였다. 1910년 여름, 영국인 로버트 팰컨 스콧과 노르웨이인 로알드 아문센은 남극으로 각각 탐험을 떠났다. 두 사람은 모두 남극에 처음 도달한 사람이 되어 역사에 남겠다는 야심에 차 있었다. 그러나 이 두 사람 중 하나는 승자로, 하나는 패자로 역사에 기록되었다.

이 두 사람의 경쟁은 20세기 가장 흥미진진한 사건으로 회자된나. 그것은 아마 그들의 모험에 극적인 성공과 실패기 동시에 나타나기 때문일 것이다. 지옥 같은 모험, 인간의 위대한 업적과 실패. 지난 수십 년간 이 남극 드라마를 소재로 승자와 패자의 유형을 분석한 리더십 책들이 엄청난 인기를 끌었다. 이 책들은 왜 한 사람은 승리했고, 다른 이는 계속 실패만 했던 것일까라는 질문을 던졌다. 저자들은 끝없는 얼음판이라는 극단적인 조건 아래 입증된 생존 기술이 혹시 대기업의 경영진에게도 적용되지 않을까 생각했다.

스콧과 아문센을 이렇듯 비감상적인 관점에서 바라보는 일은 매우 흥미롭다. 이것은 패자인 스콧과 승자인 아문센을 분석적으로 관찰하고 다음과 같은 이성적인 질문을 던지게 만든다. "패자는 무엇을 잘못했고, 승자가 잘한 것은 무엇인가, 그리고 그로부터 무엇을 배울 수 있는가." 여기서 우리는 성공과 실패에 대한 다양한 시각을 엿볼 수 있다. 또 이런 이면에는 성공은 어떤 조건에서도 가능하며, 실패는 어떻게 해서든지 피할 수 있다는 확신이 자리잡고 있다. 남극탐험에서 어떤 사건이 일어났던 것일까. 우리가 배울 수 있는 것은 무엇이며, 배울 수 없는 것은 또 무엇일까?

로버트 스콧은 패자다. 그는 남극탐험길에서 실수란 실수는 전부 해버렸다. 실제로 그는 탐험 준비부터 서툴렀다. 사진 기술을 배우려 했던 것조차 그랬다. 그는 남극으로 가는 여정을 사진에 담으면 좋겠다고 생각했다. 그런데 사진사는 탐험대원이 될 수 없었기 때문에 스콧은 스스로 어려운 사진 기술을 익히려고 했다. 당시는 사진 기술이 개발된 지 얼마 되지 않은 터였다. 그는 초보적 기술을 배워 사진을 찍었다. 베이스캠프로 돌아온 그는 흥분한 목소리로 믿지 못할 장관을 찍어왔다고 말했다. 그러나 막상 필름을 현상해보니 아무것도 보이지 않았다. 렌즈의 보호 덮개를 열지 않았던 것이다.

더 심각한 점은 스콧에게는 남극 정복과 같은 어려운 프로젝트를 수행할 만큼 경험이 충분하지 못했다는 사실이다. 설상 가상으로 그는 탐험대장으로서 무능력했다. 그의 정신적 태도는 사뭇 거만했다. 19세기 영국의 엘리트 교육을 받은 탓이었다. 극지방의 찬바람을 스코틀랜드산 양모로 막아보겠다는 호기로 그는 에스키모의 옷을 사용하는 대신 고향의 옷가지들을 가져왔다. 베이스캠프에서의 첫 주 저녁은 그야말로 난리법석이었다. 장비는 말할 것도 없었다. 천막에는 바닥조차 없었다. 장비를 손보는 데에도 애를 먹었다. 이런 허술한 준비 과정은 남극탐험을 마치 러시안 룰렛처럼 예측하기 힘든 여정으로 만들었다.

스콧의 이동 수단은 개썰매 말고도 포니와 세 대의 모터 썰매가 있었다. 스콧이 포니와 썰매를 끌고 온 것은 개가 수백 킬로미터나 짐을 끌고 갈 수 있을 거라고 생각하지 못했기 때문이다. 그는 개가 오래 견디지 못할 것이며 어딘지 좀 바보 같다고 여겼다. 반면 포니는 영하의 온도를 견디지 못했다. 결국 그들은 고통을 덜어주고자 안타깝게도 차례차례 포니를 쏘아 죽여야만 했다. 한 번은 겁에 질린 포니가 갈라진 빙하 위로 내달리는 사건도 벌어졌다. 모터 썰매 역시 쓸모없기는 마찬가지였다. 첫 번째 썰매는 둥둥 떠다니는 빙하 조각에서 짐을 내리다가 가라앉았고, 나머지는 영하 50도의 기온을 견디지 못해 고장이 나서 영원한 얼음더미 속에 파묻혔다. 남극 최초의 문명쓰레기가 되어버린 셈이다.

그가 이처럼 다양한 이동 수단을 준비한 것은 오로지 남극을 탐험하기 위한 것이었다. 포니와 모터 썰매는 베이스캠프까지 물자를 수송하기 위한 것이었고, 식량을 작은 캠프 여러 곳에 분산해 나중에 남극에서 돌아올 때 방향을 찾기 위함이었다. 하지만 그는 마지막 캠프에서 남극으로 가는 역사적 순간을 위해 말도 안 되는 특별 이벤트를 준비했다. 그들 스스로 썰매를 끌겠다고 작정했던 것이다. 스콧은 이런 육체적 고난을 통해 남성성을 꿈꾸었다. 그는 영국인이 얼마나 위대한 일을 할 수 있는지 전 세계에 보여줄 의무가 있다고 믿었다. 그러나 마침내 남극으로 출발하는 날, 그는 허둥지둥 서두르다가 지구의 남쪽 끝에 꽂을 영국 국기 유니언잭을 깜박 잊었다. 스콧은 캠프 간에 연결해놓은 전화선을 사용했다. 이 전화선은 원래 남극에서 돌아올 때 이 영웅적인 남극정복을 최대한 빨리 전 세계에 알리기 위한 것이었다. 하지만 이제 전화선은 캠프에 잔류한 사람들에게 어서 빨리 유니언잭을 가지고 뒤따라 오라는 명령을 전달하는 데 사용되었다. 유니언잭을 들고 뒤따라 온 사람들은 스키를 타고 왔다. 스콧과 대원들이 며칠씩 걸어간 거리를 그들은 몇 시간 만에 따라 잡았다. 그런데도 스콧은 스키를 타겠다는 생각을 하지 못했다. 대신 스콧과 대원들은 썰매에 매달렸다. 지쳐 떨어질 때까지 매일 달렸지만 그들은 거의 전진하지 못했다. 게다가 스콧은 출발하기 직전 남극까지 갈 인원을 3명에서 4명으로 늘리는 이해할 수 없는 결정을 내렸다. 그 결과 식량이 모자랐다. 매일 섭취해야 할 칼로리가 충분치 않았다. 일인당 6,000칼로리가 필요한데 준비한 양으로는 4,000칼로리에도 못 미쳤다. 대원들의 체중은 급격히 감소했다. 날씨마저 끔찍했다. 분위기도 그랬다. 스콧의 대원들이 남극에 도착했을 때 그곳엔 이미 노르웨이 깃발이 휘날리고 있었다. 그들은 죽기 일보 직전의 상태에서 뒤돌아서야 했다. 그런데 갈 때 꽂아 둔 식량 저장고 표시가 보이지 않았다. 한참을 걸려 찾아내긴 했지만 식량의 보존 상태는 엉망이었다. 대원들은 또 연료 부족 문제로 끊임없이 시달려야 했다. 스콧이 파라핀은 아주 빨리 희석된다는 것을 생각지 못했기 때문이다. 무모한 탐험의 결과 스콧과 대원들은 1912년 1월, 며칠 동안 계속된 눈보라 속에서 숨을 거두었다.

탐험 경험이 많은 노르웨이의 아문센은 남극탐험을 장기적 안목과 실용주의, 심리적 트릭으로 시작했다. 1910년 6월 그는 배를 타고 남쪽으로 향했다. 대원들은 모두 탐험에 숙달된 사람들이었고 장비도 최상이었다. 갑판 위에는 썰매개 수십 마리가 대기 중이었다. 이 개들은 열심히 번식했다. 아문센은 그린란드에서 수개월 동안 썰매개에 대해 공부했고 에스키모에게서 이들을 다루는 법을 배웠다. 그러나 배가 출발할 때 대원들 중 그 누구도 이 배의 행선지가 남극이라는 사실을 알지 못했다. 아문센은 탐험 사실을 숨겼다. 스콧이 깜짝 놀랄 일을 벌인 것이다.

스콧은 항해를 시작한 지 수주 일이 지난 뒤에야 아문센이 남극 탐험 경쟁자 중 하나라는 사실을 알았다. 그는 놀란 나머지 정신을 가다듬느라 애를 먹어야 했다. 후에 영국인들은 아문센에게 스포츠정신이 결여되었다고 격렬하게 비난했다. 그들로서는 당연하다. 다만 아문센은 이미 오래전부터 영국의 스포츠정신과 남극탐험을 완전히 다른 범주로 이해했을 뿐이다.

아문센은 최적의 장비를 준비하는 데에 수개월을 보냈다. 최소한 세 번 이상 신발을 손보게 하고 장화 속에 충분한 공간을 두어 완전무결한 장화를 만들었다. 복장은 에스키모들의 방식 그대로 털옷을 입었다. 겉보기엔 설인 같지만 속은 건조하고 따뜻한 옷이었다. 남극의 베이스캠프는 목재를 사용해 조립식으로 만들었는데 안팎이 잘 분리되어 있어서 외풍이 들지 않았다. 그들은 돌아올 때 방향을 잡기 위해 식량과 연료를 보관할 저장고도 설치했다. 중요한 구간은 5명이 가기로 했지만 저장고의 식량은 8명분으로 비축해두었다. 나중을 위해서였다. 그리고 저장고마다 얼음 바닥에 깃대를 꽂아 표시해두었다. 또 동서를 나누어 양측 저장고의 깃발 색을 달리했다. 눈이 덮여 있어도 알아볼 수 있게 만들기 위해서였다. 그러고 나서 그들은 출발했다. 썰매는 개가 끌었고 그들은 스키를 타고 달렸다.

탐험대는 개를 잘 보살폈다. 그들의 성공과 목숨이 이 개들에게 달려 있었기 때문이다. 그러나 개라는 존재 자체엔 아무 감정을 갖지 않았다. 아문센은 언제, 몇 마리의 개를 죽여야 하는지 계산했다. 물자는 점점 줄고, 썰매는 가벼워지기 때문이었다. 죽은 개는 나머지 개에게 먹이로 주었다. 그래서 처음부터 개의 식량을 많이 가져가지 않아도 되었다. 아문센은 매일 도달해야 하는 거리를 정확하게 측정했다. 이 거리는 초과해서도, 미달되어서도 안 되었고, 대원들의 체력을 지나치게 소모시켜서도 안 되었다. 대원들의 사기진작을 위해 상도 내렸다. 정기 휴일을 정했고 담배도 나눠 피웠다. 탐험은 큰 사건 없이 진행되어, 1911년 12월 14일 아문센과 대원들은 남극에 도달해 노르웨이 깃발을 꽂았다. 이들은 돌아오는 길을 일요일의 소풍 같은 것으로 묘사했다. 다섯 사람이 1월 25일에 베이스캠프에 돌아왔다. 그들은 그곳에 남아 잠들어 있던 사람들을 깨우며 커피를 주문했다. 그들은 긴 산책을 하고 돌아온 것 같았다.

현명한 조언자 벤저민 프랭클린은 "준비에 실패하는 자는 실패를 준비하는 것이다"라고 말했다. 프랭클린에 관해서는 뒤에서 더 살펴보겠다. 실제로 아문센과 스콧의 일화는 준비의 중요성을 보여주는 전형적인 사례에 속한다.

국가고시, 결혼식, 래프팅, 또는 남극탐험과 같은 대사를 앞두고 실패하지 않으려면 반드시 프랭클린의 충고를 따라야 한다. 준비는 매우 힘든 일이다. 구체적인 목표를 세우고 목표 달성을 위해 필요한 단계가 무엇인지 숙고할 수 있어야 하기 때문이다. 계획 단계에서는 여러 가능성을 점검해야 한다. 계획은 그 행동의 결과를 예견하고, 나타날 수 있는 장애 요소를 미리 발견해 대안을 마련하는 것을 의미한다. 극단적인 경우, 실행이 불가능하다고 판단되면 계획을 포기하는 것까지 의미하는 것이다.

아문센이 남극탐험에 성공한 것은 필요한 측면을 모두 고려해 완벽하게 계획을 세운 덕분이었다. 남극이라는 목표는 확고했다. 공간적·시간적 조건, 즉 남극의 겨울과 여름을 모두 고려했고 눈보라 같은 장애물이 나타날 경우도 미리 생각해두었다. 그는 주파거리를 미리 계산해 안정적 틀을 마련했고 시간적 압박을 고려했으며 예상치 못한 위협으로부터 대원들을 보호하는 것도 계획 안에 포함시켰다. 상황에 따라 주어지는 보상은 팀원들 간의 분위기를 좋게 만들었다. 스콧에게 충격을 주어 사기를 저하시킨 것도 아문센의 성공 요인 중 하나다.

스콧과 아문센의 사례에서 보듯 계획을 올바로 세우면 실패를 방지할 수 있다. 남극에서 양모 스웨터를 입는다든지, 엄청난 체력을 소모해야 하는데 하루 2,000칼로리씩 영양소가 부족하다면 탐험이 실패로 돌아갈 것은 당연지사다. 그러나 준비만 잘 했다면 성공했을 거라는 결론 역시 성급한 생각이다. 실패했다고 해서 모두 준비를 잘못한 탓으로 돌릴 수 없을 뿐더러, 준비를 아무리 잘한다 해도 실패의 가능성은 여전히 존재한다. 물론 상당히 불만스러운 이야기다. "준비에 실패하는 자는 실패를 준비한다"는 벤저민 프랭클린의 충고가 늘 맞는 것은 아니다. 우리가 경험하는 일상적 삶에서는 그 의미가 퇴색되기 일쑤다.

대다수 현대인들은 하나의 목표만을 추구하지 않는다. 남극으로의 행진이 얼마나 고생스러웠을지는 두말할 나위가 없다. 그러나 지극히 익숙한 일상생활에서 발생할 수 있는 예측불허의 사건에 비하면 아무것도 아니다. 우리는 삶을 각 단계별로 미리 계획할 수 없다. 그러므로 현대적인 삶의 여러 조건 아래에서 빈틈없이 준비하는 것이 과연 합리적인가 하는 데 회의가 든다. 'B계획'이라는 말이 있다는 사실만 봐도 알 수 있다. B계획이란 사회학에서 '불확실성'을 의미한다. 즉 현대인의 삶에서는 가능한 모든 것이 또 다른 식으로도 가능하다는 뜻이다.

1914년 3월, 1차 세계대전이 발발하기 직전, 아일랜드인 어니스트 섀클턴은 남극으로 향했다. 그는 이미 남극에 다녀온 경험이 있었다. 그는 자신만만하고 자존심이 강했으며 카리스마를 지닌 인물이었다. 그의 대원들은 숙달되어 있었고, 장비도 최상이었다. 남극은 이미 사람의 발길이 닿았던 곳이기 때문에 이번 탐험의 목적은 남극을 북에서 남으로 가로지르는 것이었다.

남극을 몇 마일 앞둔 상황에서 탐험선 인듀런스 호는 얼음에 박힌 채 더 이상 나아가지 않았다. 탐험선은 10개월 동안 얼음 나라를 표류하다 그 안에서 산산조각났다. 다행히 탐험 대원들은 썰매개와 구명보트 세 대, 텐트 몇 개를 가지고 얼음 위에 올라갈 수 있었다. 그들은 5개월 동안 얼음 위에서 표류했다. 마침내 얼음덩이가 빙하를 지나 바다로 나왔다. 28명의 대원들은 세 대의 구명보트에 나누어 오른 뒤 폭풍우가 몰아치는 얼음장처럼 차가운 바다에서 며칠 동안 노를 저은 끝에 엘리펀트 섬에 도착했다. 그런데 사람이 살 수 없는 곳에서 구조선이나 고래잡이선에 발견되리라는 희망을 품고 마냥 기다릴 수만은 없는 노릇이었다. 섀클턴은 다섯 명의 대원과 함께 북쪽으로 몇 마일 떨어진 고래잡이 기지로 가려고 길을 나섰다. 그것은 바람이 휘몰아치는 바다에서 4주나 더 돛단배를 타야 한다는 뜻이었다. 남극의 추위를 견디면서 얼음 같은 파도에 완전히 젖어버린 옷을 입고 살아 있어야 한다는 뜻이기도 했다. 길을 가는 동안에도 옷은 마르지 않았다.

대원들은 상상을 뛰어넘는 험난한 여정 끝에 목적지에 도착했다. 이 대담한 행진은 이들이 도착한 강가에서부터 고래잡이 항구가 있는 섬의 반대편까지 이어졌다. 엘리펀트 섬에 남은 대원들의 구조 작업은 수개월이나 지연되었고 네 번이나 새로 출발해야 했다. 그럼에도 가장 놀라운 일은 28명 전원이 이 끔찍한 고난을 이겨내고 생존했다는 사실이다. 당시 섀클턴과 함께 고래잡이 기지까지 보트의 뱃머리를 조종하며 갔던 선장은 당시의 상황을 이렇게 회고했다.

남극의 조건은 너무나 불안정해서 나는 내가 세운 많은 계획들 중 무엇이 가능한지 알지 못했다. 그리고 어떤 긴급 상황이 발생해, 이 모든 계획을 포기하고 전혀 다른 선택을 하게 될지 역시 알 수 없었다. 모든 것이 불확실한 이런 상황이 얼음 조각 위에 앉아 둥둥 떠다니며 겪은 어려움들 중의 하나였다. 이 불확실성이 사람을 미치게 만들었다. 수개월 동안 꼼꼼하게 계획을 세웠다. 달리 할 수 있는 일이 없었고, 뭔가에 집중할 수 있는 것만으로도 감사하면서. 그러나 나중이 되면 언제나 이 모든 계획이 도저히 예측할 수 없는 자연의 기분에 따라 희생되고 말 거라는 생각이 들었다. 물론 우리의 실패를 대규모 재앙과 비교하는 것은 지나친 일이다. 하지만 때로 과장을 해야 쉽게 일반화할 수 있는 법이다. 여기에는 모든 개인적인 실패를 설명할 수 있는 요소가 있다. 바로 표류, 방향 상실, 막다른 골목 같은 느낌, 계획의 불가능성 등이다. 특히 이것이 생존과 직결되는 순간일 경우 계획을 세우는 일은 더욱 어려워진다. 현기증, 스스로를 지탱할 수 없어 맥 풀리는 느낌. 그러나 한편 한 가지 일에서 실패와 성공이 동시에 나타나는 동시성, 즉 탐험으로서는 실패했으나 구조 작업으로서는 성공한 이 사례는 그 어느 성공과도 비교할 수 없다.

실패의 판타지

폴란드 이주민의 노래 | 수전 손택

미국 작가 수전 손택의 소설 『미국에서*In America*』는 폴란드에서 미국으로 이민 온 사람들의 이야기다. 예술가, 지식인, 귀족 등으로 구성된 이들은 19세기 말 미국으로 건너 온 전형적인 이민자들이 아니다. 유럽에서는 더 이상 아무 미래가 없다고 느끼는 노동자들이 아니었다. 그렇다 해도 19세기 다른 모든 이민자들과 마찬가지로 이들도 미국을 약속의 땅으로 여겼다. 유럽에서 성공하지 못한 작가에게 미국은 유명해질 수 있는 기회를 제공할 것이고, 배우에게는 이제껏 해보지 못했던 훌륭한 역할을 줄 것이었다. 그들에게 미국은 기회로 가득 찬 나라였으며, 개인의 자유를 최대한 보장해주는 나라였다.

　이민자들은 뉴욕행 배 안에서 앞으로 그들이 속하게 될 사회를 처음 경험한다. 배는 갑판 위와 아래로 나뉜 세상이었다. 돈 많은 사람들은 갑판 위에서, 나머지는 갑판 아래에서 생활했다. 돈이 있는 사람들은 갑판 위에서 식사하고, 갑판 위에서 잠자며, 갑판 위에서 얘기했다. 갑판 아래는 더럽고 비좁은데다 음식도 형편없었다. 이 잔혹한 현실이 위와 아래의 차이를 분명히 말해주고 있었다. 이주민 중의 누군가 말했듯이 이것은 그들이 폴란드에서 경험했던 사회적 계층 간의 차이와는 전적으로 다른 것이었다. 폴란드에서도 위와 아래의 구분은 분명했다. 하지만 사람들은 그것을 문화적 전통, 국가에 대한 소속감, 모든 폴란드인과 유럽인의 고통스러운 역사에 대한 통일 의식으로 미화했다. 이러한 문화적 배경과 전통이 이민자들을 태운 뉴욕행 배 안에서는 더 이상 존재하지 않았다. 그들은 사회적 위계질서를 상기시켜주는 역사와 민족의 신화를 고향 땅에 두고 왔다. 배에 존재하는 사실은 오직 하나였다. 갑판 위에 있느냐, 갑판 아래에 있느냐 하는 것.

미국 문화에서는 어떤 인간이 되어야 한다고 개개인을 종용하는 그 어떤 역사도 통하지 않았다. 이곳에서 중요한 것은 오직 돈이었다. 갑판 위로 갈 수 있느냐 없느냐하는 현실만이 존재했다. 한 폴란드 이민자는 "미국은 운명과 싸울 수 있다는 것을 의미했다"고 일기장에 적었다. 뉴욕으로 가는 배 안에서 갑판 아래에 있던 사람들은 갑판 위로 올라갈 수 있다는 희망을 품고 있었다. 19세기 말, 미국은 성공의 동의어가 되었다. 사회적 이동이 자유로운 나라, 무제한적 가능성을 지닌 신화의 나라였다. 그곳에서는 누구나 자수성가할 수 있었고, 누구나 각자의 '아메리칸 드림'을 실현할 수 있었고, '접시닦이에서 백만장자가' 되는 동화를 현실로 이뤄낼 수 있었다.

　이러한 미국식 성공신화가 태동하기 반세기 전에 한 프랑스인이 미국을 여행하게 된다. 1830년대 미국 전역을 돌며 사회를 관찰한 그는 미국이라는 나라가 세 가지 축을 중심으로 돌아간다고 분석했다. 개인적인 성공, 개인적인 진보, 돈. 냉철한 시각을 가진 이 여행자의 이름은 알렉시스 토크빌이다. 힘과 돈과 학식을 두루 갖춘 유럽의 엘리트들은 그 당시까지만 해도 미국이라는 신세계에 아무런 관심도 갖지 않았다. 토크빌 역시 프랑스 귀족 출신으로 미국의 감옥 체계를 둘러보고 보고서를 작성하라는 정부의 명을 받고 미국으로 파견된 터였다. 그러나 그는 미국의 감옥보다 미국의 민주주의에 더 많은 관심을 보였다. 그리고 대중 민주주의 체제로 살고 있는 국민들이 어떤 정서를 만들어내는가에 주목했다. 1831년이라면 미국이 건국된 지 55년 밖에 되지 않았을 때지만 그곳은 이미 모든 점에서 유럽과 달랐다. 세계 최초의 현대식 민주주의 사회를 접한 토크빌은 돌아와서 『미국의 민주주의De la démocratie en Amérique』를 집필했다. 그는 "미국에 체류하는 동안 관심을 가졌던 많은 것들 중 가장 독특했던 점은 조건의 평등이었다"라는 문장으로 책을 시작한다. 이어지는 글을 읽어보면 그가 삶의 조건이 아닌 시작의 조건을 말하고 있다는 사실을 분명히 알 수 있다.

이 책을 읽은 대부분의 19세기 유럽 독자들도 그랬겠지만, 토크빌에게도 미국은 실험적이고 매력적인 곳이었다. 미국에는 귀족이 없었다. 무언가를 얻고자 노력할 필요가 없는 천부적인 기득권층이 없다는 뜻이다. 유럽에서 당연하게 여겼던 수백 년 동안 유전되어온 사회적 계층이 전혀 없었다. 미국은 서로 뒤죽박죽 엉킨 혼란스러운 곳이었다. 경쟁이라는 간단한 원칙 아래 누구나 같은 기회를 가졌다. 백인일 경우, 모든 젊은이는 자기가 바라는 대부분의 것들을 자력으로 이룰 수 있었다. 오늘의 거지가 내일의 부자가 되는 꿈이 이루어지는 곳이었다. 반대로 오늘의 부자는 내일의 거지가 될 수도 있었다. 그래서 아버지들은 자녀들에게 이렇게 가르쳤다. "열심히 일해라, 점잖게 살아라, 그러면 위로 올라갈 수 있다."

미국 사람들은 다른 무엇보다 돈을 가장 사랑한다고 토크빌은 결론지었다. 미국인들은 얼마나 많은 돈을 벌 수 있을까 하는 생각만 하며, 항상 일을 한다고 했다. 토크빌은 일을 해서 버는 돈이 그들에게 모든 것을 할 수 있는 길을 열어준다고 보았다. 이런 점은 프랑스 귀족인 토크빌을 놀라게 했다. 프랑스의 특권층은 일하지 않아도 모든 것을 할 수 있었기 때문이다. 귀족이 없는 미국 땅에서 다른 사람과 차별화되는 수단은 오로지 돈이었다. 미국에서는 돈으로 성공을 평가하고 사회적 위치를 결정했다. 가난하더라도 귀족은 여전히 귀족이며, 귀족이라는 이유만으로 빚을 얻어 쓸 수 있었던 유럽과는 너무 달랐다.

미국인들은 후손들이 점잖은 삶을 보장받을 수 있을 만큼 부유해져도 일을 그만두지 않았다. 그냥 계속 일했다. 토크빌은 미국 사회가 "보다 완전하지만 늘 덧없기만 한 완벽함을 추구하는 삶"을 목적으로 한다고 비판했다. 달리 말하면, 미국은 "더 멀리, 더 잘, 더 높이"의 사회였다. 토크빌이 미국인 선원에게 배를 왜 좀더 잘 만들지 않느냐고 물었을 때 그는 이렇게 대답했다. "뭐하러 그래야 합니까? 이 배도 내일이면 낡을 텐데요." 이것이 바로 미국이 표방하는 평등 문화의 정신이다. 미국을 지배하는 평등은 경쟁의 평등이다. 모두가 서로 끝없이 경쟁한다. 그 결과로 사회는 끝없이 변화한다. 토크빌에게 미국은 조용할 날이 없는 시끄러운 곳이었다. 이곳에서는 누구나 성공하고, 누구나 실패했다.

매 순간 끊임없는 변화가 모든 이의 눈앞을 스쳐 지나간다. 이 상황은 사람들의 위치를 악화시킨다. 그리고 이들은 어떤 민족이든, 어떤 사람이든, 계몽이 된 사람이든 아니든 누구나 실수할 수 있다는 사실을 이미 잘 이해하고 있다. 사람들은 자신의 위치를 개선할 수 있다. 그들은 누구나 무한한 능력을 갖추고 있다는 사실에 고무되어 스스로를 완성하고자 한다. 실패는 그 누구도 완벽하게 옳은 것을 찾았다

고 주장할 수 없다는 사실을 증명한다. 반대로 성공은 포기
하지 않고 절대적으로 옳은 길을 찾았다는 증거다.

토크빌은 한계를 무한대로 확장할 수 있는 나라가 미국이라고
보았다. 이것은 수전 손택의 소설에 등장하는 폴란드 이민자들
이 체험한 바이기도 하다. 이들은 19세기 후반의 모든 이민자
들과 마찬가지로 여객선을 타고 맨해튼에 도착한다. 누구에게
나 황금빛 미래를 보장해주는 것처럼 보이는 성공의 도시 맨해
튼. 그러나 폴란드 이민자들은 이 도시에 널려 있는 성공을 손
에 넣지 못한다. 그들은 "뉴욕에서 성공하지 못해도 계속 가는
거야. 미국은 각자의 미국인 거야"라는 한 미국인의 말을 듣고,
뉴욕에 정착하는 대신 캘리포니아로 간다. 하지만 캘리포니아
역시 그들이 상상했던 곳이 아니었다. 그곳은 어떤 종류의 과일
이라도 심을 수 있고 와인도 만들 수 있는 곳이었지만 폴란드
출신의 꿍생원들은 일하는 데 서툴렀다. 결국 그들은 실패한다.
그들이 세운 작은 공동체는 실패를 거듭한 끝에 해체된다.

공동체에 몸담았던 대부분의 사람들은 다시 폴란드로 돌
아갔다. 하지만 마리나는 미국에 남았다. 배우 생활을 했던 마
리나는 폴란드 악센트 없이 영어를 말하려고 피나게 노력했다.
보잘것없는 역할을 시작으로 경력을 쌓아간 그녀는 미국에서
배우로 컴백하는 데 성공한다. 그리고 "포기란 없다"는 미국식

교훈을 온몸으로 보여준다.

수전 손택의 소설 『미국에서』는 아메리칸 드림에 대한 맹목적인 찬가가 아니다. 손택은 뉴욕의 좌파 자유주의 부류에 속한 인물로 승자 이데올로기를 매우 비판적인 시각으로 바라보는 지식인이었다. 그녀는 자신의 소설에서 한계가 무한대로 확장되는 기이한 문화를 가진 19세기 말의 미국을 묘사했다. 그러나 이런 문화에도 뛰어넘을 수 없는 한계는 존재했다.

폴란드인들이 뛰어넘으려고 했던 첫 번째 한계는 유럽과 미국을 나눈 대서양이라는 지리적 한계다. 두 번째 한계는 그들이 뉴욕에서 성공하지 못하고 캘리포니아로 떠날 때 드러난다. 이른바 프론티어다. 이민자들이 정착해 살고 있는 동부와 아직 개척되지 않은 서부 지역인 와일드 웨스트 간의 신비로운 경계다. 캘리포니아의 공동체 생활에서도 실패하고 홀로 남은 마리나는 세 번째 한계를 극복한다. 이것은 여객선을 타거나 기자를 타고 경계선을 넘어가는 의미의 한계가 아니었다. 전적으로 내면에 깃든 정신적 한계는 청교도윤리의 미덕인 성실, 근면, 인내심으로만 극복할 수 있는 것이다. 정신적 한계를 잴 수 있는 객관적 척도란 없다. 다만 정신적 한계를 제어할 수 있다고 믿는 사람이라면, 인간의 내면에서 끊임없이 다양한 모습으로 변하는 한계들도 얼마든지 극복할 수 있다고 생각할 것이다. 성공으로 탈바꿈시키지 못할 실패란 없다고 믿는 것이다.

캘리포니아에 정착하려던 이민자들이 인생의 바닥까지 내려가는 경험을 통해 그들의 실패를 인정하지 않을 수 없었을 때, 공동체의 일원이던 한 폴란드 귀족은 일기장에 이렇게 적는다. "캘리포니아 사람들이 계속해서 성공하는 것이 거슬린다. 나는 실패를 대하는 폴란드 귀족의 전통적인 가치판단에 익숙해 있다. ……미국에서는 귀족도 실패할 수 있다는 사실이 믿기지 않는다."

미국에서는 실패하지 않기 위해 투쟁한다. 실패하지 않기 위해 일하면서 실패에 저항한다. 스스로를 혹사시키며 결코 포기하지 않는다. 그러고도 모자라 이렇게 말한다. "이제 진짜 시작이야." 미국에서는 성공할 때까지 계속 일을 했다. 반면에 당시의 유럽 상황은 이와 달랐다. 최소한 이들 폴란드 이민자 그룹과 같은 예술가와 지식인 계층은 남달랐다. 19세기가 저물 무렵 유럽에는 실패를 우아한 것으로 숭상하는 병든 문화가 있었다. 카페 시인 보헤미안, 영락한 천재, 성공하지 못한 화가들의 고귀한 몰락과 스타일리시한 실패를 파리, 런던, 빈, 크라쿠프, 프라하에서 목격할 수 있었다. '생활예술인'임을 자처했던 이들은 시인으로서 화가로서 음악가로서 실패했다. '고상한' 사회가 이들을 받아들일 수 없었거나 그들의 재능이 부족했기 때문이다. 그들은 마르셀 프루스트의 『잃어버린 시간을 찾아서』에 나오는 샤를뤼스나 게르망트 남작 또는 영국 작가 오스카 와일드처럼 동성애자였기 때문에 사회적으로 실패한 이들과 같은 선상에 있었다. 그들은 가난하였고 만성적인 생활고에 시달렸다. 그들은 비웃음의 대상이 되었고 무능한 사회인으로 간주되었다. 대도시에 사는 그들은 스스로 창조한 공간인 예술가 카페나 살롱에 모여들었다.

그들의 실존 방식은 우울했을 것이다. 살아남기 위해 애쓰느라 피곤했을지도 모른다. 하지만 그들은 실패를 고상한 것으로 여겼다. 미국에 도착한 이주자들처럼 철저한 훈련을 통해 실패를 막으려고 하지 않았다. 그들은 돈으로 평가되는 성공을 천박하게 생각했고 언제든 거리낌 없이 사라진다는 것을 삶의 원칙으로 삼았다. 모든 게 자신의 태도에 달려 있었다. 수평선 너머에 기회가 보인다고 해서 접시닦이를 해볼 생각 따위는 하지 않았다. 그들은 삶을 예술 작품으로 보았다. 시민들이나 관객이 자신의 천재적인 생활 방식을 알아주지 못해도 상관하지 않았다. 보헤미안들은 실패자가 되는 것을 우월성의 상징으로 여겼다. 남들로부터 존경받는 것에 가치를 두었던 동시대인들은 그들을 하층민으로 보았다. 그들은 아마도 다락방에 살면서 월세도 못 냈을 테지만 추락을 경험해보지 못한 탓에 시야가 꽉 막힌 대중들보다 자신들이 한결 월등한 존재라고 생각했다.

이 책의 마지막 장에서는 그런 식으로 실패를 다루는 대표적인 사례들을 살펴볼 것이다. 지금 이야기한 것은 실패에 대한 그들의 답변이다. 그들은 실패를 완전히 새로운 것으로 바꾸어 숭배하고 멋지게 포장했기 때문에 관찰하는 과정 역시 흥미롭다. 예술과 예술가들의 우아한 실패. 그런데 이 장에서는 이와는 좀 다른 것, 실패를 극복할 수 있는 훨씬 실용적인 방법에 대해 다루겠다. 실패를 극복함으로써 성공을 이루는 것이다.

실패를 극복하라! 이는 오늘날 유럽이나 미국의 성공사회에서 절대로 입 밖에 내지 않는 명령형 문장이다. 실패자들은 당연히 스스로의 힘으로 실패를 극복하고 실패를 통해 좀더 효과적으로 성공에 이를 수 있는 길을 모색해야 한다. 실패를 극복하기 위해 노력하는 건 당연한 일이다. 실패에 맞서 싸울 때 우리는 자연의 법칙에 지배당하지 않는다. 우리는 문화적인 공간에서 움직인다. 이 공간은 너무나 친숙해서 성공하는 것 말고는 그 어떤 결과도 상상할 수 없는 곳이다. 알 수 없는 그 무엇이 우리의 개인적인 성공을 가로막고 있다고 생각하면 참을 수 없다. 우리는 그 장애물을 제거하기 위해 교육, 도덕, 정치·경제적인 요구들로 촘촘히 둘러싸인 그물 안에서 답답한 싸움을 해야 한다. "너는 이걸 헤쳐 나가야 돼"라고 요구받지만 "실패는 극복해야 하는 것이며, 실패를 통해 변해야 한다"는 당위성이 언제나 타당한 것은 아니다. 이것은 사실 성공 이데올로기의 유산이다. 이 장에서는 실패를 극복하려고 시도할 때, 우리가 어떤 문화적 영역에서 움직이는지, 그리고 그 이유는 무엇인지 설명하려고 한다.

명예와 지위에 관해

수백 년간 유럽 전통 문화 아래에서는 성공사회의 미덕으로 치부되는 성실, 능력, 인내심이 거의 아무 역할을 하지 못했다. 신분사회에서는 특권과 명예를 얻기 위해 노력하지 않아도 되는 계층이 언제나 존재했다. 귀족들은 사회 맨 꼭대기에서 천부적인 특권을 행사했다. 귀족은 무엇을 위해 노력하지 않아도 되었으며, 귀족이라는 이유로 존경을 받았다. 말하자면 그들은 성공적으로 세상에 태어난 것이다.

물론 이런 신분사회라 할지라도 개개인은 가능한 분야에서 자신의 능력을 펼쳐 보였다. 전투에서 이기고, 좋은 배우자를 맞이하고, 성당의 돔을 멋지게 칠하고, 생명을 구하기 위해 한쪽 다리를 절단하는 등등. 그러나 이런 행위들은 개인의 능력으로 평가되었지 사회적 성공을 가늠하게 해주는 척도로 활용되지는 못했다. 귀족이 천부적 특권을 가지고 있는 한 동맥 속에 고결한 피가 흐르지 않는 이들이 특권을 갖기 위해 노력하는 것은 그야말로 헛수고였다. 성공은 지위와 그 밖의 값진 것을 분배하는 문제에서 소홀히 다루어지던 개념이었다. 힘, 재산, 명예는 귀족의 차지였고 그에게만 모든 것이 허용되었다. 사회적 명예와 관련된 모든 행위와 문제는 그것이 무엇이건, 어떻게 이룰 수 있든 간에 이러한 봉건적인 생활 안에서 이루어졌다.

귀족에게도 단계가 있었다. 귀족의 사회적 지위는 그들이 태어날 때부터 정해져 있었다. 문제는 같은 계급 안에서의 지위였다. 하지만 여기서도 현대적 의미의 성공은 아무런 역할을 하지 못했다. 유럽 궁정에서 힘, 명예, 영향력을 분배하는 과정은 까다로웠다. 정치적 술수가 전제되었으며, 때로는 음모도 꾸밀 수 있어야 했다. 외모도 한몫했다. 개개인의 부침은 지진계처럼 오르락내리락 했으니 운세가 기우는 사람과 관계를 맺는 것은 치명적이었다. 한 사람의 명예는 그가 이룬 업적이나 실력, 또는 재산으로 평가되지 않았다. 명망이 있느냐 없느냐는 그의 대화 수준으로 정해지는 것이지 사업 수완이나 능력, 지식, 부에 의해 정해지는 것이 아니었다. 이러한 원칙으로 얻은 명성은 손에 쥔 모래처럼 쥐었다 싶으면 어느새 손가락 사이로 빠져나가고 없었다. 이것은 오늘날의 스타들이 누리는 빈껍데기 성공과 닮았다. 스타들의 공식 무대는 궁정이 아니라 TV이다. 그들은 루이 14세 궁정의 귀족들처럼 습관적으로 자기연출을 한다. 다만 스타들의 성공 놀이는 과거 귀족들이 하던 것보다 훨씬 위험 부담이 크다. 귀족들에겐 추락을 방지해주는 '명예'라는 최후의 안전장치가 있었기 때문이다.

귀족의 개인적인 지위는 이같은 '명예' 개념에서 도출된다. 남자의 명예를 재는 척도는 보통 용기, 취향, 사교장에서의 에티켓 등이었고 여자의 경우는 미덕이었다. 누가 더 명예로운 사람인가, 어떤 행동이 명예롭고 어떤 행동은 명예롭지 못한가는 이런 척도에 따라 결정되었다. 궁정의 시스템은 매우 복잡했다. 젊은 귀족들은 교육을 통해 명예로워질 수 있는 방법들을 습득했다. 허리를 잘못 굽힌다든가, 왕 앞에서 방귀를 뀌는 것만으로도 궁정에서의 경력이 끝날 수 있었다. 엘리자베스 1세 앞에서 어떤 궁정 신사가 그런 실수를 범한 적이 있었다. 하지만 국왕은 관대하게도 그에게 "그 일은 이미 오래전에 잊어버렸다"고 수년 동안 위로해주었다. 신분사회에서 이런 실수는 치명적이었다. 언제나 자신을 밖으로 드러내야 하는 신분사회에서 에티켓, 궁정 행사, 의식들은 그저 연극적 취향에서 행하는 불필요한 장식품이 아니라 사회적 질서를 공고히 해주는 필수품이었다. 예컨대 궁정의식에서는 각자에게 주어진 좌석과 그 자리에서 취해야 할 행동양식이 정해져 있었다. 이는 사회 전체에 적용되는 질서였다.

지난 세기 사람들은 거의 강박증이라 할 만큼 예의범절에 집착했다. 어떻게 행동하느냐를 보고 그 사람의 지위고하를 판단하는 게 가능했던 탓이다. 카드리유를 완벽하게 추는 것은 멋지게 보이기 위해서가 아니라 사회에서 특히 궁정에서 성공적으로 생존하기 위한 필요 조건이었다. 왜냐하면 궁정이 공식적으로 전 사회를 대표했기 때문이다. 국민의 대다수를 차지했던 농부, 수공업자, 상인, 군인, 산파는 주인공이 될 수 없었다.

1960년대 혹은 그 이전에 출생한 사람들은 극단적이고 제한적인 시각으로 가르치는 역사 수업을 들었다. 그들은 위대한 사람들의 업적을 배우고, 전쟁 발발 일자를 외워야 했다. 그러나 전쟁에 사용된 무기가 어떤 금속을 사용해 만들어진 것인지는 전혀 배우지 못했다. 역사라는 것이 몇몇 주요 지배자의 행동과 결정을 넘어서는 것이라는 생각은 20세기 이후에야 분출됐다. 그것을 처음으로 보여준 사람이 1950년대 프랑스 역사가인 페르낭 브로델이다. 그가 편집인으로 일했던 잡지 〈아날 Annales〉은 그때까지 역사학에서 다루지 않았던 모든 것에 관심을 가졌다. 〈아날〉은 마을의 삶, 농촌 지역의 인프라를 세세히 관찰했다. 구체적인 국민 집단의 정신 상태, 삶의 방식, 그들이 보유한 기술, 기후의 중요성, 흉작이 역내 인구에 미치는 영향도 다뤘다. 지금은 사람들의 의식 상태와 일상의 역사에 대한 브로델의 시각이 처음만큼 그렇게 혁명적으로 와닿지 않는다. 하지만 오늘날 중하층의 일상을 역사적으로 볼 수 있게 된 것은 그들만이 표현할 수 있는 독특한 삶의 방식에 눈을 돌리고 그것을 발견한 브로델 덕분이다. 사실 사회 내의 가장 큰 집단이었던 귀족들은 수백 년 동안 특별한 역할을 하지 못했다.

이런 이유에서 16~19세기까지의 시민들은 귀족의 행동을 모방하느라 급급했다. 귀족의 커뮤니케이션 기술인 에티켓은 여전히 멋진 덕목으로 간주되었으나 거의 제 기능을 잃은 상황이었다. 성공이나 사회적 지위를 확인하는 데에도 더 이상 에티켓이 필요하지 않았다. 만일 오늘날에도 이런 에티켓에 관심을 두는 이가 있다면 그는 아주 독특한 취향을 지닌 사람일 것이다. 요즘 사람들은 뭔가를 이룬 다음에, 또는 이룰 것 같은 전망이 보일 때만 이런 섬세한 관습을 배우는 데 관심을 갖는다. 그 누구도 점잖은 매너를 성공적인 출세의 전제 조건으로 보지 않는다. 과거 귀족 손자의 손자의 손자가 우리 평민들에게 이런 매너를 가르치려 든다면 우리는 아마도 이를 토크쇼의 오락거리쯤으로 치부할 것이다. 물론 이런 매너를 갖춘다고 직장에서 피해를 입는 것은 아니다. 어쩌면 사교에 도움이 될 수도 있다. 하지만 현대인들은 사회적 지위와 매너를 같은 값으로 매기지 않는다. 사회적 지위는 붉은색 페라리 한 대로 충분히 드러날 수 있다. 현대사회는 명예와 좋은 매너 대신 능력과 직업, 그리고 소유물에 집중한다.

자본주의의 탄생

"훌륭한 매너와 점잖은 에티켓, 즉 말하고 읽고 쓰기를 배우는 것은 삶의 필수조건"이라고 18세기 영국의 귀족 체스터필드 경은 아들에게 가르쳤다. 그러나 같은 시기, 영국에서는 이런 점잖은 매너를 배우지 않아도 개인이 사회에서 중요한 역할을 담당할 수 있게 된 정치경제적 변화가 일어났다.

18세기 영국은 현대식 산업자본주의의 모태가 되었다. 공장상품의 증가, 증대하는 소비문화, 항해를 통한 시장 확장과 네트워크화가 산업자본주의의 바탕을 이루었다. 정치의 자유화도 큰 몫을 했다. 영국의 자본주의는 중산층이라는 새로운 계층을 낳았다. 이들은 단기간에 부를 축적한다는 새로운 프로젝트에 몰두했다. 중산층 중에는 생전에 엄청난 재산을 모은 이들도 있었다. 공장 소유주, 부동산 소유주, 상인, 투자자들은 이러한 사회적 출세를 이룩한 최초의 1세대였다. 그들은 타고난 소질을 살려 거대한 부를 축적했다. 경제적 성공을 통해 그들은 특권과 명예를 얻었다. 자본주의에 익숙한 우리는 그 시절 입신양명한 자본주의 제1세대에게 급변하는 사회가 얼마나 비범하고 혼란스러운 것이었는지 쉽게 이해하기 힘들다. 그들은 일을 했다. 그들의 아버지, 할아버지, 그 할아버지의 아버지, 할아버지, 또 그 할아버지들처럼 일했다. 하지만 그 전 세대와 달리 그들은 느닷없이 세속적인 영예를 얻게 되었다. 그들은 부를 축적했고, 사회적 명예도 얻었다. 그들은 성공한 것이다.

"자기 행복은 자기 손에 달려 있다"고 버밍엄의 상인 윌리엄 허튼이 말했다. 이 말은 새 시대의 새로운 풍조를 보여준다. 그는 찢어지게 가난한 환경에서 자수성가한 기업인의 전형이다. 일곱 살 어린 나이에 실크 공장에서 일하기 시작한 그는 열네 살에 양말 직조법을 배웠다. 독서에 대한 열정에서였는지 대표적인 오락산업이 도서 시장이라고 인식해서였는지 그는 책에 모든 것을 걸고 23세 되던 해 노팅엄에 서점을 열었다. 그러나 사업이 잘 되지 않자 독자층이 더 많은 버밍엄으로 옮겼다. 6년 후 그는 그곳에서 유명한 종이판매상이 되었고, 제지공장에 대한 투자가 부족했음에도 불구하고 대단한 성공을 거뒀다. 이어서 그는 땅에 투자했다. 양 빗질이나 시키는 가난한 잡부의 아들이 이제 대규모 농지를 경작하게 되었다. 허튼은 관청 부지를 인수해 도시풍 집을 지었다. 그러나 18세기 말에 발발한 농민 운동으로 허튼의 집 두 채는 불길에 휩싸였다. 허튼이 청교도라는 사실이 대중의 분노를 산 것이다. 허튼은 다시 지은 농가에서 사업가로서의 인생을 기록하며 여생을 보냈다. 그는 10세 때부터의 하루 일과를 아주 세밀하게 기록했다. 가난한 집에서 태어나 그렇게 출세할 수 있었던 배경이 무엇이었나 탐구했을 것이다. 그에게 무슨 일이 있었던 것일까? 일곱 살짜리 꼬마 노동자가 일흔이 되어 부유하고 존경받는 공장주가 되는 일이 어떻게 가능했던 것일까?

허튼과 마찬가지로 제너나이어 스트러트 역시 청교도이자 빈민 출신으로 큰 재산을 모았다. 그는 자신의 묘비에 이런 글귀를 남겼다. "여기 제더다이어 스트러트가 누워 있다. 물려 받은 재산도, 가족도, 친구도 없었으나 스스로의 힘으로 재산과 가족과 이름을 세상에 남겼다." 그는 죽기 직전인 1797년에 이 묘비를 직접 만들었다. 스트러트와 허튼 같은 사람들은 유럽 문화에 유래가 없는 신종이었다. 스트러트가 얻은 가족은 그를 귀족과 동급으로 만들었다. 왜냐하면 "가족(family)이 있다"는 말은 당시의 언어 사용법에서 높은 가문을 의미했기 때문이다. 그러나 그는 원래 고귀한 출신이 아니라 스스로의 노력으로 높은 신분을 얻었다. 그의 아버지는 일용직 노동자였지만 스트러트는 산업화 초기 시절 영국의 공장주가 되어 있었다. 스트러트는 재봉틀을 개발했고 실크 장사꾼으로도 이름을 날렸다. 말년에는 더비 근처에 있는 여러 개의 공장 소유주가 되었다.

스트러트는 비석에 자신의 업적을 자세하게 기록했다. 그는 근면한 사람이었고, 재능과 발명가 정신을 고루 겸비한 능력 있는 인물이었다. 그의 묘비는 한 개인의 성공 스토리에 대한 기록이다. 스트러트는 스스로 성공을 이룩했다는 자신감을 당당히 드러냈다. 그의 묘비는 자신의 자랑스런 태도와 우월성을 대담하게 표현한 기념비다. 이것은 "한번 봐라, 한 인간이 자력으로 무엇을 이룰 수 있는지, 또 자신의 업적을 통해 얼마나 존경받을 수 있는지"라고 말하고 있다. 스트러트는 자력으로 돈과 명예를 얻고 영향력을 행사하게 되었다는 사실을 보여주었을 뿐 아니라 자신은 그럴 자격이 있다는 것을 묘비에 분명히 밝혔다. 그렇다면 이 영국인 공장주는 어디에서 그런 확실성을 얻은 것일까? 한두 세대 전만 해도 소리없이 사라졌을 스트러트가 오늘까지 그 이름을 남길 수 있었던 것은 어떤 이유에서일까? 그때까지 사회적 명예와 관련해 아무 의미를 갖지 못했던 스스로에 대한 믿음, 즉 스트러트가 자신의 성공에 대해 가졌던 믿음은 어디에서 나온 것일까?

사회학자 막스 베버는 20세기 초, 가장 영향력 있는 문화 이론 테제 가운데 하나를 세웠다. "17, 18세기 영국 초기 자본주의 시대의 성공한 기업가들에게는 직업적 성공을 가능케 한 의식이 있었다"고 베버는 확신했다. 직업적으로 성실하고 엄격한 청교도 신앙을 따랐던 기업가들을 관찰한 끝에 그의 유명한 테제가 나왔다. "청교도는 특별한 노동윤리를 장려했고, 이 청교도적 윤리는 자본주의가 번성하는 최상의 배양토였다." 구교가 원죄에 대한 벌로 노동을 본 반면, 신교는 개인적 소명이자 종교적 의무로 노동을 규정했다. 이것은 사회가 구교의 전통으로부터 단절되었음을 뜻한다. 청교도 또는 비국교도라고 불린 칼뱅 추종자들이 해석한 예정설은 구교와 신교의 분리에 결정적인 전환점이 되었다. 예정설은 로마의 주교 아우구스티누스에서부터 유래한다. 누구에게나 예외 없이 엄격한 규율을 적용하는 신이 모든 인간의 천국행과 지옥행을 미리 예정해둔다는 내용이다. 죽어서 어떤 운명이 기다리고 있는지 그 누구도 알지 못한다. 신의 결정은 심오한 것이고 결코 바뀌지 않는다. 중세의 교리는 인간 개개인의 노력을 애초부터 차단했다. 반면 16, 17세기의 청교도들은 이 교리를 전혀 다르게 해석했다.

예정설에 대한 청교도들의 믿음은 다분히 모순적이었다. 그들은 자신이 신에게 선택받았는지 여부를 알 수 없었기 때문에 선택되었다는 증거를 스스로 만들었다. 일종의 트릭이었다. 일상의 규칙을 정해놓고 이 규칙을 잘 지키면 신의 마음에 들

것이라고 주장했다. 신에 대한 경외심이 컸던 청교도들은 이런 규칙을 정하고 실천하는 것 자체를 선택의 증거로 보았다. 청교도들은 정신으로만 신에게 헌신하는 것은 효과가 없다고 믿었다. 그들은 노동을 중시했다. 독실한 청교도들은 수도원이 아닌 현장에서 노동함으로써 신에게 헌신했다. 쉼 없는 노동이 그들의 예배였고 로사리오 묵주였다. 고해성사 내용도 물질적 재산의 취득이나 계획하고 있는 대규모 투자에 대한 것이었다. 그들이 죗값을 치르는 방법은 금욕, 근면, 극단적인 절약이었다. 청교도들의 일상은 수도승에 버금가는 엄격한 규칙과 노동으로 채워졌다. 베버는 이를 현세적 금욕주의의 내면화라고 칭하며 청교도 신학자의 말을 인용한다. "청교도를 통해 수도원으로부터 벗어났다고 믿는다면 오산이다. 청교도를 선택한 순간부터 일생 동안 수도사가 되어 열심히 노동해야 한다."

청교도들의 신은 엄격했다. 하지만 일상에서 신을 받아들인다면 신을 만족시킬 수 있었다. 베버는 청교도들이 신의 마음에 드는 삶을 살고자 노력함으로써 허튼이나 스트러트의 삶에서처럼 활력을 가질 수 있다고 보았다. 이들은 돈을 벌어도 사치하지 않았다. 벌어들인 재산은 신의 이름으로 증식시켰다. 마음대로 일을 쉬지도 않았다. 그들은 멈추지 않고 일했으며 수익이 나면 곧바로 좋은 곳에 투자했다. 그들은 이런 삶이 신에 대한 진정한 봉사라고 확신했다.

돈에 대한 이 역설적인 태도가 자본주의를 일으켰다. 청교도들은 돈벌이에 미친 사람들 같았으나 그렇다고 번 돈을 마음대로 사용하지도 않았다. 그들은 이 돈을 더 많은 노동과 새로운 수익을 창출하는 데 썼다. 청교도 상인들은 노동으로 돈을 벌었고, 그 돈으로 다시 일을 하고, 이 일로 다시 돈을 벌었다. 스트러트나 허튼이 큰 집을 산 것은 번 돈을 쓰기 위해서가 아니었다. 그것은 사회적 차원의 투자였다. 큰 집을 소유한다는 것은 영향력 있는 시민계급이라는 의미였기 때문이다. 초기 자본가들의 돈에 대한 냉철한 태도는 귀족과 차별된다. 귀족에게 돈은 사치를 의미했다. 그들은 사회적 지위를 유지하기 위해 모양새 있게 돈을 썼다. 돈이 없으면 빚이라도 내어 사치를 했다. 일하지 않고도 부를 즐길 수 있는 귀족이었던 토크빌은 "미국인들은 부자가 된 뒤에도 일하기를 멈추지 않는다"며 놀라워했다. 그는 1830년대의 미국인들에게서 청교도 선조들이 남긴 정신적 유산을 보았다. 16세기에 청교도들이 영국의 억압에서 벗어나고자 미국으로 이주했을 때, 그들은 청교도적 윤리를 정신적 이민가방에 넣고 왔던 것이다.

베버의 테제는 직업적 성공과 실패에 대한 현대적 개념의 탄생에 결정적 역할을 했다. 이 테제는 자본주의에서 성공과 돈 사이에 어떤 밀접한 관련성이 있는지를 설명하고 있다. 그리고 우리가 왜 성공을 그렇게 중시하는지를 보여준다. 17, 18세기 근면한 기업가들이 돈을 버는 데 열심이었던 것은 신을 위해서였다고 베버는 말한다. 금전적 성공을 거둔 기업가들은 그 성공을 신이 자신의 노력을 인정해 내린 상이라고 이해했다. 사업에서 큰 수익을 냈다면 이를 신의 특별한 자비로 받아들였다. 성공한 사람은 신에게 선택받은 자였다.

청교도의 직업윤리는 성공에 물질적 부와 사회적 지위 이상의 의미를 부여했다. 근면, 절약, 겸손과 같은 수고에 대해 성공이라는 상을 받는다면 이것이 신의 축복이 아니고 무엇이란 말인가! 직업적 성공은 신의 선택을 받았다는 증표였다. 그 무엇도, 그 누구도 해치지 않고 성공한 스트러트의 자신감 역시 이와 같은 맥락에서 설명할 수 있다. 그는 신이 자기 곁에 서 있다고 믿었다. 묘비문을 보면 그 스스로 자기 업적에 감탄했음을 알 수 있다. 그는 단순한 종교적 규칙 몇 개를 지켰고, 이로써 속세에서 굉장한 선물을 얻은 셈이다!

예정된 실패자 | 로빈슨 크루소

만일 성공이 선택받았다는 증거라면 실패는 무엇을 의미하는 가? 실패하거나 파산한다면 그것은 무슨 의미인가?

청교도에게 있어 실패는 신의 심판이었다. 성공처럼 실패도 신의 신호였다. 그들은 신에게서 버림받았다는 증거로 실패를 받아들였다. 파산은 돈을 잃는 것뿐만 아니라 신이 몹시 화가 났다는 의미로 받아들여졌다. 청교도들에게 이것은 끔찍한 벌이었다.

다니엘 디포의 경우는 청교도적 노동 관습의 어두운 측면을 잘 보여주는 사례다. 디포는 청교도였다. 그의 아버지는 처음에는 양초를 만드는 기술자였으나 나중에는 푸줏간 주인이 되었다. 디포에게는 야심이 있었다. 청교도들은 정규 대학 입학이 불가능했기 때문에 디포는 청교도 아카데미에 다녔다. 그는 성직자의 꿈을 접고 20대 초반 상인이 되어 런던에 정착했다. 그리고 포르투갈이나 미국산 맥주, 와인, 담배, 옷감 등을 팔았다. "매일 같이 사람들이 무에서 부를 창출했다"고 그는 훗날 런던의 물질적 삶에 대해 묘사했다. 그만큼 이야깃거리도 많았다. 성공한 이들이 때때로 추락했던 탓이다.

32세에 디포는 처음으로 파산을 경험했다. 가진 것 전부를 잃었다. 당시로서는 상상하기 어려운 금액인 17,000파운드는 지금 돈의 가치로 따지면 100배 정도 많은 액수다. 디포는 파산의 이유로 자신의 무모함을 탓했다. 그는 진짜 청교도처럼 깊은 시름에 빠져 후회를 거듭했다. 신이 인간에게 이런 시련을 주는 이유가 개인의 잘못 말고 또 무엇이 있겠는가. 디포의 투자에는 분명히 불안 요인이 있었다. 티베트 고양이의 항문선에서 사향을 채취하고자 고양이를 70마리나 구입한 적이 있는가 하면 바다 아래 가라앉은 보물을 건져 올리기 위해 방수시계 사업을 벌인 적도 있었다. 하지만 그가 파산한 것을 그의 실수라고 볼 수만은 없다. 그는 다음 세기의 수백만이 넘는 사업가가 경험하게 될 현대적 방식으로 실패한 것이다. 그는 예측할 수 없는 모험을 감행했고, 여기에 불행이 닥쳤다. 복잡한 경제 시스템에서는 이런 실패를 피할 수 없다. 기업가라면 이런 리스크를 감당할 수 있어야 한다. 그러나 예측할 수 없는 상황이 너무 많아 이런 리스크를 완전히 꿰뚫어보기란 불가능하다. 1692년 디포를 비롯한 대다수 상인에게는 기상악화, 공해상의 해적 습격, 전쟁 발발 등이 불행 요인으로 작용했다. 디포의 불행은 마지막 경우에 해당된다. 그는 보험 사업을 벌였는데 보험을 들어준 배들이 영국과 프랑스 해전에서 모두 침몰한 것이다.

일하면서 겪는 드라마틱한 놀라움이 모험적인 기업가들의 특권이 아니라는 건 이미 오래된 사실이다. 지금의 우리는 고용계약에 서명하는 그 순간, 이후의 상황이 어떻게 전개될지 예측할 수 없다. 모든 것이 서로 네트워크화 되어 있는 세계, 중국 시장의 변화가 아프리카 레소토까지 직접 영향을 줄 수 있는 글로벌화된 경제 체제에서는 누구나 위험 요소를 안고 살아간다.

17세기에는 파산하면 빚과 감옥 수감 비용을 갚을 때까지 감옥에 갇혀 있어야 했다. 그러나 디포의 채권자는 현명하게도 그가 감옥에서 나와 다시 돈을 벌어야 자신이 돈을 돌려받을 수 있다는 사실을 깨달았다. 그 순간부터 디포의 긴박한 삶이 시작되었다. 채권자는 1731년 디포가 죽을 때까지 그의 뒤를 쫓아다녔다. 그러나 채권자들보다 그를 더 괴롭힌 것은 신에게 버림받았다는 고통스러운 생각이었다. 엄청난 빚은 마치 신이 내린 벌처럼 그를 짓눌렀다. 그는 신의 총애를 잃었다. 디포는 다시 신의 사랑을 받을 수 있는 길을 택했다. 바로 쓰러질 때까지 노동하는 것이었다. 그가 생애 마지막까지 근면하게 살면서 다양한 직업을 가졌다는 사실은 매우 인상적이다. 그의 어깨를 짓누르던 두려움이 그의 추진력이었을 것이다. 그는 또다시 저주받은 사람이 될까 봐 두려워했고, 그 공포에서 벗어나기 위해 다시 성공해야만 했다.

디포는 파산한 뒤 10년 동안 벽돌과 기와 제조공장을 운영했다. 다행히 상황이 나아져서 다시 큰 집과 개인 마차까지 살 정도가 되었다. 개인 마차는 대단한 지위의 상징이었다. 오늘날의 자동차와는 비교할 수 없다. 자가용 비행기쯤 될 것이다. 그러나 그에게 두 번째 파산이 찾아 온다.

소책자에 쓴 글 때문에 디포는 한동안 숨어 지냈고 결국 감옥에 가게 되었다. 청교도였던 그는 통렬한 아이러니를 통해 "영국에서 환영받지 못하는 청교도는 그냥 죽여야 한다"고 역설했다. 이 말은 영국 정부의 속내와 맞아떨어지는 것이었으나 정부는 이를 드러내지 못했다. 디포는 선동자, 교사자로 몰렸다. 두 번째 파산 후, 그는 영국 정부의 첩자로 활동하며 기자 생활을 했다. 그는 돈을 벌기 위해 미친 듯이 글을 썼다. 죽기 전까지 500편의 글을 남겼는데 정치적 팸플릿, 도덕적 교리를 담은 소책자, 기고문, 여행서, 사회역사서, 소설, 참고서 등 종류도 다양했다. 부부 간의 성생활에 관한 것도 있었고 금욕에 관한 글도 있었다. 그 역시 청교도였기 때문이다.

예순이 조금 못 되어 그는 첫 번째 소설 『로빈슨 크루소』를 썼다. 문학 역사의 빛나는 보석이 된 이 책은 베스트셀러가 되었다. 그는 문학의 역사를 새로 썼다. 로빈슨은 모험적 기질을 가진 상인, 무역을 하는 모험가였다. 해적 무역을 하던 로빈슨은 모든 것을 잃게 되는데 그가 불법 무역을 해서가 아니라 번 돈을 연속적으로 투자하지 않았기 때문에 신은 그를 난파시킨다. 무인도에 떠밀려온 그는 이제부터 생존 방법을 터득해야만 했다. 언뜻 보면 이 소설은 모험 이야기로 보인다. 그러나 사실 이것은 개인적 죄와 직업적 실패에 어떻게 대처하는가를 우화 형식으로 이야기하는 책이다.

로빈슨은 물론 디포 자신을 형상화한 인물이다. 로빈슨의 난파는 디포의 파산이고, 섬에 고립된 그의 운명은 디포가 실패를 극복하는 과정이다. 디포는 섬으로 떠밀려 온 상인 크루소가 난파된 배 조각을 발견하고 그중에서 필요한 것을 선별하는 장면을 묘사한다. 이는 마치 디포가 사업 실패 후 잿더미에서 꺼낼 수 있는 것은 모두 꺼내었던 경험과 오버랩된다.

로빈슨은 처음에는 무기와 탄약, 옷가지를 챙기지만 곧 성경과 필기도구도 준비한다. 그리고 자신의 도덕적 실수를 일기로 기록하기 시작한다. 그는 건강한 시민으로 살지 않고 불법 무역을 하며 모험적으로 살아온 것이 잘못이라고 깨닫는다. 그는 잘못을 만회하도록 신이 자신을 살려준 것이라고 믿는다. 섬에서의 삶은 파산자들이 빚을 갚아야 하는 것처럼 도덕적 파산에서 벗어나기 위한 벌이다.

로빈슨은 자신의 죗값을 치렀다. 그는 디포처럼 지치지 않는 근면과 힘든 노동을 통해서 자신의 존재를 다시 입증했다(물론 외딴섬에서 그 모든 것을 다 건설했다는 건 좀 터무니없다). 그는 실행력과 신앙을 통해 가망 없는 상황을 극복할 수 있음을 보여준다. 로빈슨의 노력으로 섬은 점점 아름다워지고 문명화된다. 이는 신의 용서와 축복을 의미한다. 로빈슨은 영원히 저주받은 운명으로부터 힘든 노동을 통해 스스로를 구원했다.

초기 자본주의 기업가들은 내면화한 청교도적 가치를 통해 이를 이룰 수 있었다. 성공하면 신이 내 편이고, 실패하면 신에게서 버림받았다고 믿었다. 성공은 도덕적 헌신의 결과로 간주되었으나 실패는 개인의 죄로 치부되었다. 우리는 청교도는 아니지만 청교도적 윤리 가치를 통해 내적으로 자신을 믿는다. 스스로 노력해 얻은 성공과 스스로의 잘못에 의한 실패를 구분하는 것은 디포와 같은 시대 사람들의 유산이다. 우리는 성공을 지나치게 존경하고 실패에 대해서는 스스로 짐을 진다. 예컨대 오늘날 정치가들은 '잘못 없이 곤경에 빠진' 이들을 도와야 한다고 말한다. 그러나 이 말을 바꾸어 생각하면 '자기 잘못으로 곤경에 빠진' 이는 벌을 줘야 하므로 도와줘서는 안 된다는 말을 점잖게 표현한 것에 불과하다. 대체 누가 잘못했느냐를 따지는 것이 무슨 의미가 있을까. 돈을 많이 벌 수 있다며 전망 밝은 E-비즈니스에 투자했던 전 세계의 벤처 기업들은 1999년 거품이 가라앉자 도산했다. 그것이 그들의 잘못인가? 겸손해야 했는데 그러지 않았는가? 아니면 커피전문점에 투자해야 옳았나?

오늘날은 내일 누가 성공할 것인지 누가 실패할 것인지 왜 그렇게 될지 그 누구도 진지하게 내다볼 수 없는 시대다. 그러므로 실패를 자기책임 유무로 나누는 것은 케케묵은 디포 시대의 도덕처럼 터무니없을 뿐더러 전혀 중요하지도 않다. 이런 구분은 실패를 설명해주지도 않고 별 도움도 되지 않으며, 무엇보다 이 세상에서 실패를 없애주지도 못한다.

우리에게는 책임이 있고 없고를 따지는 것보다 중요한 일이 있다. 즉 현대사회에서는 누구나 실패할 수 있음을 인정해야 한다. 이것이 바로 전통사회와의 차이점이다.

우리는 성공했을 경우, "타이밍이 좋았어. 행운도 따랐고, 인복도 있었지"라고 말하는 대신 오로지 자신의 노력으로 모든 일이 이루어진 양 착각하는 경향이 있다. 그러나 실패할 경우, 세상이 우리에게 던져준 장애물이 도저히 극복하기 어려운 것이었다고 핑계를 댄다. 그러나 일단 실패하고 나면 누구나 이런 구분조차 무의미하다는 것을 맥없이 깨닫는다. 홀로 정신을 바짝 차리고, 어디서 도움을 받을지 찾아야 하기 때문이다.

개인윤리의 변화

17세기 청교도들은 성공을 선택된 몇몇 사람들의 도덕적 의무라고 보았다. "행운은 자기 손에 달려 있다"고 허튼은 말했다. 이 말은 "네가 알아서 해라" 하는 명령처럼 들리기 쉽다.

19세기의 성공 개념은 도덕과 깊이 연관되어 있었다. 개인의 성공은 사회에 대한 선행이었고, 개인이 이룬 업적은 진보의 초석이 되었다. 19세기에는 모든 것이 사회적 진보를 중심으로 돌아갔다. 사회는 개인의 업적으로 이루어지며 진보하기 때문에 개개인이 성공을 위해 노력해야만 문명이 제 길을 간다고 여겼다. 성공하기 위해 노력하는 것은 사회적 의무가 되었다. 능력에 따라 근면하고 책임감 있게 사회의 번영에 기여하는 것은 도덕적 의무였다. 실제로 개인의 실패와 불운은 곧 사회적 실패였고 문명에 대한 위협이므로 거부와 경멸의 대상이 되었다. 19세기 문명의 최대 위협 가운데 하나는 노동계급의 빈곤이었다. 빈곤의 원인이 무기력과 술에 있다고 생각한 사람들은 게으름 피우고 술주정 하는 것을 최악의 죄로 여겨 이런 풍토를 없애기 위해 노력했다. 그러나 마르크스는 이것을 다른 관점에서 보았다. 노동자계급이 가난해서 사회의 진보를 위협하는 것이 아니라 산업사회가 이미 그런 빈곤을 잉태하고 있었다고 주장한 것이다.

스코틀랜드의 성직자 새뮤얼 스마일스는 1859년에 『자조론 Self-Help』이라는 책을 발간했다. 그는 청교도윤리를 중산층을 위한 충고로 변형시켰다. 열심히 일하라, 의무를 다하라, 그러면 부와 가정의 평화로 보상받을 것이다. 이 책은 1870년에 일본어로 번역된 이후 서양의 성공 모델을 열심히 본받으려는 일본 기업의 바이블이 되었다. 스마일스의 모토는 단호하고 단순했다. 그는 자조가 도덕적 성장의 뿌리이자 경제적 진보의 원천이며, 자기 자신을 돌보면 자신뿐 아니라 사회도 강해진다고 말했다. 또 외부의 도움에 지나치게 의존하는 것은 자신에게도 좋지 않을 뿐더러 서구 문명 전체를 약화시킨다고 주장했다.

같은 시기 영국에서는 이른바 '빈민법'이 개정되었다. 그때까지 최하층 빈민들의 상황은 절망적이었다. 하지만 도움을 받을 길은 있었다. 선행과 박애의 카리타스는 수백 년 동안 그리스도교의 주요 미덕이었다. 영혼의 치유에 목마르다면 가난한 이들에게 자비를 베풀라고 가르쳤던 것이다. 돈이 많은 사람들은 공동체에 기부하고, 빈민학교를 세우고, 도움이 필요한 사람들에게 일요일 식사로 고기를 대접했다. 그런데 19세기 초 영국에서 빈민법이 제정되면서 가난한 사람들은 더 이상 물질적 기부를 받을 수 없게 됐다. 누구나 자립하는 법을 배워야만 했다. 초기 산업사회가 만든 빈곤 대처법이었다. 스마일스의 자조 공식은 당시 사람들의 생각을 대변하고 있다. 그러나 스마일스 역시 영리하게도 자신의 주장을 펴기 위해 "하늘은 스스로

돕는 자를 돕는다"며 신으로부터 도덕적 지지를 구했다. 신을 이용한 이 트릭은 성공을 거두었다. 대부분의 중산층은 스마일스가 설파한 어설픈 윤리에 동조했다. 열심히 일하는 그리스도교인들은 실패에 무릎 꿇는 것을 용납할 수 없었다. 강자가 약자를 돌보고 성공한 사람이 그렇지 못한 사람을 도와주는 것이 근대 문명의 특징이라는 생각은 당시 사람들의 지적 수준을 넘어서는 것이었다. 당시의 자연주의 윤리는 개인적 실패를 통해 사람들이 두려움을 갖도록 하는 데 일조했다. 또 실패로 인한 도덕적 타락을 방지하기 위해 실패라는 말을 사용하는 것조차 금기시했다. 두려움을 주는 주제는 입 밖에 내지도 않았다. 하지만 문제가 생겼다. 도대체 우리가 무엇을 두려워하는지조차 알 수 없게 된 것이다.

스마일스의 사회상은 단순하고 어설펐지만 바로 그런 이유로 독자들의 호응을 받았다. 그는 독자들을 '만일', '그러나' 같은 말로 혼란스럽게 만들지 않았다. 허버트 스펜서의 철학적 시스템은 스마일스의 글보다 수준이 높았으나 그만큼 독자들에게는 부담스러웠다. 그는 사회적 진화이론을 발전시켰다. 생물학적 진화를 사회에 적용시킨 것이다. 적자생존 개념은 찰스 다윈이 아니라 스펜서에게서 나왔다.

스펜서는 냉혹하고 사랑이 없기로 악명 높았던 빅토리아 시대의 고독한 중산층 가정에서 유년 시절을 보냈다. 그는 친척인 토머스 아저씨 집에서 학교를 다녔다. 토머스 아저씨는 1834년 빈민법의 열렬한 옹호자였다. 그는 빈둥거리는 빈민들에게 제동을 걸기 위해 연간 빈민 기부금 700파운드를 200파운드로 내렸다. 그로부터 15년 뒤 운명은 뒤바뀌었다. 토머스 아저씨의 재산 절반이 투자된 철도회사가 파산한 것이다. 조카 스펜서는 이런 불행을 겪고 난 후에야 토머스 아저씨가 곤궁에 처한 사람들에게 크게 양보하기 시작했다고 적고 있다. 불행히도 스펜서는 이런 상황을 관찰하면서 아저씨의 의식과 태도가 변한 것이 인간적으로 큰 인물이어서가 아니라 아저씨가 예전에 취했던 태도에 문제가 있었다는 점을 간과했다.

17세가 되자 스펜서는 철도회사에서 일하기 시작했다. 그는 자유기고가가 되고 싶었지만 실패했다. 다시 철도회사에서 일하던 그는 발명가가 되고자 노력했다. 하지만 이것 또한 실패했다. 혁명적인 장화제조법도, 복잡하게 조작해야 하는 병상 침대도 아무런 관심을 끌지 못했기 때문이다. 토머스 아저씨의 주선으로 그는 마침내 자유방임주의를 대표하는 잡지 〈이코노미스트〉의 편집부에 자리 하나를 얻었다. 자유방임주의란 국가의 간섭을 배제한다는 의미다. 자유방임주의자들은 자유활동이야말로 경제를 일으키는 유일한 방법이라고 여겼다.

토머스 아저씨가 스펜서에게 유산을 물려주고 세상을 떠나자, 그는 36년 동안 14권짜리 대작 『종합 철학체계*The Synthetic Philosophy*』를 집필했다. 그는 신이 모든 것을 주관한다는 전통적인 그리스도교적 원칙 대신 진화라는 자연과학적 원칙에 의거해 자연, 사회, 심리, 도덕, 우주를 설명했다. 이 책은 삶에서 즐거움을 느끼지 못하고 세상의 아름다운 면까지 회의적으로 보았던 노총각 스펜서를 폭발 지경에 이르게 했다. 그는 끊임없는 자기회의에 빠졌다. 그는 문명이 진보한다는 생각에 사로잡혔다.

찰스 다윈은 진화를 종이 환경에 적응하는 것으로 파악했다. 그러나 진화가 자동적으로 더 나은 상태를 불러오는 것은 아니었다. 그런데 진화를 진보와 동일시했던 스펜서는 유토피아라는 이상적인 사회를 만들어냈다. 스펜서에 따르면 사회의 고급화 과정은 자연법칙에 따라 일어나는 것이지 국가의 대응에 의해 변화하는 것이 아니다. 그가 상상한 개인주의적 문화에서 국가란 불필요한 존재였다. 그는 개개인이 '최고의 선택'을 할 때 약자, 빈곤, 무능력은 사라지고 사회는 점차 높은 수준으로 발전하리라고 믿었다.

이같은 시나리오에서는 개인의 실패조차 분수령으로 간주되었다. 그러나 추락한 사람이 다시 일어설 수 있을까? 1896년에 완성된 스펜서의 책은 영국 지식인 사회를 감동시켰다. 그는 시대정신이 말하고자 했던 바를 "강해야 한다"는 표현 안에 압축시켰다. 스스로를 일으키려는 노력과 책임의식이 높은 평가를 받았다. 반면 실패는 유감스럽게도 성공윤리의 기준에서 벗어나는 것이었으므로 희생되어야 마땅했다.

유쾌한 실패 | 낙천주의자 미코버

"우리는 실패에 용감히 맞서야 하고 실패를 두려워해서는 안 된다. 드라마를 끝까지 상영하는 법을 배워야 한다. 우리는 불행을 견뎌내야 한다." 이처럼 활력적인 말을 한 것은 새뮤얼 스마일스도 허버트 스펜서도 아닌 미스 벳시다.

미스 벳시는 예순 살 정도의 노처녀로 첫 만남에서는 섬세하고 풍부한 감정을 드러내지 않는 스타일이다. 그녀는 꽃이 만발한 바닷가 오두막에서 산다. 아니 살았다고 하는 게 맞을지도 모른다. 왜냐하면 이 말을 했을 당시 그녀는 여자 로빈슨처럼 해변에 떠밀려 온 가구들 사이에 놓인 트렁크 위에 걸터앉아 차를 마시고 있었기 때문이다. 미스 벳시는 그저 파산한 노인 행세를 했을 뿐이다. 그녀는 조카 데이비드가 추진력이 없으며 급할 때에만 일자리를 구할 인물이라고 걱정한다. 미스 벳시는 찰스 디킨스의 소설 『데이비드 카퍼필드 *David Copperfield*』에 나오는 인물이다. 디킨스는 당시 사람들이 보인 맹목적인 신앙 문화에 가치를 부여하지 않았다. 아마도 가장 상처받기 쉬운 어린 시절에 추락을 경험했기 때문일 것이다. 유년기의 경험은 일생 동안 악몽이 되었다. 그러나 그는 악몽에 대처하는 방법을 터득했다. 코믹하고 기이한 유머를 통해 냉혹한 강자중심주의에서 스스로를 보호했다.

디킨스가 12세 되던 해, 해군 재무부에 근무하던 아버지가 경제적 어려움에 처했다. 그때까지 넉넉한 중산층으로 살았던 가족은 최하층 빈민 지역인 런던의 캠든으로 이사할 수밖에 없었다. 빚은 더욱 늘어났다. 그의 아버지는 주로 채무자들을 수감하던 런던의 마셜시 감옥에 갇히게 된다. 디킨스는 가족들과 함께 캠든에 얼마간 더 살았다. 집기들은 전당포에 잡힌 터라 빈 집이나 다름없었다. 더 이상 집세를 내지 못하게 되자 그들을 돌봐줄 일가친척조차 없었으므로 어머니와 형제들까지 감옥으로 들어갔다.

디킨스만이 감옥행을 면했다. 그의 아저씨가 6남매의 맏이인 디킨스만이 돈을 벌 수 있으리라 생각했기 때문이었다. 열두 살의 디킨스는 학교를 그만두고 구두약 공장에 들어가게 된다. 공장은 어둡고 더러웠다. 이곳에서 디킨스는 구두약 뚜껑을 닫고 라벨을 붙였다.

내가 이런 무리로 추락했을 때, 지금의 이 무리와 행복했던 시절의 내 친구들을 비교할 때, 훌륭하고 유명한 사람이 되겠다는 내 꿈을 가슴속에 처박아 두었을 때, 내가 느낀 고통은 어떤 말로도 표현할 수 없다. 버려졌다는 느낌, 희망이 없다고 느꼈을 때의 고통, 상황에 대한 수치심, 매일 내가 배우고 생각하고 기뻐하고 꿈을 꾸고 야심을 가졌던 모든 것이 다시는 돌아올 수 없는 곳으로 사라졌다고 생각할 때 느껴졌던 비참함은 말로 표현할 수 없다. 내 존재는 그런 고통으로 의욕상실에 빠졌다. 유명하고 사랑받고 행복한 지금도 종종 나는 아름다운 아내와 아이가 있다는 사실을 잊는다. 어른이 된 지금까지도 절망적이던 그 시절로 돌아가는 것이다.

디킨스는 구두약 공장에서 채 1년도 일하지 않았다. 하지만 그때의 경험이 너무 끔찍해서 20년 동안 누구에게도 털어놓지 않았다. 그의 소설에 막다른 길로 내몰린 아이들이 등장하는 것도 그 시절의 경험 때문이다. 그는 30대 후반에 가서야 비로소 앞서 인용한 자전적 글을 통해서 이때를 기억할 엄두를 낼 수 있었다. 이 글은 그의 사후 전기작가 존 포스터가 출판했다.

성인으로서 디킨스는 스타였다. 그는 유례를 찾아보기 어려울 만큼 인기를 누리는 베스트셀러 작가가 되었다. 그가 살아 있을 당시만 해도 영어권 국가에서는 2명 중 1명이 그의 책을 읽었을 정도였다. 그의 소설이 그토록 대중적 인기를 끌었던 이유는 '출세'를 다뤘기 때문이다. 그 대표작이 바로 『데이비드 카퍼필드』다. 주인공은 무일푼의 고아였지만 훗날 큰 성공을 거둔다. 돈 한 푼 없던 그가 사회적 존경, 진실한 우정, 천사 같은 아내의 사랑, 따뜻한 가정, 인기 작가로서의 전국적 명성, 이 모든 것을 손에 넣게 된 것이다. 하지만 디킨스의 소설이 중산층의 문화만을 대변했다면 결코 세계문학의 반열에 오르지 못했을 것이다. 디킨스의 재능은 패자에 대한 묘사에서 나타난다. 디킨스의 모든 작품에는 19세기 시민사회에 적응하지 못하고 사회 변두리에 머무는 인물들이 등장한다. 이들은 성격도 평범하지 않다.

『데이비드 카퍼필드』에서 특히 눈에 띄는 인물은 미코버다. 그는 빅토리아 시대 성공 이데올로기와 상충되는 인물이다. 대충 전해 듣는 것만으로는 미코버라는 인물을 전혀 이해할 수 없다. 디킨스가 이 인물을 어떻게 창조했는지 알고 싶다면 직접 읽어보아야 한다. 데이비드 카퍼필드가 승자의 동화라면 미코버는 패자의 동화다. 이는 디킨스가 패자의 삶을 악몽처럼 다루지 않았다는 뜻이다. 미코버는 "그 사람처럼만 하면 실패하기 딱이야"라고 말하는 범주에 속하는 인물이다. 물론 긍정적인 의미로 하는 말이 아니다. 그는 본질적으로 자유롭고 해학적인 인물이다. 실패에 면역성을 가지고 있는 데다 어떤 일에 책임을 진다거나 양심에 가책을 받는 일 없이 살기 때문이다. 그는 나중에 살펴볼 찰리 채플린의 진정한 선배다. 미코버는 인생설계에서는 실패자였지만 코미디의 영역에서는 무적의 인물이었다.

미코버는 비록 해진 옷을 입을지언정 스타일을 중시한다. 안경도 꼭 손잡이가 달린 것만 사용했다. 튀는 스타일은 경직된 시민사회의 예절을 풍자하는 그만의 표현 방식이었다. 그는 부적절한 상황에서 보다 열정적이고 감상적이었다. 사람들은 그런 태도를 묵인한다. 그가 허풍쟁이에 기이한 인물이었기 때문이다. 미코버는 4명의 아이를 둔 아버지였지만 집안을 어지르는 데는 선수였다. 가족에게 다정하긴 했지만 살림을 돌보지 않았고, 미래를 낙관했으나 자신의 처지를 개선하려는 노력은 조금도 하지 않았다. 그는 사람들이 화를 내거나 말거나 상관하지 않았다. "곧 잘될 거야"는 그가 늘 하는 말이었다. 집에 있는 은을 전당포에 맡기고도 즐거워 하는가 하면 한 푼 여유도 없으면서 발코니를 새로 만드는 데 얼마나 들까를 계산한다. 그는 자신을 사랑했고, 현실을 고의적으로 무시함으로써 스스로에게 진실했다.

미코버는 현대사회의 패자다. 하지만 비극적 인물은 아니다. 그는 경멸받지 않았고, 동정받는 것도 원치 않았다. 무능력하지만 유머스럽고 따스한 성품을 지닌 그는 자기만의 우주에서 독립적이고 자립적이었다. 이로써 그는 빅토리아 시대의 중산층 윤리를 온건하게 조롱했다. 이 중산층 윤리는 개인의 독립성과 자립성을 설교하면서도 책임감이나 의무와 같은 시민적 미덕을 강조하는 것도 잊지 않았다. 미코버는 완벽한 실패자였다. 그리고—그러나라고 해야 할까?—그는 삶을 사랑한다. 수도 요금을 내지 못해 물이 끊기자 미코버는 저녁식사에 초대한 카퍼필드의 집을 찾아간다. 카퍼필드는 이렇게 말한다.

슬픈 일은 잊고 칵테일을 만들라며 그의 손에 레몬을 쥐어 주자 그는 곧 기분이 좋아졌다. 레몬 껍질 향과 따뜻하게 데운 럼주만으로 미코버처럼 그렇게 기뻐하고 활기를 찾는 사람을 본 적이 없다. 약하게 올라오는 연기 뒤로 그의 환한 얼굴을 보니 나 역시 기분이 좋았다. 그는 얼음을 깨고 과일을 섞어 칵테일을 맛보았다. 그 모습을 보는 것만으로도 달콤했다. 그는 마치 펀치 한 잔이 아니라, 가족과 후손을 위해 엄청난 재산이라도 벌어놓은 사람 같았다.

미코버는 19세기의 시민적 도덕이 만들어 낸 빈곤과 실패자의 부정적 이미지에 새로운 시각을 제공해준 인물이다. 그는 실패자도 이 세상에 참여할 수 있으며, 감각이 있고, 행복을 느낄 수 있는 인간이라는 사실을 보여주었다.

청교도윤리와 실패

"나는 끊임없이 바닥에 내동댕이쳐진다. 그러나 나는 승리자로 태어났다." 미국의 철학자 랠프 월도 에머슨은 1842년 일기에 이렇게 적었다. 그리고 그의 제자이며 시인이자 자발적 아웃사이더였던 헨리 소로는 1853년 일기에서 "절망과 일을 뒤로 미루는 것은 겁쟁이 짓이고, 지는 것이다. 인간은 성공하기 위해 태어났지 실패하기 위해 태어난 것이 아니다"라고 했다.

에머슨과 소로는 성공에 대한 희망이 삶에 더 큰 목적을 부여한다고 보았다. 물론 이 두 사람이 미국 성공 이데올로기의 대표주자는 아니었다. 토머스 에디슨처럼 쉼 없이 일만 하는 발명가가 아니었다. 19세기 말 길드 시대의 냉정한 상인들도 아니었다. 이들은 개인적 성공에 대해 긍정적이었지만, 오히려 기술진보와 경쟁만이 중시되는 교양 없는 시대를 산 문예가라고 볼 수 있다.

에머슨은 철학자가 되어 영문학과 독일 낭만주의에 감흥을 받기 전까지는 그의 선조들처럼 청교도 교회의 목사로 일했다. 그는 관념적 개념을 빌어 이 세상을 설명했다. 인간의 사고력, 개인의 의지에 대한 그의 믿음은 확고했다. 생각과 의지는 현상, 사실, 삶의 기본적 욕구 같은 물질적 개념과 반대였기 때문이다. 에머슨은 현실적 문제들은 뒤로 미뤄두었다. 그의 철학에서는 '내'가 세상을 결정한다. '나'는 녹은 왁스를 담는 그릇처럼 '세상'을 부을 수 있는 틀이라고 보았다. 에머슨은 인간을 현재의 상태로 만드는 것이 개인 의지라고 했다. 그는 개인의 성공이란 순전히 의지와 노력의 결과일 뿐이라고 주장했다. "나의 모든 생각과 동기를 실제와 분리하라. 그러면 이 차이가 나의 처지와 경제력을 바꿀 것이다"라고 에머슨은 쓰고 있다. 이는 성공하려면 성공에 대해 강한 의지를 가져야 하며, 오랫동안 내면의 눈으로 성공을 그려야 한다는 주장에 근거를 마련해 주었다.

성공을 소유와 지위로 재는 시각에서 보면 헨리 소로는 상당히 기이한 인물이다. 그는 2년 동안 소비생활을 거부하고 월든 호숫가에 오두막을 짓고 딸기와 야생 사과를 먹으며 살았다. 독서하고 사색하고 산책하고 자연을 관찰하고 글을 쓰며 삶을 보냈다. 그는 기운이 없는 상태나 정신적 나약함을 싫어했고 비탄에 빠진 문명사회를 꾸짖었으며 올바르고 건강하게 살면 실패를 피해갈 수 있다고 주장했다. 잠시라도 일을 멈추고 조금이라도 나태해지면 곧 몸이 해이해진다고 믿었다. 히피의 아버지가 한 말이라기보다는 근본주의를 신봉하는 커리어플래너의 말처럼 들린다.

인간에게 결정적으로 중요한 것이 성공이라는 생각은 19세기 미국 문화에 뿌리박혀 있다. 이는 대충 생겨난 게 아니다. 성공과 실패는 처음부터 청교도 1세대 이민자들에게 결정적 역할을 했다. 청교도 이민자들은 아직 손대지 않은 깨끗한 땅에 신의 자비가 흐르는 새로운 세계를 만들어 보겠다는 단호한 의지를 가지고 미국 동부 해안에 상륙했다. 이런 원대한 계획을 이끈 것은 개인의 영적인 성공을 통해 이 세상을 구원하겠다는 선의였다. 청교도에게 성공은 신앙에서의 성공을 의미했다. "내 영혼이 신의 질서에 도달할 수 있을까?" 하는 물음이 모든 것을 결정했다. 이런 시나리오에서는 이주민의 성공이란 숲의 개간, 인디언과의 투쟁, 도강 능력 이상을 의미했다. 적대적 야생에서 신의 제국을 승리로 이끄는 것이다. 실패란 예정에 없었다. 즉 16, 17세기 이민자들에게 다른 선택은 없었다. 성공해야했다. 결코 실패해서는 안 되었다.

1671년 새뮤얼 댄포스 목사는 그가 맡은 공동체에서 열악한 생활 조건 때문에 다시 유럽으로 돌아가자는 말이 나왔을 때 다음과 같은 장광설을 펼치며 사람들의 인내를 촉구했다.

미개척지에서 예배 보는 즐거움을 위해 오래전 안락한 집과 고향을 떠나온 사람들도 헌신하는 도중에 얼마든지 게을러질 수 있고 의지가 식을 수도 있습니다. 그러면 신이 "너희를 이 개척지로 데려온 것이 무엇이었는지 진지하고 조심스럽게 생각해보라"고 경고합니다. 또 "여러분을 이 개척지로 데려온 것은 어리석은 경박함이나 호사, 궁정의 세련된 문화가 아니라 복음을 확고하고 자유로이 넓혀야 한다는 생각이 아니었느냐"고 말할 것입니다.

성공과 실패의 문제는 18세기 미국 문화에서 세속화되었다. 현실에서의 개인적 성공이 무엇보다 중요해졌다. 목표가 분명했고, 그 목표를 실현할 장소는 자신이 사는 속세였다. 영혼의 구원보다 정치적, 경제적, 사회적 성공이 더욱 중요해진 것이다. 사회생활에 적합한 성격, 실용주의, 강한 의지는 성공하기 위한 구체적인 조건이었다.

성경을 신봉한 그들 조상들의 삶을 살펴보면 세속적 성공 개념을 쉽게 이해할 수 있다. 사실 그들이 성공한 이유는 영적으로 구원받았기 때문이 아니라 적대적 환경에서 살아남았기 때문이다. 미국식 성공 개념에는 (오늘날 팝 문화에 남아 있듯이) 독특한 특징이 있다. 인내심, 자립심, 에너지와 같은 세속적 특성을 높이 평가하되 이를 관념적으로 고양시키는 것이다. 성공과 종교를 결부시키는 전통은 사라지지 않았다. 성공 개념은 세속화되었지만 신을 위해 현실적 생활에서 성공해야 한다는 종교적 배경은 여전히 미국 문화의 기반이다. 지옥에 떨어질 것이라고 겁을 주는 신은 이제 교회 설교단이 아니라 사회 속에서 타협의 여지 없는 성공 도덕이 되었다.

이러한 문화 아래 살고 있는 미국인들이 실패를 다루는 방식은 유럽인들보다 나아 보인다. 그들은 폐허에서도 쓸 만한 것을 빨리 골라낸다. 파산을 해도 얼른 정신을 차리고 은행대출을 받는다. 미국인들은 실패해도 그다지 심각하게 받아들이지 않는 것 같다. 성공으로 가는 도중에 넘어져도 그들의 심리와 환경은 유럽의 그것과 비교했을 때 훨씬 관대하다.

미국인들은 실패를 인생의 오점으로 여기지 않는다고 독일의 한 중소기업 대표는 말한다. 그가 제시한 통계는 2003년에 파산을 신청한 기업 가운데 20%는 시작된 지 3년도 채 안 된 신생 기업이라는 사실을 보여준다. 어떤 노동시장 전문가는 뉴스 잡지 〈슈테른〉에 기고한 글에서 파산한 개인기업 중 10~20%만이 회생의 기미가 보인다고 하면서 다음과 같이 말했다. "이제 독일에서도 '열정적' 아이디어로 시작했다가 여러 번 실패하고 또다시 기회를 노리는 '미국식 원칙'이 자리잡고 있다." 기획자들의 세계를 다룬 잡지에는 이런 기사도 실렸다. "미국에서는 이력서에 세 가지 이상의 직업을 기재하는 일이 흔하지만 유럽에서 이렇게 하면 보는 눈이 달라진다."

그러나 미국의 상황도 급변하고 있다. 25명의 직원을 거느리고 전자상거래를 하다가 파산한 사람이 있다. 그는 독립 프로그래머로 근근이 살아가다가 다시 용기를 내어 애완견 주인과 강아지 도우미를 위한 문자 서비스를 시작했다. 하지만 그 사업에서도 실패한 후 스타벅스에서 바리스타로 일하고 있다. 이런 도전은 아메리칸 드림이 아니다. 새롭고 긍정적인 결과가 없기 때문이다. 중요한 것은 실패의 극복이 아니라 성공하는 것이다. 미국의 한 커리어 전문 상담가는 자신의 인터넷 사이트에 존경할 수밖에 없는 실패자들을 열거해놓았다. 실패 대처법의 표본이 된 인물들은 선거에서 지고 여러 번 거부당했지만 기어코 미국의 위대한 대통령이 된 에이브러햄 링컨, 수천 번의 실패 끝에 전구를 만든 토머스 에디슨, 직업도 없는 싱글맘에서 이제는 영국의 가장 부유한 여성 반열에 오른 J. K. 롤링, 재정난과 정신적 고통 끝에 부유하고 유명해진 월트 디즈니 등이다. 농구 스타 마이클 조던도 높은 목표를 세웠다. 나이키 광고에서 그는 이렇게 말한다. "나는 9,000번 이상 골대를 맞추지 못했다. 300경기 이상 패배했다. 26번 이상 결정적 골을 놓쳤다. 나는 계속해서 실패했다. 그렇기 때문에 나는 성공했다." 이런 예들을 보면 미국인이 우리보다 나은 방식으로 실패하는 것은 아니라는 생각이 든다. 오히려 성공에 대한 대안이 우리보다 적기 때문에 악착같이 성공에 집착하는 것 같다.

F. 스콧 피츠제럴드는 자신의 경험을 바탕으로 황금의 20세기에 성공한 부자들의 화려한 삶과 그 이면의 어둠을 소설로 보여줬다. 미완의 소설 『최후의 대군*The Last Tycoon*』에 대한 자료에서 그는 이렇게 말한다. "미국의 삶에서 두 번째 기회는 없다." 성공하려면 한번 내린 결정을 번복하지 말아야 한다는 뜻이다.

미국의 한 실패 대처법 인터넷 사이트를 열면 "성공하는 데 실패했다Failing to succeed"는 창이 자꾸 뜬다. 이 말을 보고 전혀 다른 두 가지 해석을 내릴 수 있다. 첫째, 성공하기에는 무능력하다. 둘째, 성공하기 위해 실패하다. 실패의 의미는 극에서 극으로 바뀔 수 있다. 일그러진 상만 보여주는 거울처럼 이 말도 관점을 달리해 보면 실패는 성공으로 가기 위한 특별한 길이 될 수 있다. 이런 말이 매력적으로 들리는 것은 당연하다.

웨인 루트라는 35세의 스포츠 기자를 보자. 그는 여러 번 실패했지만 지금은 캘리포니아 말리부에 위치한 고급 빌라에 살고 있다. 그는 "위로 올라가는 데에 실패했다"고 말한다. 그는 자신의 경험을 바탕으로 『30대, 실패를 성공으로 바꿀 수 있는 51가지 법칙*The Joy of Failure*』이라는 책을 썼다. 그가 많은 강연회에서 이야기했듯이 이 책에서도 성공의 뿌리는 실패라고 말한다. 실패할 때마다 성공에 더 가까워진다는 것이다. 그리고 성공을 가져오는 것은 열정과 에너지(스포츠와 건강한 식사로 얻을 수 있다), 활동이 혼합된 '파워 법칙'이라고 했다. 이 모든 것이 리스크를 감행할 용기를 준다는 것이다. "내가 어디에 있었는지, 그리고 지금은 어디에 있는지 한번 보세요"라는 가장 미국적인 이야기다. 그러나 그는 자신이 서 있는 얼음 바닥이 얼마나 얇은지 감추고 있다. 위험은 위험일 뿐 이것이 성공을 보장해줄 수는 없다. 위로 올라가려는 시도는 실제로 전 국민에게 지속적인 스트레스를 준다. 미국식 성공사회에서 "성공하기 위한 실패"라는 말만큼 실패에 대한 좋은 정의는 없는 것 같다. 이 공식은 여전히 잘 굴러가고 있다. 하지만 실패가 이룩한 성공은 늘 또 다른 실패의 위험을 안고 있다.

미국인은 승리자를 사랑한다고 말한다. 하지만 패배자를 싫어한다고는 말하지 않는다. 실패의 최후에는 오직 성공만이 있어야 한다. 실패는 컴백으로, 이전보다 훨씬 더 큰 승리로서 미국의 팝 문화에 수용되었다. 빌 클린턴은 '컴백 키드'라는 애칭으로 살아남았다. 그는 오뚝이처럼 포기하지 않는 젊은이다.

고독한 투사가 나머지 세상과 싸운다는 내용은 모든 할리우드 영화 각본의 주요 소재다. 주인공은 영화가 시작된 지 3분 이내에 해고되고, 버림받고, 차별받는다. 이것은 엔딩크레딧이 오르기 3분 전 모든 난관을 이겨낸 축복받는 스타가 되기 위한 장치다. 미국인들은 실패한 경력을 딛고 성공한 사람과 참회하는 죄인을 사랑한다.

미국의 고전적 성공 이야기가 가장 먼저 나온 곳은 극장이나 TV가 아니다. 200년 전 벤저민 프랭클린은 프랑스혁명 전후 10년간 미국과 전 세계를 여행했다. 오늘날이라면 이력서에 쓰기 좋은 소재다. 그리고 19세기 말경에는 동화책 속에 영웅이 등장한다. 이 영웅은 가난한 사람들에게 삶이 동화가 될 수 있다는 희망을 주었다. 이 동화 속의 주인공은 작가 호레이셔 앨저의 이름을 따 '앨저 영웅'이라고 불렸다. 그는 100여 권에 달하는 청소년 책에서 '거지에서 부자로' 인생이 바뀌는 이야기를 다뤄 전설적 성공을 거뒀다. 한편 같은 시기에 스탠더드 오일의 창업자 록펠러와 같은 기업인이 산업계의 큰 별로 떠올랐다.

미국식 성공도덕 | 벤저민 프랭클린

벤저민 프랭클린(많은 미국인들이 마치 언제라도 잔디 깎는 기계를 고쳐달라고 부탁할 수 있을 정도로 친근하게 벤 프랭클린이라고도 불렀다). 그는 82년 생애 동안 기업가, 연구가, 발명가(피뢰침), 외교관, 작가라는 5개 직업을 가졌다. 프랭클린은 필라델피아의 모범 시민이었다. 소방관제를 도입하고, 보도를 깔고, 도서관을 세우고, 야간 거리 순찰제도를 만들었다. 그리고 병원, 경찰, 대학이 들어서도록 했다. 그는 이런 다양한 삶을 살면서 신과 세계를 알게 되었다. 그리고 미국에서 전설적인 왕들로 거론되는 최상류층 인사들과 식사를 했고, 1776년 미국 독립선언문에 자신의 서명을 넣었다.

프랭클린은 인쇄업자로 사회적 경력을 쌓기 시작했다. 그는 연감 형식의 〈가난한 리처드의 달력〉으로 재산을 조금 모았다. 이것은 교육 혜택을 받지 못한 시골 독자들을 위한 작품으로 날씨 같은 실용적인 가이드와 교훈적 내용을 담고 있었다. 경구를 많이 사용해서 근면과 겸손도 가르쳤다. 프랭클린은 유용성을 오락성과 연결시켜 인생에 대한 지혜를 담은 유머러스한 이야기도 많이 실었다. 경구들은 대부분 "아침에 일찍 일어나는 새가 벌레를 잡는다" "오늘 할 일을 내일로 미루지 마라" "시작이 반이다" "빗방울이 바위를 뚫는다"와 같은 속담이었다. 근면, 겸손, 절약, 합리적 시간분배, 노력과 청교도윤리를 강조했다. 그 내용들은 교회 설교보다 재미있었다. 프랭클린의 연감은 청교도윤리를 민속화했다. 그는 나중에 연감에 실었던 경구들을 모아 『부자가 되는 길*The Way to Wealth*』이란 제목으로 출판했다. 이 책은 식민지 시대 미국의 가장 유명한 글인 동시에 최초의 성공 입문서로 그후 40년 동안 7개 언어로 번역되고 유럽에도 전해졌다.

프랭클린은 기업가로서, 그 다음에는 비교적 큰 명성은 얻지 못한 연구가로서 커리어를 쌓았다. 그는 발명가이기도 했다. 피뢰침으로 하루아침에 인류의 구원자가 되었고 국제적인 스타가 되었다. 뒤이은 프랭클린의 네 번째 직업은 외교관이었다. 그는 미국 의회의 대표로 런던과 파리를 방문했다. 파리에서 그는 미국과 영국 간의 분쟁에서 미국을 지지해달라고 호소했다. 상류사회 인물들 특히 귀부인들이 그의 주변으로 몰려들었다. 그들은 프랭클린이 쓰고 있는 털모자에 관심을 보였고 이 모자는 '프랭클린 스타일'이라고 불리며 훗날 여자용 가면의 모델이 되기도 했다. 이렇듯 제대로 된 이미지 메이킹 없이는 어떤 성공도 없다는 사실을 기억하자.

그가 이룬 많은 것들 중 가장 큰 성공은 바로 프랭클린 자신이었다. 그는 인생 말미에 유명한 자서전을 썼다. 여기서 그는 스스로를 미국 문화의 새로운 유형으로 보았다. 즉 무한한 낙관주의, 재능에 대한 믿음, 실험정신, 부도덕과 방종이 없는 인생의 즐거움, 사회적 책임감이 그를 앞으로 또 위로 끌어당겼다고 여긴 것이다. 이 자서전으로 프랭클린은 미국의 신화, 미국의 성공 스토리, 그리고 아메리칸 드림의 전형이 되었다.

프랭클린은 자신의 삶을 반추하며 양초 기술자의 아들로

태어났을지라도 그 무엇이든 될 수 있으며, 성공하고 싶다면 프랭클린 그 자신이 앞서 언급한 기본 조건 이외에도 올바른 순간에 올바른 수단을 사용할 수 있는 조절 능력 또한 필요하다고 했다. 이렇게 완성된 사람이 셀프메이드 맨, 즉 자수성가형 인간이다. 명성이나 돈, 권력에 대한 야심이 그를 전진시키는 것이 아니라 그 스스로 앞으로 나아가는 것이다. 프랭클린의 전기는 자신에게 만족한 한 사람의 삶을 기록하고 있다. 그가 이루지 못한 것이 무엇인가. 성공, 세계적 명성, 부. 이 모든 것을 스스로의 힘으로 이뤘다는 내면의 만족감을 그 무엇이 당하겠는가.

프랭클린은 아들에게 쓰는 편지 형식으로 자신의 삶을 기록했다. 하지만 이 기록은 실제로 대중에게 더 많이 소개되었다. 프랭클린의 아들뿐 아니라 후대 미국의 후손들에게 그의 전기는 성공을 위한 입문서 역할을 했다. 그때부터 오늘날까지 그의 삶은 모범이 되었다. 어떠한 단절이나, 후퇴, 의욕 상실이나 무능력 같은 것을 말도 안 된다는 듯이 묘사한 프랭클린의 삶은 오늘날까지 본보기가 되고 있다. 실제로 그가 아무 결점 없는 삶을 산 것은 아니었다. 정확하게 들여다보면 드라마틱한 실패도 있었다. 수프에 머리카락이 빠진 정도의 일이 아니었다. 프랭클린은 이 사건을 상당히 고상하게 돌려쓰고 있지만 이는 당시 프랭클린 스스로 "그러하다, 또 그러할 수 있다"고 믿었던 모든 것에 심각한 의문을 제기했다. 이런 사건들은 지나고 난 뒤에야 즐거움과 자랑스러움, 성공한 노인의 느긋함이 뒤섞여 성공의 일부로 이야기되었을 뿐이다.

그가 『자서전』에서 밝힌 에피소드는 다음과 같다. 젊은 시절 그는 최고로 도덕적인 사람이 되겠다고 결심했다. 이것은 일종의 도덕적 완전화 프로젝트였다. 그는 스스로 정한 엄격한 시간표를 구성했다. 매일 아침 5시, 일어나서 씻고 전지전능한 신에 문안드리기. 그러고 나서 8시에서 12시, 2시에서 6시 사이에 일을 하기 위해서 "오늘은 어떤 선행을 해야 하나"라는 질문을 던졌다. 저녁에 청소하고, 10시에 잠자리에 들기 전, 또 한 번 질문한다. "오늘 내가 어떤 선행을 했는가?"

도덕적 완벽화 프로젝트의 2부는 체크 리스트로 되어 있다. 프랭클린은 이 표의 왼쪽에서 오른쪽으로 요일을, 왼쪽 세로 열에는 중도, 침묵, 질서, 결단력, 절약, 정직, 정의, 침착, 청결, 신중, 순결, 순종 같은 덕목을 적어놓았다. 프랭클린의 원래 의도는 이 모든 덕목을 어떠한 상황에서든 한꺼번에 지킨다는 것이었다. 하지만 그는 이 모든 항목을 동시에 지킨다는 것이 생각보다 훨씬 어렵다고 결론 내리고, 일주일에 한 가지 덕목만 지키는 것으로 계획을 바꾸었다. 그 주에 해당되지 않는 덕목이라도 크게 위반했을 경우에는 표시를 해두었다.

이 도덕적 완벽화 프로젝트가 순전히 코미디이고 실패가 뻔히 보이는 시도라는 것을 젊은 프랭클린은 전혀 알지 못했다. 그는 감동적일 만큼 진지하고 신중하게 이 계획에 몰두했다. 자신이 도덕적으로 완성되지 못할 것이라는 깨달음은 미소를 지으며 여유롭게 자서전을 쓰고 있는 79세의 노인보다 도덕심에 불타는 젊은 사도에게 더 힘든 일이었을 것이다. 이런 거대 프로젝트에 실패하고 난 후 젊은 프랭클린은 절망까지는 아니더라도 최소한 불안했을 것이다. 그러나 50년이 지난 후 그는 성공한 사람의 여유로운 시선으로 당시를 회상할 수 있었다. 독자들에게는 이것이 실패로 보이지 않는다. 이 이야기가 그가 이룬 성공의 일부가 되어버린 탓이다. 그리고 이런 식의 성공은 부정적이고 슬프고 좌절된 인생의 모든 페이지를 봉해버린다.

물론 프랭클린이 삶을 이야기하는 방식을 비난하고자 하는 것이 아니다. 그건 우스운 짓이다. 결정적인 것은 바로 프랭클린이 실패가 없는 성공 이야기를 스스로 만들어냈다는 점이다. 그는 어떤 실패의 경험도, 어떤 패배도, 어떤 심리적 상처도 언급하지 않는다. 그의 성공 신화는 오늘날까지도 많은 사람들의 인생 계획에 표준이 되고, 삶에 영향을 미친다. 프랭클린을 모범으로 삼는 사람은 그의 이야기에서 이 영웅도 간혹 실패했다는 사실을 눈치채지 못한다. 그저 프랭클린이 전기에 쓴 대로 결점 없는 삶이 가능하다고 믿을 뿐이다. 그래서 프랭클린과 같은 삶을 지향하다가 실패하면 어쩔 수 없이 비참함을 느끼게 되는 것이다. 많은 사람들에게 위대한 모범이 되는 프랭클린은 결코 부정적 경험을 보여주지 않았다.

프랭클린의 성공 요인은 합리성, 인간의 건강한 이성, 실용주의, 진실애다. 이것들은 물론 중요한 특성이다. 그러나 판타지나 이상주의, 심미적 즐거움을 좇아 성공한 사람도 있다. 프랭클린은 상상력과 열정을 조절할 수 있다고 믿었다. 즉 명확한 이성과 냉철한 가슴을 믿은 것이다. 그의 성공은 자기통제를 통한 결과물이었다. 그의 세계에서 예술, 음악, 문학, 낭만, 감정, 불합리, 머릿속을 맴도는 꿈은 추방되었다. 프랭클린은 꿈을 꾸지 않았다. 꿈에서 깨어나는 순간 허무해지기 때문이다. 그는 몽상가도 아니었다. 현실적 사고와 건강한 수면을 중시하는 조용하고 침착한 실용주의자였다. 그가 남긴 아메리칸 드림이란 자기 절제와 노력을 통해 스스로 출구를 찾아내는 것이다.

노력과 승리의 판타지 | 호레이셔 앨저

미국의 아동작가 호레이셔 앨저는 1860년에서 1890년까지 100여 권의 책을 썼다. 그는 주로 청소년 독자들에게 구호를 외쳤다. "누구나 성공할 수 있어. 네가 정말로 성공을 갈망한다면, 밑바닥에서 시작하더라도 사회적으로 출세할 수 있어." 앨저의 책에 나오는 주인공들은 어떠한 환경에서도 매우 점잖게 행동함으로써 운명의 보상을 받은 모범적인 인물들이다. 그들은 진실, 부지런함, 절약이라는 세 가지 덕목을 실천하여 성공했다. 주인공들은 하나 같이 인내심이 많았고 운도 매우 좋았다. 앨저는 이러한 인물들을 창조할 때 찰스 디킨스를 슬쩍 베껴왔다. 그러나 디킨스의 작품이 아주 복잡한 성격의 현대적 인물로 배열되어 있었던 반면, 앨저의 주인공은 더 나은 삶을 위해 지푸라기라도 잡지 않으면 안 되었던 가난한 집의 아이들이었다. 앨저는 원대한 포부를 아주 단순한 해법으로 묘사했다. 20세기 초반 총 2,000만 부가 팔린 그의 책들은 일생 동안 가벼운 가방처럼 들고 다녀도 될 만큼 실용적이었다. 「신분상승 *Risen from the Ranks*」, 「노력과 성공*Strive and Succeed*」, 「강인하고 부단하게*Strong and Steady*」, 「위로 더 높이 *Struggling Upward*」, 「인내와 희망*Wait and Hope*」 등의 충고로 가득찬 책들은 만병통치약처럼 성공을 약속했다.

　130편이 넘는 그의 소설은 언제나 같은 내용이다. 가난하지만 진실한 청년이 대도시에 홀로 남아 주어진 모든 기회를 살려 사회적으로 높은 계급이 된다는 내용이다. 앨저의 소설은 단순하다. 누구나 할 수 있지만, 성공 여부는 각자에게 달려있다고 말한다. 벤저민 프랭클린이 살았던 19세기 말은 미개척지였던 미국이 현대적인 산업국가로 발돋움하던 시기였다. 보장된 안전함이 해체되던 사회적 변화의 시기였다. 당시에는 앨저의 이런 성공 메시지가 사람들에게 용기를 주고 마음의 짐을 덜어주었다. 모순적으로 들릴 수 있지만, 이 세상에서 그 어떤 버팀목도 찾을 수 없다면 자신을 믿는 것이야말로 가장 안전한 길이다. 이것이 바로 앨저가 독자들에게 말하고자 한 내용이었다.

　어디를 가든, 무엇을 하든 이전과는 다른 경험이었다. 대도시는 일자리와 행운과 미래를 찾는 사람들로 넘쳐났다. 그야 말로 폭발 지경이었다. 낯선 사람들이 낯선 곳에서 서로 만나게 되었다. 사회적 결속은 개개인을 더 이상 단단히 묶어주지 못했고, 가족의 의미가 변질되었다. 시간에 대한 이해도 달라졌다. 이전의 시대가 삶의 시간이었다면 이제는 노동의 시간이었다. 벤저민 프랭클린이 젊은 기업가들에게 했던 "시간이 곧 돈이다"는 노동을 하는 대부분의 국민에게도 해당하는 말이었다.

일상은 새롭고 이해할 수 없는 압도적인 것이 되었다. 사람들은 그 안에서 길을 잃어버린 것처럼 느끼거나 정신이 나가는 듯했다. 그러나 스스로가 내 행복의 대장장이라는 공식은 정말이지 경이로웠다. 이 말은 누구나 바로 이해할 수 있었고, 사회적, 정치적, 경제적으로 얽힌 이 복잡한 세상에서 희망의 빛을 발했다. "주인공은 오직 자신만을 믿을 수 있다는 것을 알았다"는 점을 우리는 앨저 소설에서 발견하고 누더기처럼 힘겨운 삶을 사는 구두닦이 소년 딕을 통해서 경험한다. 그는 거의 모든 것을 스스로 해내겠다고 결심했고 이런 태도는 성공을 보장하는 열쇠가 되었다. 소설 속에서는 세상이 이렇게 단순했다. 성공을 하겠다고 결심만 하면 되는 것이었다.

『누더기 딕Ragged Dick』은 앨저의 인생에 전환점이 되었다. 이 소설은 그를 베스트셀러 작가로 만들었다. 앨저는 구두닦이로 힘들게 사는 고아 딕에 대해 이야기한다. 이 작품의 배경은 맨해튼이다. 맨해튼은 19세기를 지나오며 전 세계에서 온 사람들에게 무한대의 성공 가능성을 상징하는 선언문과 같은 도시이다. 누더기 딕은 올바른 정신을 지닌 깨어 있는 젊은이다. 그는 찢어지게 가난하지만 근본이 진실하고 항상 유머러스하다. 큰 꿈을 품은, 눈에 띄게 착한 구두닦이다. 그는 성공을 보장하는 성품, 즉 에너지와 노력을 그의 소박한 거리 사업에 적용할 줄 안다. 어느 날 아침 그는 멋진 차림의 한 중년 신사가 말쑥한 열세 살짜리 조카에게 하는 소리를 듣는다. 그가 오늘 바쁜 일이 있어서 조카에게 시내 구경을 시켜줄 수 없다는 것이다. 누더기 딕은 여기서 기회를 엿본다. 그는 시골에서 온 이 어린 친구에게 도시 관광을 시켜주겠다고 제안한다. 중년 신사는 딕의 솔직한 얼굴이 마음에 들어서 그와 거래를 한다. 신사는 우선 이 구두닦이가 점잖게 보이도록 새 옷부터 갖춰 입힌다. 뉴욕 시내 관광을 자세히 묘사한 부분은 모든 어린 독자들이 좋아하는 대목이다. 누더기 딕은 이 일로 5달러를 번다. 이것이 그의 초기자본이 된다.

이 책의 나머지는 반드시 위로 올라가겠다는 주인공의 결심과 운명의 잔혹함, 그리고 마지막 순간에 벌어지는 행운의 사건들로 이어진다. 새 옷과 그를 통해 얻은 자신감은 '누더기'라는 딕의 별명과 더 이상 어울리지 않는다. 이제는 진짜 이름인 리처드 헌터가 그에게 훨씬 잘 어울린다. 그는 통장을 개설하고 아주 허름한 방에 세를 든 다음, 교회에 나가고 글을 배운다. 그러니까 그는 자신의 생활을 안정시키고(통장과 집), 공부를 하고(읽기와 쓰기), 영혼을 돌본다(교회). 그런데 사실 누더기 딕이 출세 과정에서 실패하지 않았던 것은 그의 근면이나 정직함, 또는 그 외의 모든 칭찬할 만한 성품에 있는 것이 아니라 마지막 단계에서 얻은 지나친 행운에 있다. 결정적인 순간, 그는 우연한 도움을 받는다. 19세기 말 뉴욕에서 거리의 소년이 인기 많은 사무실 직장을 얻는다는 것은 그리 쉬운 일이 아니었다. 그가 사회적인 신분상승에 한창 어려움을 겪고 있을 무렵, 행운의 여신이 그를 돕는다. 익사 직전에 이른 아이를 구해줌으로써 사환 자리를 하나 얻게 된 것이다. 비록 사무실에서 잔심부름을 하는 일이었지만 운명적 행운 없이는 결코 넘볼 수 없는 자리였다. 화이트칼라의 세계로 진입하자 그의 멈추지 않는 출세 욕구에 더 이상 거칠 것이 없었다. 그는 한 단계 위로 올라갔고 더 올라가겠다고 결심하는 데서 이 책은 끝을 맺는다.

행운은 앨저의 모든 책에서 결정적 역할을 한다. 이것은 언제나 이야기를 해피엔딩으로 빨리 끝낼 수 있는 트릭이었다. 앨저는 고난에 처한 자기 작품 속의 주인공이 그를 향해 팔 벌리고 있는 시민사회의 품에 어떤 식으로 안겨야 할지 분명하게 드러낼 수 없었다. 우연히 얻게 된 행운이 없었다면 주인공들의 삶은 훨씬 꼬이고 힘들었을 것이다.

오늘날 미국에는 그의 이름을 딴 유명한 애국적 단체가 있다. 1947년 설립된 '위대한 미국인들의 호레이셔 앨저 협회'는 역경을 이겨내고 명성과 부를 모은 사람들을 기리는 단체다. 그

회원들의 면면을 보면 헨리 A. 키신저, 톰 셀렉, 오프라 윈프리, 케니 로저스 등이 있고 물론 여러 명의 CEO들도 있다. 단체의 인터넷 홈페이지에는 "이들은 모두 정직, 근면, 책임감, 인내를 통해 역경을 극복하고 꿈을 실현했다"고 되어 있다.

호레이셔 앨저는 자신의 이름을 딴 이 단체에 들어갈 기회가 없었다. 앨저를 그의 작품의 주인공으로 소개하는 것보다는 극작가 아서 밀러처럼 희망 속에서 절망을 맛본 인물로 보는 게 더 쉬울 것이다. 호레이셔 앨저는 가난한 집에서 태어났고 허약 체질이었다. 책을 써서 부자가 된 것도 아니었다. 엄청난 파급 효과를 지닌 단순한 진리를 확산시키면서도 앨저는 대부분의 시간을 여관방에서 살았다. 한 번은 어린 소년을 성추행했다는 의혹까지 샀다. 그의 소설이 전하는 메시지는 현대 성공신화에 깊은 발자국을 남겼지만, 정작 자신은 패자였다.

미국의 신화 | 존 D. 록펠러

록펠러는 남들이 인생의 말미에나 꿈꿀 법한 일을 25세에 이룩했다. 미국에서 가장 큰 회사 중 하나인 스탠더드 오일을 소유한 것이다. 욕심 많고 끈기 있는 괴물인 그는 6년이 지나자 전 세계의 석유 사업을 지배했다. 그의 복잡하지 않은 사업 수완 때문에 이 석유 제국은 경쟁자들에게 경이로움의 대상인 동시에 두려움의 대상이었다. 20세기 초 록펠러는 60세의 나이에 세계 최고의 부자가 되었다. 그의 재산은 그 당시에도 이미 전설적인 수준이었다. 이 유명한 석유왕은 자유시간의 대부분을 홀로 보냈다. 골프를 칠 때도 9번홀 가까이 가게 되면 사람들이 알아보고 다가와 좋은 프로젝트나 투자에 대해 이야기를 꺼냈기 때문이다.

록펠러는 자신의 행운을 스스로 개척한 사람이다. 그는 가난하지는 않았지만 시민적인 교양이 부족한 가정에서 태어났다. 그의 아버지는 허풍쟁이에 바람둥이였으며 효과가 의심스러운 약물 사업을 크게 벌였다. 그의 아버지는 가족을 돌보지 않았고 집에 있는 날도 드물었으며 몇 주 동안 다른 지역을 돌아다니다가 두터운 돈뭉치를 가지고 불쑥 돌아오곤 했다. 그리고 마침내 다른 여자와 결혼하기 위해 영원히 떠났다. 법적인 이유 때문에 록펠러의 아버지는 새로운 성을 사용했다. 존 D. 록펠러가 열여섯 살에 일자리를 찾아 길을 나섰을 때 이 젊은이에게는 가족적인 뿌리가 없었고, 아버지의 이름은 거의 아무런 도움도 되지 못했다. 그가 가진 것이라고는 야심과 출중한 계산 능력, 그리고 인내력이었다.

1855년 8월의 무더위 속에 록펠러는 회계원 자리를 얻으려고 클리블랜드로 향했다. 작은 기업들은 눈에 들어오지 않았다. 그는 원대한 계획을 세우고 있었고, 특별한 것을 추구했기 때문이다. 매일 아침 그는 작은 하숙집을 나서 사무실에서 사무실로 전전했다. 검은색 외투에 넥타이, 흰색 깃을 높이 세운 언제나 단정한 차림이었다. 다람쥐 쳇바퀴 돌듯 매일 반복되었던 직장 구하기는 늦은 오후까지 계속되었다. 록펠러는 시계를 정확하게 보면서 일주일에 6일, 월요일에서 토요일까지 규칙적으로 면접을 보러 다녔다. 그러나 어디서도 록펠러를 채용하지 않았다. 그는 자신이 점찍어 둔 회사들을 한 바퀴 돌고 나서 처음부터 다시 시작했다. 이렇게 몇 주가 흘렀다. 이런 상황이라면 대부분의 사람들은 결국엔 낙담하게 된다. 그렇다고 해서 이들을 비난할 수도 없다. 그러나 록펠러의 정신은 성공을 향한 의지로 무장되어 있었다. 그는 이를 악물었고 절대 굴복하지 않았다. 그리고 "이제부터야"라고 말했다. 6주 동안 땀을 흘리며 지치지 않고 자리를 찾은 그는 마침내 큰 무역회사의 사장으로부터 마법의 말을 들었다. 현대사회에서 성공에 이르는 가장 확실한, 이를테면 열려라 참깨와도 같은 말이다. "너에게 기회를 주겠어." 그 순간부터 록펠러는 가장 전설적인 커리어를 만들어 나가기 시작했다. 록펠러는 교육을 잘 받은 데다가 경쟁심으로 가득 차 있었다. 게다가 투철한 직업의식에 독특한 신념까지 가지고 있었는데 바로 신이 자신의 편이라는 믿음이었다.

록펠러는 현대의 수수께끼다. 20세기 최고 갑부 중 한 명이고 둘째가라면 서러울 비양심적인 사업가인 동시에 미국역사상 가장 큰 자선가였다. 청교도로서 합리적이었고 스스로가 도덕적으로 우월하다고 끊임없이 생각했으며 그 누구와도 비교활 수 없는 사업적 성공을 거두며 최상의 성공 스토리를 구현했다. 사업상의 중요한 결정을 내릴 때도 한 번 실수한 적이 없었다. 투자자들은 록펠러가 매입한 주식을 사기 위해 발빠르게 움직였다. 이 거인은 자신이 언제나 바른 일만 하는 사람으로 비춰지도록 스스로 이미지를 만들어냈다. "나는 잘될 것 같은 느낌이 들지 않으면 사업을 하지 않는다."

록펠러는 실패에 관한 이야기에서라면 보통 언급조차 되지 않는 인물 중의 하나다. 그러나 사실은 그 반대다. 언제나 냉정하게 사태를 바라보았고, 일관되게 자신을 관리하던 전설적인 억만장자 록펠러는 실패할 위험을 배제한 정신세계에서 살고 있었다. 심각한 실패에 빠지게 된다든가, 그로 인해 파멸한다는 것은 그의 머릿속에는 없는 일이었다. 그가 나중에 고백했듯이 그는 자신이 세운 제국에 대한 걱정으로 오랜 기간 불안하게 잠들곤 했다. 그러나 승리에 대한 확신, 큰 위기에서도 정신을 차릴 수 있는 능력 그리고 실패를 그냥 무시해버리는 습관의 효과는 생각보다 훨씬 컸다. 다른 이들이라면 벌써 불안해했을 위기의 순간이 닥쳐도 이 대재벌은 겉으로는 완벽한 침착성을 보였다. 마치 그는 손해를 보지 않은 듯 그런 커다란 재난에 면역력을 갖고 있는 것처럼 보였다. 그는 스핑크스의 돌덩이를 보는 듯한 계속되는 침묵, 또는 사뭇 신의 권위를 느끼게 하는 침묵으로 사람들을 혼란스럽게 만들었다. 이런 행동은 소기의 목적을 달성했다. "귀는 열어두고 입은 닫고 있는 사람이 성공한

다"고 후에 록펠러는 말했다.

그러나 가장 막강한 미국의 산업가 록펠러의 명성에 전혀 타격이 없었던 것은 아니다. 루스벨트 대통령 시절 거대 기업 스탠더드 오일은 작은 기업들로 나뉘었다. 50대 초반의 록펠러는 아마도 그가 항상 가지고 있었을 엄청난 스트레스 때문에 탈모증을 앓았다. 수개월 만에 머리카락이 전부 빠져서 30년은 더 늙어 보였다. 하지만 이런저런 일들도 성공을 향한 신념에 큰 영향을 주지는 못했다.

승리에 대한 록펠러의 확신은 신과 비밀 거래를 했다는 믿음에서 나왔다. 그는 자신의 부가 신의 선물이라고 믿었다. "신이 나에게 이런 돈을 주었어." 그는 성공과 출세를 가져다 준

펜실베이니아의 유전을 신의 선물로 간주했다. "신은 나에게 돈을 불리는 재주를 주었다. 화가가 자신의 재능을 썩혀서는 안 되는 것처럼 내게 주어진 재능을 이용해 많은 돈을 버는 것이 나의 의무다." 록펠러의 세계에서는 모든 게 이렇게 간단했다. 즉 그로 하여금 재능을 선보이고 사업을 하게 한 신은 자신을 실패하도록 방치하지 않는다는 것이다. 그가 가차 없이 권모술수를 부린 것이든, 합법이든 불법이든, 전혀 상관이 없었다. 설사 그가 다른 이들을 위험에 빠뜨리고 파멸시킨다 해도 신은 그의 편이라고 믿었다.

록펠러는 신의 판결을 받을 더 높은 곳에서 신이 자신을 사랑한다는 것을, 자신의 편이라는 것을, 그리고 어쨌든 그가 돈을 모으는 동안만은 신이 자신을 사랑한다고 생각했다. 신이 그의 성공을 승인했으며 신이 그의 실패를 원치 않는다고 록펠러는 믿었다. 아마도 록펠러는 때때로 그 자신이 신이라고 생각했을지도 모른다. 어쨌든 그는 이러한 인상을 남기기 위해 최선을 다했던 것 같다. 그의 직원 중 한 사람은 록펠러가 사무실 건물을 떠나거나 사무실로 들어오는 것을 보지 못했다고 고백했다. 록펠러는 거기 없었고, 또 그는 항상 거기 있었다.

록펠러에게는 무자비한 면과 종교적인 성향이 공존했고, 도덕적이면서도 기이한 구석이 있었다. 그는 자신의 부를 사회에 다시 돌려주어야 한다고 느꼈다. 록펠러는 재산의 대부분을 기부하고 미국 역사상 가장 큰 족적을 남긴 자선가가 되었다.

록펠러는 청교도적 노동윤리의 대변자답게 '자립심'에 가장 부합되는 의학과 교육 분야에 주로 기부했다. 이런 관대함은 무자비한 그의 사업 스타일과 모순되는 것처럼 보인다. 하지만 그의 입장에서 생각해보면 사업도 기부도 신의 자비를 따르겠다는 같은 동기에서 나온 것이다.

록펠러는 청교도적 노동윤리가 현대 산업사회를 발전시키는 데 일조한다고 생각했다. 오늘날의 대다수 미국인처럼 사회는 개인의 업적과 능력에 따라 정당하게 보상해준다고 굳게 믿었다. 록펠러에게 세상은 이런 모습이었다. 능력, 재능, 의지로 성공해 마땅한 사람들이 있고, 반대로 특정한 능력, 재능, 의지가 부족한 탓에 실패해서 마땅한 사람들이 있는 것이다. 그는 자기처럼 재능과 성공이라는 축복을 가진 사람들이 그렇지 못한 사람들을 돌볼 때 도덕이 올바로 구현된다고 생각했다. 그래서 록펠러 재단은 분명하고 의미 있는 목표만을 추구했다. 즉, 사람들이 스스로 성공할 수 있는 기반을 만들어주는 것이 목표였다. 예를 들어 재단은 흑인 여자아이들의 학교 교육을 지원했다. 그는 기부 행위를 투자로 생각했다. 또 정신적 가치의 재고로 여겼다. 그는 무능력한 사람들을 돕기 위해 엄청난 액수를 기부한다는 것을 아주 끔찍한 일이라고 생각했다.

성공과 실패에 대한 면역성은 록펠러 자신이 갖고 있었던 폐쇄적인 도덕 시스템의 일부였다. 성공과 실패는 개인의 노력에 따른 결과 문제였고, 다른 이의 성공을 지원하기 위해 돈을 나눠주는 문제 역시 마찬가지였다. 구하는 자만이 기회를 얻고 성공할 수 있다. 추구할 가치가 있는 것은 무엇이며 그럴 필요가 없는 것은 무엇인지에 대한 기준은 그와 청교도적 직업윤리에 의해서만 규정될 따름이었다.

20대 청년의 위기

아놀드 슈왈츠제네거가 캘리포니아 주지사에 출마하며 선거공약을 내걸었다. 그가 당선되면 캘리포니아의 모든 주민이 직장을 갖게 할 것이라고, 정확히 말해 누구나 멋진 일자리를 얻게 할 것이라고 덧붙였다. 긍정적인 생각이지 않은가?

인터넷 사이트 successcompass.com에는 아메리칸 드림을 구현했다고 평가되는 슈퍼스타의 말을 인용하고 있다. "내가 젊은이들에게 항상 이야기하는 것은 스스로를 믿으면 뭐든 할 수 있다는 말이다." 슈왈츠제네거가 광고창에 뜨는 이 사이트는 평범한 우리들을 타겟으로 한다. "건강, 살림, 체중, 직업, 가족, 영적인 삶, 다른 모든 생활 영역에서의 개선을 원하십니까? 혁명적인 프로그램을 사용하면 한 시간 안에 삶의 변화를 경험하실 수 있습니다. 이 프로그램은 여러분을 목표지향적으로 만들고, 에너지를 충전시켜주고, 여러분을 더 오래 버티도록 할 것입니다. 오늘 시작하십시오!" 이 사이트는 이 말이 진실인

양 우리를 혼란스럽게 한다.

18세기 이후 청교도윤리가 점점 더 세속화되면서 20세기에 들어서자 성공 이데올로기와 청교도적 정신문화 유산 간의 연결 고리가 끊어졌다. 디포와 프랭클린이 전 국민을 대상으로 가르치던 청교도적 경구, 앨저가 강조했던 청교도적 일상의 덕목, 그리고 록펠러가 믿어 의심치 않았던 신마저도 개인에게 성공을 보장하지 못했다.

이제 신에 대한 믿음이 아니라 자기 자신에 대한 믿음이 관건이었다. 자신의 정신력만이 성공을 가져올 수 있다. 50년대 이후의 자기발전 입문서들이 강조하는 것은 과거의 프로테스탄트적 성공 덕목인 근면, 일관성, 정직성에서 이제는 자의식, 자신감, 긍정적인 생각, 정신적 컨디션, 확실한 동기 또는 "나는 내일 발전할 수 있어" 같은 것들로 옮겨갔다. 이런 것들은 점점 더 빠르고 복잡해지는 오늘날의 삶에서 남보다 빨리 성공에 닿는 추월 장치 역할을 한다.

노먼 빈센트 필을 보자. 감리교 목사의 아들로 태어나 그역시 목사가 되었던 필은 1952년 『적극적 사고방식*The Power of Positive Thinking*』이라는 책을 발표한다. 이 책은 1952년에서 1955년까지 성경보다 더 많이 팔린 베스트셀러였다. 필은 독자들에게 각자의 능력을 믿으라고 설파했다. 그리고 그동안 중시되었던 고된 노동이라는 윤리와 작별하라고 말했다. 그는 오히려 힘든 노동의 위험에 대해 경고하면서 느슨한 태도를 기본으로 삼으라고 제안했다. 자유롭고 유연한 사고, 올바른 생각을 키울 수 있는 능력을 강조했다. 필과 그의 독자들에게 있어 성공은 인생에 대한 긍정적 태도에서 나오는 것이었다. 즐거움을 느끼지 못하는 일중독의 시대는 이제 끝났다.

프로이트의 정신분석은 60년대 미국의 일상 문화를 잠식했다. 현대 심리학의 지식들은 삶의 모든 영역으로 흘러들었고 대중문화에서 점차 두드러지기 시작했다. 인간이 복잡한 내면 세계를 가지고 있음을 알게 되었고, 여태 몰랐던 사람들은 라디오의 상담 프로나 잡지의 상담 코너, 그리고 인생에 대해 논하는 책을 통해 알게 되었다. 이제는 어떤 활동을 하든 자신의 정신 상태를 반드시 체크해야 한다. 우리가 해야 할 일은 내면과 외면, 심리와 외부환경 사이의 균형을 맞추는 것이다. 자기 삶에 부정적인 영향을 줄 수 있는 심리적 손실을 최소화시켜야 한다. 두려움을 피하고, 패배를 극복하고, 스스로 의구심을 갖지 말고 위기를 극복하는 것이다. 용기를 갖지 못했다는 것은 빅토리아 시대의 무사들을 무력하게 만들거나 경건한 청교도들을 유혹하는 것 이상의 의미를 지닌다. 그것은 자기 영혼에 남은 오점이다.

이제는 개인적인 성공이 개인의 내면에서부터 시작된다고 보았다. "누구나 자신의 행복을 담금질하는 대장장이다"라는 문구가 새겨진 방석을 소파에 놓는다거나, 끊임없이 이 말을 주문처럼 읊조리는 것으로는 더 이상 충분하지 않았다. 성공의 조건을 자신의 심리적 기반 위에서 찾아야 했다.

개인적 성공의 전제가 되는 충만한 영적 삶에 대한 기대는 줄어들지 않았다. 오늘날 우리가 고군분투해서 얻으려는 것은 성취와 행복이다. 우리 주변에 온몸의 털이 다 빠지고 6개월 만에 30년은 더 늙어 보일 만큼 성공을 위해 분투하는 자가 있다면, 뭔가 근본적으로 잘못된 것은 아닌가 짚어볼 필요가 있다. 이런 상황은 흔히 목격할 수 있는데 커리어우먼들 가운데에서도 이런 사실을 확인할 수 있다. 70~80년대 여자들은 성공하는 법을 배웠다. 미디어는 슈퍼우먼을 만들어냈다. 이 슈퍼우먼은 세련된 옷을 입고, 남자 부하 직원을 거느리고, 아마 애인도 자주 바꾸며 사는 여자일 것이다. 어쨌든 그녀의 삶의 방식은 직업에 맞춰져 있었다. 이런 종족은 요즘에도 여전히 멋져 보인다. 하지만 이제는 그들도 행복해야 한다. 그리고 여기에는 남편과 아이, 성공한 다른 이들과의 폭넓은 교제도 포함된다. 아이 없이 혼자 사는 커리어우먼이 거대 기업을 이끌 수는 있다. 하지만 행복하기는 불가능하다. 가엾은 여자.

디포와 록펠러는 행복하지 못했다. 그들은 일생 동안 두려움에 시달리면서 앞으로 나아갔다. 끔찍하지 않은가? 우리가 '진정한 성공'을 원한다면 균형잡힌 정신 상태를 유지하기 위해 노력해야 한다. 진정한 성공은 우리를 부유하게 하고, 존경받도록 하고, 경쟁력을 키우고, 행복하게 만든다. 스스로를 다치게 하는 것은 진정한 성공이 아니다. 건강한 자의식, 낙관주의, 스스로에 대한 믿음을 충분히 갖추지 못하면 트릭을 쓰게 된다. 모든 심리 상담가들이 사용하고 있는 이 트릭은 심리학에서 유래된 것으로 정신 상태를 훈련할 수 있음을 전제로 한다.

성공하려면 진심으로 성공하기를 원해야만 한다. 미래를 어둡게 보는 사람은 곧 천둥 번개를 만나게 될 것이다. 끊임없이 실패에 대해 생각하는 사람은 실패를 초래한다. "이건 어차피 못해"라고 말하면 결국 말이 씨가 된다. 인기 있는 심리학들은 이런 식으로 우리의 정신적 전능함에 무한한 신뢰를 보낸다. 성공과 실패에 대한 우리 개인의 힘을 암시하는 것이다. 직업 세계에서 조직 구조가 얼마나 복잡한지, 시장이 얼마나 넓은지, 경기 동향이 얼마나 예측하기 어려운지, 트렌드가 얼마나 빠른지에 대해서는 조금도 개의치 않는다. 현대의 심리 상담가들은 "네 성공은 네 손에 달려 있어. 네 머릿속에서 시작되는 거야"라고 말한다.

이 세상의 무한한 가능성과 우리의 정신 상태가 지닌 무한한 능력에 대한 믿음은 새로운 세기가 시작된 이후 단계적으로 무너졌다. 이전 세대는 70년대 후반, 80년대 초반에 태어난 아이들을 무한한 가능성의 대표 주자로 여겼다. 그러나 이제 20대 후반에서 30대 초반에 접어드는 이들의 실제 삶은 그 나이가 되어서도 뭘 어떻게 해나가야 하는 것인지 알 수 없는 상태다. 어머니 또는 할아버지의 긍정적인 사고와 달리 그들의 아들딸 또는 손자는 방향을 완전히 잃어버린 것이다.

강박의 원인이 신에서 현대적 업적으로, 성공을 추구하는 사회에서 나 자신으로 바뀐 것을 보면 우리는 단지 짐을 덜은 척하고 있을 뿐이라는 사실을 알 수 있다. 현대사회에서는 누구나 끊임없이 자기 자신 안으로 함몰한다. 잘 보이지 않는 어둠 속에서 우리를 강하게 해줄 그 무언가를 낚으려고 한다. 숨을 쉬기 위해 수면 위로 올라올 때는 성공을 이룰 수 있는 그 무언가를 손에 쥐고 와야 한다. 하지만 그때 편안하고 행복하다고 느낄 수 있어야 한다. 이처럼 개인의 욕구가 대중적인 현상이 된 것은 유례가 없는 일이다.

20대 후반의 미국인 저널리스트 알렉산드라 로빈스와 애비 윌너는 2001년 『청년 위기Quarterlife Crisis』라는 책을 발표했다. 그들은 그들 세대의 인생관과 그 내용들을 가볍고 편하게 쓰고 있다. 이 책의 출판은 20대들이 우울하게 살고 있다는 증거다. 〈뉴욕타임스〉 선정 베스트셀러 목록에 오른 이 책이 독일에서도 수주 동안 모든 일간지의 문화면과 일요일 독서란을 장식한 것을 보면, 이 책에서 나타나는 현상이 독일의 대도시에서도 이미 나타나고 있다는 걸 알 수 있다.

『청년 위기』는 주로 젊은이들의 말을 인용해놓고 그에 대해 작가가 다시 코멘트를 하는 형식이다. 수백 개의 인터뷰에는 중산층 출신의 교육받은 대졸자들의 인생관이 나타나 있다. 온전한 삶, 모든 세상, 다양한 가능성을 갖는 것이 얼마나 멋진 일인지 주변 젊은이들에게 보여주는 반면, 이런 시각과 관련해

20대들이 깊은 두려움과 큰 좌절 역시 겪고 있음을 보여준다. 한 젊은 미국인은 이렇게 말했다. "자유는 정말 엄청난 부담이다. 만일 우리 앞에 모든 가능성이 열려 있다면 뒤에 앉아서 아무것도 선택하지 않을 가능성이 크다." 정말 대단한 것을 스스로 이룩할 수 있는 가능성이 커지는 만큼, 뭔가를 잘못하지 않을까, 기회를 놓치지 않을까 하는 두려움도 커진다. 로빈스와 윌너가 미국 전역을 대상으로 실시한 이 인터뷰에는 늘 같은 두려움이 나타난다. 내가 직장 생활에만 완전히 집중한다면 멋진 성생활을 놓치지 않을까? 그런데 내가 성생활에만 집중하다가 낭만적인 관계를 놓치면 어쩌지? 그렇다고 낭만적인 관계만 신경쓰다 보면 내 커리어에 방해가 되는 일이 많지 않을까? 예상했던 대로 『청년 위기』의 한 장은 계속 한 가지 문제, "내가 실패하면 어쩌지?"에서 맴돌고 있다.

이것이 요즘 젊은이들의 딜레마다. 이 세대는 2등은 만족스럽지 않다는 문화, 야심과 경쟁을 높은 덕목으로 여기는 문화에서 성장했다. 이제 그들에게는 삶의 모든 가능성이 열려 있다. 그리고 그들은 결정을 내려야 한다. 그러나 최고를 선택하지 못할 것이라는 두려움 때문에 그들은 아예 아무것도 하지 않는다. 한 젊은 여자의 인터뷰가 이런 현상을 잘 말해준다. "대학을 졸업하면 내 인생에 무한한 자유의 시간이 펼쳐질 거라고 꿈꿔왔어요. 전국을 돌고, 전 세계를 여행하려고 했지요. 재미난 일도 많이 해보고, 멋진 직업을 가져야겠다고 생각했어요.

새로운 사람들을 만나고 새로운 친구들을 사귀려고 했어요."
현재 그녀는 부모와 함께 살며 CD 대여점에서 일하고 있다. 그
녀는 기대와 현실 사이의 괴리를 이야기했다. "차에 앉아서 내
가 하고 싶은 일, 나의 모습에 대해 멋지게 상상해요. 하지만 내
가 실제로 이룬 것은 그 중에 아무것도 없어요. 초라한 일상으
로 돌아오면 계속 우울해질 뿐이지요."

　　디포와 프랭클린, 앨저의 주인공들이 이룩한 성공 이야기
는 소설과 현실의 간극을 판타지로 쉽게 묶어버린다. 그러나
『청년 위기』의 주인공들은 모든 마법의 힘을 잃어버렸다. 픽션
과 현실 사이의 거리는 너무 멀어서 도저히 극복할 수 없는 문
제가 되었다. 매스미디어의 메시지들, 즉 "너는 뭐든지 할 수
있어. 이 세상은 너에게 열려 있어. 너는 그 이전의 어떤 세대보
다도 많은 가능성들을 갖고 있어"라는 말들은 무자비하게도 방
향감각을 상실하게 만든다. 망망대해에서 "너는 어느 방향으로
든 노를 저어갈 수 있어"라는 충고가 공포스럽게 들리는 것과
마찬가지다.

　　20대 중반을 넘어선 젊은이들에게 프랭클린의 아메리칸
드림은 지나친 요구가 되어버렸다. 그들은 꿈처럼 멋진 삶에 대
한 이뤄지지 않은 약속을 지닌 채 살고 있다. 그러나 이런 삶들
은 이제 디포가 성공하기 위해 포기해야 했던 것, 록펠러가 성
공을 위해 도덕적으로 비틀었던 것, 프랭클린이 성공을 위해 잘
난 척 했던 것, 이 모든 것을 뛰어넘어 이루어져야 한다.

오늘날 사람들은 경제를 이끄는 선봉에 서고 싶어하는 동시에 환경보호주의자도 되고 싶어 한다. 돈을 잘 벌면서도 정신적으로 성장할 수 있는 직업을 원한다. 모든 목표는 열려 있다. 돈, 균형잡힌 생활, 멋진 성생활, 위대하고 아름다운 사랑, 충만한 영혼, 멋진 몸매, 명성, 자녀. 명문 예일대학을 졸업한 24세의 한 여성은 월급은 많지만 따분하기 그지없는 직장에 다니고 있다. 그녀는 현실적이지만 최상은 아닌 자신의 선택에 대해 "그냥 울고 싶을 뿐이다"라고 말한다. 이런 방식으로 자신과 외부의 모순된 희망, 기대, 요구, 가능성들을 가지고 요령을 부려야만 성공할 수 있다면 사람들은 분명 실망하게 될 것이다. 그러한 성공사회는 분명 헛된 것으로 판명될 것이다.

실패의 구조

최초의 실패자 | 오디세우스

독일어로 '실패하다scheitern'는 '장작개비Scheit'라는 명사
에서 어원을 찾을 수 있다. 장작개비는 가늘게 자른 나무조각을
의미하는 평범하고 일상적인 표현이다. 그래서 '실패하다'에는
'쓰레기가 되다'라는 뜻도 있다. '실패하다'는 난파선을 일컬
을 때 가장 많이 쓰였다. 17세기까지는 배가 침몰하거나, 그 나
무로 된 뱃머리가 암초에 부딪혀 산산이 부서지면 항해에 실패
했다고 이야기했다. 17세기 이후에야 사람들은 이 실패라는 말
을 다른 의미로 사용했다. 배뿐만이 아니라 계획, 희망, 사랑,
행운, 이상이 부서졌을 경우에도 이 단어를 사용했다. 테오도르
폰타네는 그의 소설에서 이 두 가지 의미를 한 문장으로 표현했
다. 끝내 성공을 이루지 못한 어떤 상인에 대해서 그는 이렇게

이야기한다. "그의 두 번째 배가 난파했을 때, 그 역시 실패했다." 상선이 침몰한 것은 그 상인에게 있어 재정적 파산과 같은 의미였다.

실패했을 경우 뭔가 부서진다는 사실을 누구나 알고 있다. '배가 침몰하다, 난파하다'라는 표현은 여전히 실패의 유의어로 사용된다. 이 은유적 표현은 다의적 이미지를 포함한다. 그 안에는 초자연적인 힘 앞에 무력하게 던져졌다는 두려움, 어딘가 해안가로 떠밀려갈 것이라는 두려움, 침몰에 대한 두려움이 한데 엉켜 있다.

실패를 뜻하는 난파 그림은 장작개비에서만 그 어원적 뿌리를 찾을 수 있는 것이 아니다. 항해에는 위험 부담과 한계 뛰어넘기라는 이미지가 내포되어 있다. 고대 유럽 문화에서도 항해는 한계를 뛰어넘는 이미지로 사용됐다. 인간이 태어난 곳은 육지이지 바다가 아니다. 그러므로 육지를 떠나 바다로 간다는 것은 엄청난 위험을 의미했다. 바다는 위험하다. 사람들은 이 세상을 엉망으로 만들 수 있는 신화 속의 괴물이 바다에 살고 있다고 여겼다. 제우스는 하늘과 땅을 지배한 반면, 바다는 그의 난폭한 형제인 포세이돈의 몫이었다. 포세이돈은 위협적인 자연의 힘을 가진 존재였다. 폭풍우, 지진, 해일, 홍수가 모두 그의 손 안에 달려 있었다. 포세이돈은 바람을 멎게 할 수도 있었다. 바람에 의지해 항해를 하던 시절에는 바람 한 점 없는 거울 같은 바다 역시 심한 폭풍우만큼 위협적이었다. 그리스의 철학자 헤시오도스는 인간에게 양식을 주는 땅을 일구는 일에 만족해야지 더 나은 삶을 살겠다는 기대로 낯설고 예측할 수 없는 위험한 환경으로 나아가서는 안 된다고 경고했다.

그리스도교인들 역시 바다를 고대 사람들만큼이나 두려워했다. 바다를 항해한다는 것은 위험할 뿐 아니라 도덕적으로도 불안한 일이었다. 고향과 육지를 떠나 더 멀리 나아갈수록 바깥 세상은 더욱 낯설어졌다. 아주 멀리까지 가고자 하는 욕심은 이 세상과의 작별을 의미했다. 당시 사람들이 지구를 평면이라고 생각했던 탓이다. 바다는 사악함을 지닌 예측할 수 없는 장소였고 법도 질서도 없는 세계의 일부였다. 요한계시록은 결국 바다는 이 세계에서 사라질 것이며, 새 땅과 새 하늘이 나타날 것이라고 했다. 신이 항해자가 되어줄 때만 걱정 없이 항해할 수 있다는 것이다. 바로 그 때문에 노아의 배는 가라앉지 않았다. 그러나 신의 보호 없이 바다로 나서는 이들에게 항해는 예측할 수 없는 위험 그 자체였다. 육지를 떠나는 것이 한계를 벗어나는 첫 번째 행동이라면 바다의 무한한 가능성을 경험하는 것이 두 번째 한계 침범이었다. 끝없이 펼쳐진 바다에서는 모든 것이 똑같이 보였다. 앞으로 나가려고 얼마나 애를 썼는가는 아무 상관 없었다. 현대적인 항해 기법이 전무했던 과거에 항해는 곧 길을 잃는다는 것을 의미했다. 바다에서는 목표점을 쉽게 잃어버리게 되기 때문이다. 그러므로 중세의 그 어느 작가도 인간의 전 생애를 '항해'라고 표현할 생각을 하지 못했다. 그것은 혼란스럽고 방향이 없는 세계에서 삶을 보내야 한다는 의미였기 때문이다.

중세의 세계는 완벽한 것으로 간주되었기 때문에 아우구스티누스, 단테, 제프리 초서는 인간의 삶을 바다에서 길을 잃는 항해가 아니라 신에게 가는 여행으로 묘사했다. 순례자가 여행 중에 이런저런 유혹이나 정신을 흐리게 하는 것들에 빠져 영혼을 해치게 될지라도 그는 최소한 단단한 땅에 발을 딛고 서 있으므로 목표를 완전히 잃을 위험은 없었다. 만일 목표를 잃고 헤맨다면 그것은 신성모독이나 마찬가지였다. 길은 항상 고정되어 있고 이 길은 신에게로 뻗어나간다. 정해진 길에서 이탈해 바다로 나가 길을 잃는다는 것은 상상조차 할 수 없는 문제였다. 이 길로부터 이탈한다는 것, 그러니까 바다에서 길을 잃는다는 것은 신으로부터의 이탈을 의미했다.

항해와 난파를 다룬 이야기 중에 가장 오래된 것은 오디세우스의 모험담이다. 호메로스는 기원전 700년 전 『일리아스』와 『오디세이아』에서 오디세우스의 모험을 그렸다. 『일리아스』가 트로이의 함락과 그리스의 승리에 관한 서사시인 반면 『오디세이아』는 한 개인의 성공과 실패에 관한 서사시다.

그리스의 군인이자 항해사인 오디세우스는 서양 문화에서 '교활'하고 '영리'한 사람의 전형으로 간주된다. 쉽게 말해 오디세우스는 다층적인 면모를 보여주는 현대인이다. 호메로스는 오디세우스를 통해 당시의 고대 문학이 즐겨 다루었던 거칠고 조야한 군인상에서 전혀 새로운 특성의 인물을 창조했다. 오디세우스는 야성적 힘 대신 판타지, 책임감, 유머, 긴 안목, 인내, 노련함, 용기, 호기심, 계략을 사용했다. 자만심과 경솔한 모험심 역시 그가 가진 특성이었다.

오디세우스가 스스로를 보호해야 하는 『오디세이아』의 세계는 『일리아스』와 같은 전쟁터가 아니다. 『오디세이아』에서는 갈등과 위협이 삶의 장애물로 등장한다. 그 세계에서는 암초에 부딪혀 배가 뒤집히고, 유혹에 빠져 방황하다가 폭군 같은 신과 맞닥뜨려 빠져나갈 길을 찾지 못한다. 어쩔 수 없이 위험한 결정을 내린다거나 본의 아니게 사랑이 깨지는 경험을 하며 예측불허의 상사를 모셔야 하는 가히 현대인의 삶이라고 할 수 있다. 오디세우스는 갖가지 사건이 난무하는 이 세계에서 죽고 죽이는 싸움과는 다른 방식으로 어떻게 개인이 승리를 이룰 수 있는지 보여준다. 여기에는 인간의 삶도 전쟁터가 될 수 있다는 인식이 깔려 있다. 또 이 전쟁터에서는 적을 때려눕힌다고 해서 승리하는 게 아니다. 문제를 해결하려면 다른 힘이 필요하다. 이것이 오디세우스가 주는 교훈이다.

오디세우스는 고대부터 19세기에 이르기까지 나타난 다양한 실패 사례의 선두에 있다. 이제 과거와 현재의 우리에게 그의 실패가 어떤 의미를 갖는지, 즉 과거의 실패 이해 방식과 대처 방식, 그에 대한 기록 방식, 또 이를 통해 실패와 좌절의 문제에서 우리가 배울 점들은 무엇인지 검토해보자. 먼저 문학을 들여다보자. 심리학과 사회학이 나오기 전 문학은 인간이 역경에 대처하는 모습과 감정을 묘사해줄 수 있는 유일한 장르였다. 작가들은 서사시, 비극, 소설 등의 다양한 표현 형식을 통해 인간이 어떤 종류의 난관과 싸우는지 또 어떻게 문제를 해결해 나가는지를 보여주었다. 물론 비극적 실패도 볼 수 있다. 20세기 초반부터 학자들은 인간의 행동양식을 다루기 시작했다. 사회학은 어떤 사회적 조건에서 인간이 고통받는지 연구했고 심리학은 인간의 영혼이 어떤 복잡한 과정으로 난관에 처하는가를 탐색했다. 하지만 과거 수백 년 동안 이는 문학의 몫이었다. 인간의 실패를 엿보고자 하면 문학은 최초의 보증인이 되었다. 문학은 실패의 유형을 보여주었고 우리는 문학을 통해 이런 개념이 발전한 과정을 알 수 있다. 그러므로 실패를 계속 두려워하기보다는 세상을 냉정히 관찰하듯 문학에서의 실패를 관찰할 필요가 있다. 문학 작품의 주인공이 실패하는 것을 본다고 해서 과거 고대 비극이 관객에게 주었던 카타르시스 효과를 얻을 수는 없겠지만, 아래의 사례는 실패를 이해하고 주체적으로 대응하는 데에 새로운 가능성과 시각을 열어줄 것이다.

오디세우스의 모험은 전형적 실패에 속한다. 그는 실패, 실망, 두려움을 경험하며 언제나 새로운 것을 찾아야만 했다. 그는 인간이 실패를 겪으면서 얼마나 파괴될 수 있는지 성공적으로 보여준다.

호메로스의 『오디세이아』에서는 신이 끊임없이 인간 세계에 나타나 인간의 결정을 방해한다. 거기서 인간은 스스로 통제할 수 없는 힘과 직면한다. 오디세우스는 예측불허의 난관과 싸운다. 실수를 범하지만 아무것도 배우지 못한 채 또 다른 위험에 부딪힌다. 그러나 위험에서 빠져 나오지 못하고, 군사까지 잃고 만다. 그는 이타카 섬에 가겠다는 목표를 끊임없이 망각한다. 폭풍우 때문에 경로를 이탈하기도 하고 거짓말을 하는 괴상한 신들에게 속아 넘어가기도 한다.

오디세우스는 트로이 전쟁이 끝난 후 10년 전 떠나왔던 고향 이타카 섬으로 돌아가려 한다. 그러나 귀향길은 순탄하지 못했고, 결국 10년이라는 긴 세월 동안 방황하게 된다. 3년은 바다에서, 나머지는 님프의 섬 칼립소에 갇혀 지낸다. 이 요정들은 오디세우스를 사랑해 그를 보내려 하지 않는다. 또한 포세이돈을 화나게 한 탓에 파괴적인 폭풍을 만나고 두 번이나 난파를 당한다. 그는 도무지 이해할 수 없는 상황에 빠져 내적, 외적 한계에 직면한다.

『오디세이아』에서 가장 유명한 부분은 9장에서 12장까지다. 마법사인 키르케는 군사의 반을 돼지로 만들고 오디세우스를 유혹한다. 세이렌의 위험한 노래를 피하기 위해 오디세우스는 군사들의 귀를 막고 자신은 돛대에 매달려 빠져 나온다. 괴물인 스킬라와 카리브디스가 있는 암초를 지나오면서 나머지 군사들을 구하기 위해 6명을 희생시켜야 했다. 마지막으로 그는 태양신 헬리오스의 성스러운 소를 죽여 신들의 분노를 산 탓에 엄청난 폭풍우와 맞닥뜨린다. 군사는 모두 죽고 오디세우스만 아름다운 칼립소 섬으로 떠내려간다.

오디세우스가 군사들을 모두 잃기 전의 일이다. 오디세우스는 위험을 이겨내고 자신의 능력을 입증해야 했다. 자신의 능력을 입증할 수 있도록 위험한 모험을 이겨내야만 했던 것이다. 외눈박이 괴물 폴리페모스와 만난 그는 호기심에 사로잡혀 뭔가 문명화된 접대를 받지 않을까 기대한다. 마침 비어 있는 거인의 동굴에 들어선 군사들과 오디세우스는 거기 있던 양과 염소를 잡아먹는다. 저녁에 돌아온 폴리페모스는 오디세우스를 발견한다. 하지만 그의 기대와 달리 괴물은 야만적이고 적대적이었다. 탐욕스럽게 군사 둘을 먹어치우기까지 했다. 그러나 오디세우스와 대원들은 도망갈 수 없었다. 괴물이 동굴 입구를 큰 돌로 막아버렸기 때문이다.

다음 날 아침 괴물은 다시 군사 둘을 잡아 먹고 양과 염소들을 초원으로 데려리고 나간 뒤 동굴 입구를 막았다. 그리고 저녁에 돌아와 다시 군사 둘을 먹어치웠다. 오디세우스는 그 사이 계략을 하나 꾸며두었다. 괴물에게 포도주를 먹여 깊이 취하게 한 후, 미리 준비해뒀던 불에 달군 나무 말뚝으로 괴물의 눈을 찌른 것이다.

그자의 목구멍에서는 포도주와 인육 덩어리가 쏟아져 나왔는데 술에 취해 토해낸 것이지요. 그때 나는 말뚝이 재대로 뜨거워지도록 잿더미 속에 집어넣고는 겁을 집어먹고 꽁무니 빼는 사람이 없도록 전우들에게 용기를 북돋아주었습니다. 올리브 나무 말뚝이 아직 푸른데도 금세 불이 붙기 시작했습니다. 무섭게 달아오른 것같이 보였을 때 나는 다가가 말뚝을 불에서 꺼냈습니다. 내 주위에는 전우들이 둘러섰고, 어떤 신께서 우리에게 큰 용기를 불어넣어 주셨습니다. 그리하여 전우들은 끝이 뾰족한 올리브 나무 말뚝을 움켜잡고 그자의 눈에다 밀어 넣었고, 나는 그 위에 매달려 말뚝을 돌렸습니다.

폴리페모스는 고통에 진저리를 치며 동굴에서 나가려고 출구를 막고 있던 바위를 옆으로 밀어냈다. 이제 오디세우스도 밖으로 나갈 수 있게 되었다. 폴리페모스는 오디세우스 무리가 도망치지 못하도록 동굴 안쪽에서 나오는 모든 생물체를 손으로 만져보았다. 마지막 순간 괴물에게 발각된다면 탈출에 실패할 것이다. 그리하여 오디세우스와 그의 전사들은 양의 배에 붙어서 괴물을 속이고 빠져나간다.

오디세우스는 배로 달아났다. 그러나 배를 출항시키는 순간 강가에 선 폴리페모스를 보았다. 노련하고 신중했던 지금까지의 행동과 다르게 오디세우스는 실수를 범하고 만다. 그냥 무시하고 가는 대신 괴물의 눈을 찌른 것이 자신이라고 큰 소리쳤던 것이다. 괴물은 아버지 포세이돈에게 오디세우스를 집에 가지 못하게 해달라고 부탁한다. 오디세우스는 이제 바다와 싸워야 했다. 그가 바다에 가라앉지 않은 것은 호기심, 끈기, 반항심 넘치는 용기, 그리고 교활함 같은 그의 품성 때문이었다.

오디세우스는 늘 실패에 대비해야 하는 현대인의 전형이다. 하나의 문제가 풀리면 또 다른 문제가 나타난다. 그러나 이해할 수 없는 이상한 사건들을 겪으면서도 그는 마침내 살아남았다. 파도가 휘몰아치는 포세이돈의 바다도 견뎌냈고 암초도 모두 피해갔다. 그는 결국 10년의 항해를 마치고 고향에 돌아갔고 아내를 만났고 다시 권력을 잡았다.

오디세우스는 난관을 극복하고, 실패를 극복하고, 실패를 개선으로 바꾼 인물이다. 그는 고대 비극에 등장하는 무적의 영웅이라기보다 록펠러나 디포에 가깝다. 그는 융통성, 결단력, 문제 해결 능력 같은 초현대적 특성을 지닌 인물이다. 오디세우스는 갖은 난관을 극복해낸 놀라운 인물로서 2000년이 지난 지금까지 우리에게 깊은 감동을 준다. 또 인간의 다양성을 표현하는 문학적 창조물이기도 하다. 하지만 그는 유럽 문학사의 초기에 탄생한 인물인 만큼 그의 사례가 실패에 대응하기 위해 알아야 할 모든 것이 될 수는 없다. 물론 다음에 예로 든 이야기들보다는 성공적이라 할 수 있다.

실패할 수밖에 없는 운명 | 오이디푸스

우리는 이카로스에게서 높은 곳에서 떨어진 비참한 자의 모습을 본다. 이것은 고대 비극이 영웅에게 준비한 운명이다. 여기에 스릴이 있다. 비극의 주인공은 높은 명성을 가진 권력자, 승리를 거둔 군인, 왕과 반신(半神)이었다.

초반에는 분별없는 영웅이 그려진다. 실수를 하거나 상황을 오판하여 끝없이 아래로 떨어진다. 탈출구는 보이지 않는다. 그들은 상상을 초월하는 심연으로 내동댕이쳐진다. 최후에는 명성, 명예, 권력, 자식과 부인까지 전부 잃는다. 그리고 피할 수 없는 운명의 힘에 의해 목숨을 잃는다. 불행은 한번 시작하면 계속된다. 그 누구도 이 운명을 멈추게 할 수 없으며, 최악의 상황이라도 면하려는 시도까지 실패한다. 왜냐하면 이런 치명적인 결과는 처음부터 정해진 것이기 때문이다. 소포클레스의 『오이디푸스 왕』이 전형적 사례다.

도시국가 테베에 끔찍한 전염병이 퍼진다. 시민들은 이 전염병이 선왕 라이오스의 죽음과 관계가 있다고 생각한다. 테베의 현 권력자는 오이디푸스 왕이다. 선왕의 살해자는 밝혀지지 않았지만, 모두들 신이 이 살인에 대한 벌로 전염병을 내렸다고 믿었다. 살인자가 죗값을 치르기 전까지 돌림병은 계속될 것이었다. 오이디푸스는 라이오스 왕의 권좌를 빼앗았을 뿐만 아니라 그의 미망인 이오카스테와 결혼해 두 딸을 낳았다. 그리스 관객들은 이 신화의 퍼즐들이 최후에 어떤 장면을 만드는지 알고 있었다. 그들은 재난이 다가오고 있음을 알았다.

1. 수십 년 전 라이오스는 아들에게 죽임을 당할 것이란 신탁을 듣는다. 당시 라이오스는 왕비 이오카스테와의 사이에서 얻은 아들인 왕위계승자를 산에 버린다.
2. 한 목동이 산에서 갓난 사내아기를 발견해 코린트 왕에게 입양시켰다.
3. 두 번째 신탁은 코린트 궁정에서 자란 오이디푸스가 친부를 죽이고 친모와 결혼할 것이라고 예언한다. 그리하여 그는 부모님 곁을 떠나게 된다.
4. 테베로 향하던 오이디푸스는 분노 끝에 한 남자와 그의 무리를 때려 죽인 것을 기억한다. 하지만 그때 죽인 남자가 라이오스 왕이라는 것을 오이디푸스는 모르고 있다.

이오카스테는 이 끔찍한 진실을 알게 된 첫 번째 인물이다. 오래전 산에 버린 아이와 양치기가 코린트 궁에 입양시킨 아이가 동일 인물이었던 것이다. 이 아이가 오이디푸스, 즉 현재의 왕이자 자신의 남편이다. 자기가 아들의 아이를 낳았다는 사실에 절망한 이오카스테는 스스로 목을 맨다. 이 죽음으로 오이디푸스는 사실의 전말을 알게 된다. 그는 아버지를 죽이고 근친상간을 범한 것이다. 오이디푸스는 이오카스테의 옷에서 브로치를 떼어내 그 바늘로 자신의 눈을 찌른다. 장님이 된 그는 도시를 떠나 유배의 길에 오른다. 스스로 눈을 멀게 하고 왕의 자리를 포기한 것은 상징적 죽음이다. 그는 영원히 사회에서 사라진다. 고대 그리스에서 거지는 법의 밖에 있는, 더 이상 존재하지 않는 인간이었기 때문이다. 실명과 불가피한 죽음에 대한 서사시는 대체 무엇을 의미하는가?

정치학에서 동물학에 이르기까지 모든 주제를 탐구했던 아리스토텔레스는 희곡론 『시학』을 남겼다. 그는 비극의 목적이 관객을 교화시키는 것이라고 믿었다. 인간은 누구나 부정적 감정을 갖고 있으므로 이를 순화시키기 위해서라도 극장에 가야 한다고 생각한 것이다. 영웅의 불행을 보며 관객은 고통을 느낀다. 관객들은 무대에서 펼쳐지는 절망적 상황을 보며 동정과 두려움의 감정을 폭발시키고 이를 통해 자신이 느끼는 절망감에서 벗어난다. 즉 정화되는 것이다. 타인의 고통을 경험하는 순간 스스로의 부정적 감정이 사라지기 때문이다. 이것이 카타르시스다. 그러므로 고대 아테네에서는 연극이 단순한 오락 이상의 기능을 담당했다. 심리적으로나 사회적으로 중요한 사건이었고 도시 전체에 행한 집합적 치료이자 윤리적, 심리적 정화 작용이었던 셈이다. 카타르시스를 쉽게 정의해보자. 관객은 무대에 올려진 한 편의 연극을 통해 잘 짜여진 실패를 경험한다.

관객 스스로 지옥에 떨어지는 대신 비틀거리고 쓰러지는 영웅을 본다. 무대 위에는 모든 관객을 대표해 실패를 경험하는 사람이 있다. 그가 바로 비극적 영웅이다. 그는 다른 모든 이들을 위해 상징적 희생자가 된다.

영웅이 상징적 희생양이 되는 변신은 쉽게 만들어진 이야기가 아니다. 속죄양에 대한 개념은 비극에 깊이 뿌리박혀 있다. 비극의 문화 형태는 제단에 희생양을 바치는 의식에서 발전되었다. 이것은 디오니소스에게 염소나 양을 바치는 풍습에서 나온 것으로 무대 위의 주인공인 영웅은 속죄양의 기능을 했다. 주인공은 구원받지 못할 나락으로 떨어지기 위해 인간이 견딜 수 있는 극단의 한계까지 간다.

이 같은 추락은 모든 이에게 의미가 있었다. 개인적 운명이 아니라 사회질서의 침해였던 것이다. 힘 있는 자가 약해지고, 실수를 하고, 추락하는 것은 재난이나 다름없었다. 지배자는 항상 높은 곳에 서서 강인함을 보여줘야 했기 때문에 이런 사건은 세상을 뒤집을 만했다. 명성과 권력을 소유한 왕이 아래로 굴러 떨어지는 순간 엄청난 사건이 시작된다. 전 세계는 뒤죽박죽이 되고 당연하게 취급되던 것들이 무너진다. 그러나 무대에 올려진 재난에는 특별한 목적이 있다. 비극은 세상이 혼란에 빠진다 해도 종국에는 "우리는 모든 것을 극복했어"라고 성토하기 위해 태어난 것이다. 다만 이를 위해 희생양이 필요했을 뿐이다. 비극은 영웅의 추락을 보여주는 동시에 세계 질서의 복원이 가능함도 보여주어야 했다. 속죄양은 뒤죽박죽된 세상을 다시 세우기 위해서 마련된 장치였다.

오이디푸스는 아버지를 죽였고 근친상간을 했다(그가 몰랐다는 것은 중요치 않다). 왕이 부랑자처럼 길에서 살해되고 아버지의 권위가 서지 않고 어머니가 아들의 아이를 낳는다면 사회를 지탱해주던 모든 구조가 해체되는 것이다. 그가 저지른 끔찍한 죄는 도덕적 공황상태를 초래한다. 상황의 악화를 막을 길은 속죄양뿐이다.

잔인한 죽음(물론 무대 위의 가상이라 할지라도)은 그리스인들의 도덕적 결백성을 나타내는 것이다. 이 죽음을 통해 죄를 짓고 추락한 영웅의 존엄성을 되찾는다. 영웅의 비극적인 결말을 보며 그리스 관객들은 경의를 표한다. 그러니까 영웅의 죽음은 항상 역설적이다. 연극적인 자기파괴이자 자기완성이다. 영웅은 죽음으로써 불멸한다. 오이디푸스는 마지막에 존엄성을 회복한다. 그는 장님 거지가 되어 영원히 사회에 등을 돌림으로써 불멸한다. 이제 최악의 상황이 극복된 것이다. 오이디푸스 왕은 명예를 회복했고, 관객이 사는 이 세상도 큰 풍파를 극복할 수 있음을 확인한다.

우리의 실패는 그리스 비극에 나오는 실패와 다른 모습이다. 실패는 뛰어난 영웅의 특권이 아니다. 그렇다고 우리의 실패가 더 나은 것도 아니다. 누구나 실패할 수 있기 때문이다. 21세기의 실패는 현대성을 지닌다. 우리는 세속적이고 다원주의적인 사회를 완벽하게 만들라는 과제를 받았고, 이것을 풀기 위해 실패와 패배라는 짐을 지고 있는 것이다. 우리에게는 우리를 저주할 악한 신도 없고, 완고한 아버지도, 못된 유령도 없다. 모든 심각한 사건을 불러일으키는 운명도 없다. 눈을 멀게 하고, 재앙을 가져오는 끔찍한 여신도 없다(얼마나 안타까운 일인가). 오늘날에는 실패의 이유라고 갖다붙일 만한 실패의 유전자도 없다. 우리 스스로 실패를 유발하지 않았더라도 우리는 실패를 극복해야 한다.

우리의 실패는 오이디푸스처럼 극적이지 않다. 실패를 해도 세계가 무너지는 것이 아니기 때문이다. 죽음이라는 극단적 형벌을 받지도 않는다. 또한 인간을 재물로 바치지도 않는다. 오늘날 사람들은 개인의 실패를 가볍게 받아들인다. 우리의 삶은 계속된다. 그러나 우리는 관점을 바꿔야 한다.

비극의 영웅과 다르게 현대인은 특별한 재능을 갖고 있다. 바로 관점을 수정할 줄 아는 능력이다. 오이디푸스처럼 맹목적으로 운명의 길을 따를 필요가 없다. 우리가 가야 하는 길이 불확실하다면, 또는 불가능하다면 우리는 다른 길을 찾을 수 있고 또 찾아야만 한다.

실패했을 경우, 정신적으로 크게 실망하고 실패했다는 인식에 괴로워하게 되지만 그렇다고 해서 정체성을 잃는 것도 아니다. 실패를 했든 안 했든 같은 인간이고, 우리의 희망이 실현 불가능하다는 것을 알아차린다고 해서 갑자기 다른 사람이 되는 것도 아니다. 처음엔 지배자인 A였다가 나중에 거지인 B가 되는 게 아니다. 우리는 위기 상황에 빠진다 해도 언제나 나 자신일 뿐이다. 이를 알기 때문에 우리는 위기를 극복할 수 있다. 우리는 그저 마음가짐과 태도를 바꾸는 것이지 전혀 다른 사람이 되는 게 아니기 때문이다.

오이디푸스는 눈이 먼 후에야 자신을 둘러싼 불행의 전말을 알게 되었다. 오이디푸스에게는 갑작스러운 인식이 승리가 아니라 종말을 의미했다. 그는 눈먼 거지가 되어 도시를 떠나고 이로써 상징적 죽음을 완성한다. 눈이 멀어 얻게 된 인식, 우리가 우리라고 믿었던 모든 것에 의문을 제기하는 인식은 우리의 삶에 엄청난 충격을 의미하지만 그렇다고 해서 그것이 삶의 자동적 종말은 아니다. 오히려 그 반대다. 만일 우리가 눈이 멀어 혜안을 얻게 된다면 그것은 죽음이 아닌 확장된 삶의 경험이 될 것이다.

인류의 타락, 원죄 | 아담과 이브

중세 사람들은 실패하지 않았다. 이것은 그들의 축복이다. 그들은 구원받지 못할 죄를 지었다. 이것이 그들의 불행이다.

중세 사람들에게는 선택의 여지가 없었다. 그들은 결정을 잘못 내려 실패하는 것이 아니다. 물론 그들 역시 개인적인 잘못과 실패를 경험한다. 전 재산을 잃고 흉작을 경험하며, 이익이 되지 않는 사업을 집어치우고, 전쟁에 패하고 혹은 신분 상승을 할 수 있는 결혼에 실패한다. 이 모든 부정적인 경험들을 전부 실패라고 할 수는 없다. 다만 이런 경험들은 잠재적으로도 개선될 여지가 없어 보인다. 잘못되는 것이나, 성공하는 것이나, 인간의 힘으로 변경할 수 없는 거대한 계획의 한 부분일 뿐이다. 이 계획을 예측하는 것은 가능하지도 필요하지도 또 허용되지도 않는다. 긍정적이든 부정적이든 어떤 식으로든 계획에 영향을 끼치려고 하는 것은 그야말로 이교도적 행위였다. 이 거대한 계획은 신이 세운 것이기 때문이다. 신의 계획은 언제나 불가해하고 언제나 정당한 것이었다. 인간의 삶은 오직 신에게만 초점이 맞춰졌다. 그렇다고 노력한다고 해서 신에게 도달할 수는 없었다. 궁극의 성공도, 실패도 없었다. 누군가에게 축복을 내린다면 그것은 신이 원했기 때문이다. 누군가에게 벌을 내린다면 그것은 신의 일상이었다. 전 인류는 태어나면서부터 죄를 안고 있기 때문이다. 그러니까 중세 사람들이 실패하지 않는다는 것은 언제나 성공을 했다는 뜻이 아니라, 성공과 실패라는 개념 자체를 전혀 몰랐다는 소리다. 그러므로 중세 사람들이 실패할 수 있다는 공포와 두려움을 가지고 있지 않았다는 사실을 조금도 부러워할 필요가 없다. 그들은 대신 더 큰 공포에 시달렸다. 신에게 버림받을지도 모른다는 의식이 언제나 그들을 짓누르고 있었다. 그것이 바로 원죄의 유산이다.

원죄, 전 인류의 타락은 잘 알려진 대로 구약성서의 창세기로부터 유래한다. 최초의 인류인 아담과 이브는 천국에 살았다. 그들은 선악과를 먹지 말라는 명령을 받았다. 선악과를 따먹을 경우 내일을 생각하지 않아도 되는 천국에서 내쫓기게 될 것이다. 그리하여 고생스러운 선악 판단의 단계로 가게 되는 것이다. 그러나 이브는 금지된 과일을 먹어보라는 뱀의 꾐에 빠져 아담까지 유혹했다. 신의 말을 듣지 않은 데 대한 벌로 아담과 이브는 천국에서 추방되었다. 아담은 이제부터 힘들게 노동을 해야 했고, 이브는 출산의 고통을 겪어야 했다. 그리고 이 둘의 삶은 유한해졌다. 이제 언젠가는 죽게 된 이들의 죄는 이후의 전 인류에게 영향을 미쳤다. 유한성, 오류, 고해로 가득 찬 인생을 만들어준 것이다.

계몽주의가 막을 내린 후부터 신학자들은 타락에 대해 본격적으로 논의했다. 한 남자와 여자가 선악과를 먹는다. 이것은 경계를 넘어가는 상징이다. 선악과를 먹음으로써 인식 이전과 이후, 아름다운 천국과 거친 현실을 가르는 경계를 넘은 것이다. 이 과정은 고통스러웠다. 그들은 그들을 보호하던 결백함을 잃었고 영생을 잃었고 아무것도 고민하지 않아도 되는 편안한 삶을 잃어버렸다. 반면에 그들은 현실에서 나옴으로써 새로운 인지의 세계, 무한한 지식의 세계, 한계체험의 세계와 만났다. 아담과 이브는 천국을 떠나고 나서야 성인이 되었다. 그리고 의식이 생겼다. 이제 그들의 앞에 새로운 세계가 열렸고, 그들은 이를 통해 무한대의 도전, 요구, 위협을 받았다. 그러나 중세에는 이처럼 계몽적이고 긍정적으로 이 부분을 해석하지 않았다. 중세에는 원죄를 분노한 신의 이야기로 보았다.

신은 아담과 이브가 그의 명령을 따르려고 하지 않았기 때문에 인류에게 영원한 벌을 내렸다. 신은 일할 필요도 없고 걱정도 부끄러움도 없는 행복한 정원에서 아담과 이브를 살게 했으나 그들은 인식의 열매만은 먹지 말라는 신의 명령을 어겼다. 신의 명령을 어긴 죄로 그들에게 곧장 벌이 내려졌다.

아담과 이브의 죄는 대물림되었다. 인류는 부모가 저지른 죄로 인해 영원히 고통에 시달려야 했다. 아담과 이브와 마찬가지로 무도하고 완벽하지 못한 후손들은 원죄에서 벗어날 수 없었다. 누구도 죄에서 벗어날 수 없다는 해석은 정통 교리로서 수백 년 동안 중세를 지배했다. 이러한 해석을 처음 정립한 인물은 아우구스티누스(354~430)다. 그는 오늘날의 알제리 지방인 로마의 타가스테 주에서 태어났다. 로마제국은 철학자이자 신학자로 활동했던 그가 태어난 지 두 세기만에 멸망했다. 그는 매우 가난한 로마의 중산층 명문가의 큰 아들이었다. 어머니는 그리스도교도였지만 아버지는 그리스도교도 입장에서 보면 무신론자였다. 부모는 재능이 많았던 큰 아들에게 가능한 모든 교육을 받게 했다. 당시 로마 귀족들의 필수 교육과정에는 수사학이 있었다. 완벽한 예술이라고 여겨지던 수사학은 말을 통해 정치적 힘을 행사하는 학문이었다. 아우구스티누스는 수

사학을 배웠고 이것을 계기로 로마에 입성했다. 타가스테에서 온 29세의 청년은 말로 정적을 때려눕힌다고 악명이 높았다. 그는 관료가 될 수도 있었지만 타고난 언어적 재능을 살려 밀라노에서 수사학 교수가 되었다. 그는 밀라노에서 인생의 전환점을 맞이한다. 마니교에 심취했던 그가 그리스도교로 개종한 것이다.

아우구스티누스는 독신으로 살겠다고 마음먹었다. 개종할 당시 미혼부로서 아들을 키우고 있던 그는 일을 그만두고 고향인 북아프리카로 돌아갔다. 그리고 한동안 수도사처럼 은둔과 금욕 생활을 했다. 아들이 18세의 나이로 죽자 그는 사제 임명을 받았다. 재야의 학자로 남고 싶었지만 교회의 권위를 거스를 수 없었다. 아우구스티누스는 나중에 주교 임명까지 받는다. 그는 사제 생활을 시작한 히포에서 줄곧 살다가 생을 마감한다.

아우구스티누스의 삶은 서양 세계 최초의 자서전이라 할 수 있는 『고백록』으로 우리에게 잘 알려져 있다. 이 자서전에서 그는 죄와 자비의 드라마, 도덕적 타락과 영혼의 승화가 엇갈리는 드라마를 묘사했다. 그는 그 안에서 자신도 원죄를 지닌 인간 가운데 하나로 보았다.

아우구스티누스가 후세에 남긴 것들이 전부 원죄에 관한 교리처럼 어두운 것은 아니다. 그러나 원죄라는 도그마 때문에 그리스도교의 역사는 절망만이 가득한 길을 걷게 되었다. 아우구스티누스는 모든 인간이 결점을 가지고 태어나는 존재라고 보았다. 인간은 누구나 죄인으로 태어난다. 자기 힘으로 어찌할 수 없는 유전자 코드처럼 처음부터 타고나는 것이다. 갓난아기조차 죄를 안고 있다. 아우구스티누스는 다음과 같은 질문을 던진다. "어떻게 그렇게 어린 아이들조차도 죄를 가지고 태어난다고 주장할 수 있는가?" 그리고 즉답을 한다. "아이들은 엄마의 젖을 빨고자 하는 욕심에서 소리를 지른다. 이러한 탐욕스럽고 이기적인 행동이 죄가 아니란 말인가?" 그러므로 아우구스티누스는 유아세례를 주장했다. 성수를 통한 상징적인 세척만이 저주받은 영혼으로 죽지 않을 기회를 갓난아기에게 주기 때문이었다.

그 누구도 죄에서 벗어날 수가 없다. 무슨 일을 하는지는 전혀 상관이 없다. 어떤 행동을 해도 죄와 연관되었다. 아우구스티누스가 인류의 특징이라고 본 원죄는 그 누구도 벗어날 수 없는 쇠사슬이다. 선행을 통해서도 벗어날 수가 없다. 인간이 희망할 수 있는 것은 신이 자비를 베푸는 길뿐이다. 하지만 신의 자비 역시 인간이 바란다고 주어지는 것이 아니다. 자비를 베푸느냐 베풀지 않느냐의 문제는 전적으로 신의 소관이었기 때문이다. 삶에서도 죽음에서도 인간은 원죄에서 벗어날 수 없다. 신의 자비에 의해 구원을 받는다 할지라도 여전히 죄인인 것이다.

아우구스티누스는 『고백록』에서 자기 자신을 결점 투성이 인간으로 묘사했다. 늘 오류를 범하면서도 신이 자신의 영혼을 구원해줄 것을 확실하게 믿지 못하는 어리석은 존재로 보았다. 이 드라마가 어떻게 결말이 날지 아우구스티누스는 알 수 없었다. 그는 예정설을 믿었다. 그는 인간 아우구스티누스에게서 약점을 하나씩 발견해내고 이 결점은 깊이 새겨져 있어 결코 없어지지 않는다고 결론 내린다. 인류의 사악함에 대해 그가 제시한 유명한 증거가 바로 '배 도둑 이야기'다. 어느 날 밤, 아우구스티누스와 친구들은 주인 있는 나무에서 배를 땄다. 그들은 훔친 열매를 돼지 밥으로 던져준다. 그는 이 행위의 동기가 필연적인 것이 아니었다고 말한다. 허기를 참지 못해 그런 짓을 한 게 아니라 단지 나쁜짓을 저지르고 싶은 욕망에서 비롯된 행동이었다. 배 도둑 에피소드는 인간의 원죄 장면을 떠오르게 한다. 인간이 최초로 저지른 죄, 천국의 이브가 금지된 선악과를 따먹는 장면을 연상시킨다.

죄는 그를 타락시키고, 신앙은 그의 영혼을 고양시킨다. 아우구스티누스는 신이 죄인인 자신에게 내린 벌을 기록한다. 배우는 데 게으른 아이들이 학교에서 매맞는 것도 신이 내린 벌 중의 하나다. 아우구스티누스는 자기가 개종한 것을 자신의 의지와 전혀 상관없이 일어난 신의 자비로 파악했다. 그가 보기에 이런 자비는 신에게 받은 예상치 못한 선물이다. 신은 선물을 주지 않을 수도 있었다. 신은 그가 원하는 대로 인간을 구원하거나 또는 인간에게 벌을 내리기 때문이다. 이런 결정의 정당성에 의문을 제기하는 것은 의미가 없다. 이처럼 견디기 힘든 죄와 구원의 덤불 속에서 빠져나올 수 있는 유일한 피난처는 바로 순종이다.

오직 자발적으로 순종함으로써 인간은 신의 결정을 의문시하거나 불평하지 않고 따를 수 있고 보다 가까이 신에게 다가갈 수 있다. 인간은 하늘을 향해 나아갈 수 있다. 그러나 그러기 위해서는 스스로의 바람과 의지를 포기해야 한다. 고양되고 싶은 사람은 스스로를 낮추어야 한다. 이것이 짓누르는 죄의 무게에서 벗어나는 유일한 길이다.

이러한 세계관은 성공과 실패에 대한 개념과 정반대다. 개인적 실패에 대한 개념은 그 안에 나타나지 않는다. 그리고 모든 인간이 태어날 때부터 구원받을 길 없이 타락해 있고, 신이 창조한 세계라는 거대한 계획 안에서 신이 사용하는 도구에 불과하다면 실패에 대한 고찰은 아무 의미가 없었다.

아우구스티누스가 세상을 떠날 무렵 히포는 이미 수개월 전 반달족에게 점령당해 외부와의 교섭이 두절된 상태였다. 스페인을 지나 새로운 삶의 터전을 찾아온 반달족은 로마제국을 외곽에서부터 무너뜨렸다. 전 세계를 지배하던 제국의 종말이 눈앞에 다가온 것이다. 교양 있고 지적이었던 아우구스티누스는 자신이 엄청난 세계사적 사건의 산 증인이라고 확신했다. 그는 세계를 지배하던 권력의 몰락이라는 엄청난 재난을 보면서 아마도 원죄에 대한 논리를 이 세상에 펼친 것 같다. 이러한 몰락을 이 세상의 실패로 간주하면서, '이 사회가 붕괴한다면 우리에게는 안전을 위해서 타협하지 않는 불굴의 신, 영원히 전능하고 영원히 존재하는 신이 필요하다'고 생각했는지도 모른다.

실패에 대한 영원한 논쟁 | 햄릿

14세기 이탈리아에서 시작된 인문주의 운동으로 유럽 문화는 광범위한 변혁을 겪고 있었다. 이 인문주의는 신의 질서가 지배하는 세상에서 개인이 어떠한 능력을 가질 수 있는지에 대한 새로운 관념을 제시했다. 인문주의 철학자와 시인들이 보기에 인간(남자)은 훌륭한 능력으로 채워져 있는 존재였다. 인간은 이미 현세에서 자기계발을 시도할 수 있었다. 바로 교육을 통해서다. 인간은 언어를 사용함으로써 이 세상과 자기 자신에 대한 인식에 도달할 수 있었다. 인간은 스스로 사회의 일부라는 사실을 인식할 수 있었고 또한 정치적으로 행동할 수도 있었다. 말하자면 자신의 행동을 통해서 이 사회에 변화를 가져올 수 있지 않을까 생각할 수 있게 된 것이다. 지식과 연구, 능력의 지평선이 확장되었다. 인문주의 철학 및 문학 작품은 사고와 자기 체험의 새로운 측면을 탐구했다. 르네상스(재탄생)라는 고대의 재발견으로 사람들은 전통에 눈뜨게 되었고 여기서 많은 것을 배웠다. 그리고 전 세계 여행자들의 이야기는 지리적 세계를 새롭게 열었다. 미켈란젤로의 미술품에서, 조르다노 브루노의 철학에서, 마키아벨리의 정치이론에서 이전에는 전혀 알지 못했던 사상과 재능들이 표현되었다. 누구나 더 멀리 여행하고 더 많은 인식을 모을 수 있도록 독려되었다. 그리고 누구나 자기 관점을 바꿀 수 있었다. 이 세상을 어떤 식으로 관찰하느냐는 관점의 문제라는 사실을 알게 된 것이다.

당시 사람들은 개인의 학문적, 예술적 능력에 대해 점점 더 열광했고 실패에 대해 논쟁하기 시작했다. 르네상스 후기에는 세계문학 사상 가장 인상 깊은 세 가지 작품이 나왔다. 이 작품들은 모두 각자의 방식으로 실패를 다루고 있다. 몽테뉴의 『수상록』(1580), 세르반테스의 『돈키호테』(1605/1615), 셰익스피어의 『햄릿』(1603)이다.

이 세 작품에는 비극적 영웅의 추락, 희생양이 되는 인물, 원죄의 무거운 짐은 더 이상 등장하지 않는다. 몽테뉴, 세르반테스, 특히 셰익스피어는 현대인들이 언제라도 문제를 겪을 수 있는 복합성 속에서 실패를 묘사한다. 실패에 대한 이들의 논쟁 방식은 매우 다르다. 놀랍게도 몽테뉴와 세르반테스, 셰익스피어는 실패를 오늘날과 같은 논의 방식으로 다루고 있다. 몽테뉴는 실패를 자기 인식의 수단으로 보았다. 세르반테스는 픽션과 현실을 구분할 수 없다면 실패가 불가피하다는 사실을 분명히 보여주었다. 또한 셰익스피어는 문제가 너무나 복잡하여 더 이상 한 개인의 결정이나 행동으로 극복되지 않는다면 아무리 지적인 사람이라 할지라도 실패에서 벗어날 수 없음을 보여준다. 인간을 놀라운 존재로 파악하기 시작한 시대에 태어난 이 세 작가들은 이제 실패에 지적으로 대응할 수 있게 되었다.

르네상스 시대에 실패에 대해 가장 놀라운 방식으로 논쟁을 벌인 작가는 셰익스피어다. 잘 알려진 대로 그의 비극은 여러 측면에서 실패를 관찰하고 있다. 예를 들어 『리어 왕』은 엘리자베스 시대에 나온 비극 가운데 가장 요란했던 실패 스토리다. 자기애가 강한 이 늙은 왕은 인간이 떨어질 수 있는 가장 낮은 곳까지 떨어진다. 사랑을 권력으로 저울질할 수 없다는 사실을 인식하지 못했기 때문이다. 그는 권력, 왕의 체면, 자식, 옷, 이성, 그의 목숨까지 모든 것을 잃는다. 맥베스는 그의 권력욕에 의해 파멸된다. 오셀로는 부인인 데스데모나를 불신해 결혼 생활을 파국으로 몰고간다. 이 세 가지 경우 모두 주인공들은 그들이 통제할 수 없는 성격을 지니고 있다. 리어 왕은 허영, 맥베스는 야심, 오셀로는 질투에 의해 파멸한다. 이 모든 일의 배후에는 운명이 있다. 이야기는 자신의 운명을 손아귀에 쥐기란 매우 힘들다는 사실을 상기시킨다. 진실을 보지 못하고 오만불손했던 리어 왕, 맥베스, 오셀로가 도덕적으로 황폐해지는 것을 경험하면서 관객들은 비로소 균형과 질서에 대해 생각하게 된다.
　햄릿은 자기통제가 불가능한 존재에서 현대성을 지닌 존재로 넘어가는 인물이다. 그의 실패는 성격적 결점이나, 도덕적

흠(아마도 겁쟁이 같은)에 기인하지 않는다. 햄릿이 실패하는 것은 그가 처한 상황이 복잡하기 때문이다. 그래서 한 인간의 관점으로는 다 파악할 수 없고 해결이 불가능하다. 셰익스피어는 이 비극에서 어떻게 불행이 시작되는지 보여준다. 즉 개인의 힘으로 해결할 수 없을 만큼 미묘하게 얽힌 상황이 불행의 시작이라고 본 것이다. 햄릿은 자신이 이처럼 복잡한 세상에서 살아가고 있다는 사실을 자각한다. 이 세계에서는 모든 것이 상대적이다. 그는 얽히고설킨 상황에 책임을 느낀다. 개개인의 성격, 마지막 순간의 오판, 그와 주변 인물들의 기분, 전통의 속박과 파기, 배신과 모함, 우연과 오류, 날개 달린 소문. 햄릿의 실패는 이처럼 현대적이다. 햄릿을 불행으로 이끄는 것은 바로 상황의 복잡성이다. 상황이 극단으로 복잡해지면 매우 지적이고 자신만만하고 재능이 있는 자라도 실패할 수 있다.

언뜻 보기에 이 덴마크 왕자의 비극은 현대성과 아무 관련이 없어 보인다. 이 연극은 피의 복수라는 고대의 전통적 개념을 따른다. 아버지가 살해되었기 때문에 햄릿은 복수를 다짐한다. 그러나 햄릿은 행동을 취하지 않았고 마지막까지 너무 오래 기다렸다. 실수를 범했고, 엉뚱한 사람을 죽인 데다가 애인과 자신의 삶까지도 파멸로 이끈다. 햄릿은 바보 같은 방법으로 불의에 대응하려다가 실패한다. 그의 문제가 무엇인지 이해하려면 각각의 사건들을 재구성할 필요가 있다. 그를 위해서는 내용의 전개를 정확히 알아야 한다.

어느 날 밤, 덴마크의 엘시노어 성벽에 유령이 나타난다. 그는 자신이 햄릿의 아버지이자 얼마 전 죽은 왕이라며 자신의 억울한 사연을 호소한다. 햄릿의 삼촌 클로디어스가 덴마크의 권력을 잡으려 자신을 독살했다는 것이다.

클로디어스는 햄릿의 아버지뿐 아니라 국가에 대해서도 죄를 저지른 것이 명백했다. 왕을 살해하고 불법으로 왕위를 찬탈한 것은 반역 행위였다. 이러한 근대 초기의 정치적 혁명 외에 두 번째 패악이 또 있다. 클로디어스는 왕위를 찬탈했을 뿐 아니라 죽은 왕의 미망인이자 햄릿의 어머니인 거트루드와 결혼했다. 이는 당시의 도덕적 기준에서 볼 때 상상도 못할 엄청난 스캔들이었다. "이 시대는 질서가 무너졌다"고 햄릿은 말한다. 그러나 그는 운명에 순순히 굴하지 않는다.

며칠 밤 계속 나타난 이 수수께끼 같은 유령은 햄릿에게 복수하라고 명령한다. 그러나 햄릿은 유령의 말을 믿을 수 없으므로 주저한다. 도대체 이 유령은 누구인가? 정말 자신의 죽은 아버지인가? 죽은 아버지가 무덤에서 살아나온 것인가? 아니면 그를 멸망시키려고 나온 지옥의 악마인가?

진실에 다가가기 위해 햄릿은 아버지가 정말 살해되었는지 파헤쳐야 한다. 이를 위해 그는 수사관처럼 범죄를 주제로 연극을 상연한다. 그리고 삼촌을 초대한다. 삼촌을 범죄의 현장으로 데려와 용의자의 반응을 살핀다. 무대에서 살해 장면이 나왔을 때 실제로 클로디어스는 당황해서 그곳을 떠난다. 그가 살해자임을 이보다 더 잘 보여주는 증거는 없다. 그 직후 햄릿은 삼촌을 죽일 기회가 있었으나 기도하고 있는 그의 모습을 보고는 마음이 약해져 차마 그 자리에서 죽이지 못한다.

이제 햄릿은 어머니를 찾아가 그녀가 아버지를 버렸다고 욕하며 어머니를 공모자라며 몰아붙인다. 그러다 커튼 뒤에 누가 있음을 느낀다. 햄릿은 죄의식을 느낀 클로디어스가 자신을 죽이려 한다고 생각한다. 그는 분노해 소리를 지르면서 이번만큼은 더 이상 물러나지 않을 요량으로 단도를 꺼내 커튼 뒤의 보이지 않는 희생자를 찌른다. 그러나 죽은 사람은 클로디어스가 아니라 궁정 재상 폴로니어스였다. 그는 햄릿의 애인인 오필리어의 아버지다.

클로디어스는 모두의 뇌리에서 이 일이 잊힐 때까지 덮어두어야 한다는 핑계를 대며 햄릿을 영국으로 보낸다. 햄릿의 동창인 로젠크랜스와 길덴스턴이 이 여행에 따라나선다. 그러나 그들은 햄릿을 죽이려고 클로디어스가 보낸 자객이었다. 그는 이 음모를 알아차리고 선수를 친다.

햄릿은 덴마크로 돌아온다. 엘시노어 성벽 앞에서 그는 무덤을 하나 발견한다. 오필리어의 무덤이었다. 햄릿은 영국으로 떠나기 전에 갑작스레 기분이 상하고 무기력해져 엉뚱한 오필리어에게 화를 내며, 더 이상 그녀를 사랑하지 않는다고 말했던 것이다. 그녀는 목숨을 끊었다. 그때 오필리어의 오빠인 레어티즈가 나타난다. 그는 성미가 급한 사람이었다. 그는 현대인들이 혼란스러운 상황에서 간단한 해결책을 찾지 못할 경우 흔히 그러듯 앞뒤를 가리지 않고 행동했다. 레어티즈는 여동생과 아버지의 명예를 걸고 복수하겠다며 햄릿에게 결투 신청을 한다.

마지막 장에 이 둘은 마침내 약속된 결투 장소에서 만난다. 궁정의 모든 신하들과 클로디어스 왕, 거트루드 왕비도 참석한다. 쇼는 시작되었다. 클로디어스는 햄릿을 확실하게 죽이기 위해 레어티즈의 칼에 독을 묻혔을 뿐 아니라, 햄릿이 결투에서 이겼을 경우를 대비해 독배를 준비한다. 그러나 결투가 시작되기 전, 두 사람의 칼이 뒤바뀐다. 레어티즈는 햄릿의 칼 끝이 살짝 스치자마자 온몸에 독이 퍼져 죽는다. 결투 때문에 흥분한 거트루드는 햄릿이 마실 뻔했던 독배를 마시고 죽는다. 마침내 햄릿은 클로디어스를 죽인다. 그러고 나서 그 자신도 레어티즈에게 찔린 상처로 죽음을 맞이한다.

여기서 대체 무슨 일이 일어났는가? 왜 햄릿은 불의에 대항하지 않는가? 왜 왕을 죽인 클로디어스를 죽여 아버지의 복수를 감행하고 문제를 해결하지 않았는가? 그는 아무것도 하지 않았고 상황만 복잡하게 만들었다. 마지막에 그는 막다른 골목에 이르게 되고 다섯 사람이나 죽였다.

햄릿은 주저했다. 그는 괴테나 독일 낭만주의 작가들이 주장하듯이 지적이긴 했지만 복잡한 현실에 대응하기에는 우유부단한 인물이었다. 햄릿은 감정이 격해져 폴로니어스를 찔렀고, 로젠크랜스와 길덴스턴을 무자비하게 죽였고, 화를 내며 엄마를 창녀라고 욕했고, 오필리어에게 아주 끔찍하고 냉소적으로 "수도원에나 가라" 또는 "술집에나 가라"고 말했다. 특별히 예민했다거나 정신적으로 문제가 있어서 그런 것은 아니었다. 문제는 전혀 다른 곳에 있었다. 그가 즉각 행동할 수 없던 것은 바로 그가 처한 상황 때문이었다.

"죽느냐, 사느냐 그것이 문제로다"는 잘 알려진 대사다. 그러나 그가 그런 말을 한 것은 우울해서 목숨을 끊으려고 했기 때문이 아니라 그가 처한 딜레마를 너무나 잘 이해했기 때문이다. 그는 목숨을 유지해 역겨운 불의(아버지의 죽음)를 감내하든가 아니면 불의를 심판하고 이로 인해 그도 희생당해야만 했다. 왕을 죽인 다음에는 그도 온전치 못하기 때문이다.

만일 그가 클로디어스 왕을 죽인다면 이는 결국 자신의 몰락을 의미한다. 그러나 더 큰 정의를 위해 햄릿은 자신의 죽음을 감수할 것이다. 그러나 그는 머리가 좋아 그 뒤에 숨은 음모를 알게 되었다. 복수에 의한 살인이 권력자인 클로디어스의 살해보다 더 정당하다고 누가 말했는가, 그리고 피의 복수를 규정한 고대법이 복수를 신의 손에 맡기라는 그리스도교 교리 위에서 있다고 누가 말했는가.

그러나 아마도 문제는 전혀 다른 곳에 있을 것이다. 피의 복수는 이제 과거의 이야기고 그 누구도 햄릿이 근친 간의 복수를 정말로 시행하리라고 기대하지 않은 것이다. 실수로 햄릿의 손에 죽은 궁정 재상 폴로니어스는 아들인 레어티즈에게 "너 스스로에게 진실하라"고 가르친다. 이런 이야기는 믿을 만한 인격을 가진 사람에게 하는 것이다. 르네상스의 인간은 우리가 자기실현으로 이해하는 개성의 형태가 완전히 발현되지는 못했지만 차츰 이러한 특징을 갖게 되었다. 당시의 가장 중요한 원칙이 바로 "너의 행동이 너 자신과 일치하도록 하라"는 것이라면 어째서 햄릿이 가족 간의 반목으로 손을 더럽혀야 하는가.

고대 비극의 세계에서는 보이지 않는 곳에서 운명이 작용했다. 얼었던 시냇물이 봄에 계곡을 타고 흘러내리듯 정의와 복수가 제자리를 찾는다. 하지만 셰익스피어의 드라마는 이런 고대의 비극과 더 이상 관련이 없다.

햄릿이 자기 실패에 책임이 있는가 아닌가 하는 문제는 아마도 뒤로 밀려났을 것이다. 또 극장 관객의 머릿속에 제기되지도 않았을 것이다. 왜냐하면 햄릿의 상황은 고대 비극에 등장하는 문제거리들과 전혀 관계가 없기 때문이다. 햄릿의 실패는 복합성으로 나타난다. 즉 많은 요소들이 서로 화합하지 못한다. 그는 상황을 이해해야 하고, 혼자서 해결책을 찾아야 한다. 그는 자아실현, 전통(피의 복수), 그리고 신의 심판 사이에서 선택해야 한다. 이렇게 할지 저렇게 할지 스스로 행동해야 한다. 그의 결정은 다 옳을 수 있다. 하지만 어떤 결정이 옳은지 그에게 말해주는 사람은 없다. 햄릿 역시 실패하더라도 운명이 문제를 해결해주지 않는다는 것을 알고 있다(극단적인 경우 그의 죽음을 통해서도 말이다). 이렇게 해서 그는 경계를 넘어 현대로 넘어가는 인물로 간주된다.

인식의 한계를 넘어서 | 몽테뉴

몽테뉴는 프랑스 거상의 아들로 태어났다. 나중에 귀족이 되는 그는 55세에 가문의 유산을 상속받은 후 재야학자로 살겠다고 결심한다. 그는 이 재산으로 도서관을 세우고 글쓰기에 전념한다. 글쓰기의 주제는 그야말로 가능한 모든 것이었다. 정치, 도덕, 인식에 관한 것에서부터 편지 같은 일상적인 글에도 큰 흥미를 가졌다. 또 신대륙의 인디언 같은 타 문화와의 교류에 대해서도 생각했다. 자신의 외모와 성적 취향(기립 자세는 싫다고 했다)까지도 묘사했다. 자신은 끊임없는 비판 자세를 취하고 있으며 기억력이 매우 나쁘다고 고백했다. 그는 이 글들을 모아 1580년 『수상록Essais』을 발간했다.

　몽테뉴가 이 글에 '수상록'이라는 이름을 붙이기 전까지는 에세이라는 장르가 없었다. 그가 이런 제목을 붙인 것은 이 작품을 고정된 장르로 편입시키려고 해서가 아니라 글쓰기를 통한 그의 사색을 말 그대로 시도라고 이해했기 때문이다. 그러므로 이 에세이들은 시도와 실패의 프로젝트이기도 하다. 사색의 실험인 것이다. 불타는 호기심과 겸손함으로 호감을 주는 몽테뉴 특유의 이 작품에는 성공과 실패라는 두 가지 가능성이 있다. 성공과 실패. 몽테뉴는 결정적인 진실을 전파하겠다는 생각은 없었다. 하지만 그는 다양한 주제에 다양한 방식으로 접근하는 것이 가능하다고 말했다. 그리고 혹시 잘못된 결과가 나올지라도 그에 대해 생각해보는 게 옳다고 말했다. 그는 또한 어떤 일에서는 분명히 실수했다고 솔직히 시인했다. 그는 후에 도서관의 들보에 이런 글귀를 써넣게 했다. "Que-sais-je" 직역하면 "나는 무엇을 알고 있는가"이지만 여기엔 이보다 훨씬 중요한 의미, 즉 "내가 확실히 알고 있는 것은 무엇인가"라는 뜻이 담겨 있다.

몽테뉴는 인간이 오류를 범하지 않는다는 르네상스의 낙관주의에 동조하지 않는다. 그는 인문주의자이면서도 회의론자로 사람이 완벽하게 아는 것은 불가능하다고 했다. 인간이라는 존재는 허약하고 불확실하며 많은 실수를 하기 때문에 이 세계에 대한 인간의 견해는 단순한 시도 이상이 될 수 없다는 것이다. 그러나 몽테뉴의 주장대로 인간이 오류 그 자체라면 어째서 그는 그렇게 오랫동안 인생의 주제에 대해 논했는가? 어째서 그는 에세이마다 세계에 대한 수많은 호기심에 찬사를 보냈는가? 어째서 그는 지치지 않고 세계와 자신을 이해하려고 했는가?

몽테뉴는 실수를 통해 배울 수 있다고 믿었다. 인간은 실수를 하는 불완전한 존재이지 무지한 존재가 아니라고 생각했다. 그는 자신의 경험을 통해 인간적 한계에 부딪힌다는 것이 인식의 한계를 뜻하는 것은 아니라고 말했다. 자신의 실수가 다른 사람에게는 도움이 될 수 있기 때문이다. 실수는 무엇이 불가능한지 미리 보여준다. 그는 개인의 실수를 문화와 사회라는 전체적인 시각에서 바라보았다. 개인의 실패가 사회적으로는 큰 이익이 될 수 있다는 관점이었다. 누구나 타인과 자신의 실패로부터 배울 수 있기 때문이다.

그리스의 철학자 테오프라스트는 인간의 이성은 감각의 인지에 의지해 어느 정도의 진실을 설명할 수 있다고 말한다. 그러나 인간의 이성이 최후의 근원적 진리를 찾는 것은 포기해야 한다. 이때 무감각해진다는 것을 알게 된다. 그것은 그의 능력이 불충분하거나 문제의 해결이 불가능하기 때문이다. 사람들도 대부분 이렇게 생각하는 것 같다. 다시 말해 우리의 인식 능력은 대부분의 현상을 올바로 설명할 수는 있다. 하지만 한계가 분명히 있고 이 한계를 넘으려는 것은 오만이라는 생각이다. 이렇게 생각하는 것은 이해할 만하다. 과거 사람들이 이런 생각을 가졌다. 그러나 대체 어디까지가 인식과 우리 정신의 한계라는 것인가? 말하기 어려운 문제다. 우리의 정신은 호기심이 왕성하고 욕구가 강하다. 우리는 왜 50보가 아니라 1000보를 가야 하는가?

이에 대해 다음과 같이 주장한다. 누군가 해결하지 못한 문제는 다른 누군가에 의해 해결되고, 어느 한 세기에 알지 못했던 것들은 다음 세기에 대부분 발견된다는 사실을 경험이 말해준다. 예술과 학문이 창조해낸 모든 것은 그것으로 완전한 형태가 되는 것이 아니다. 마치 곰이 새끼를 끊임없이 핥아줌으로써 마침내 완성된 모습을 갖추게 하는 것과 마찬가지로 계속해서 새로운 형태를 만들고 새로운 창조를 하는 가운데 다듬어지고 매끄러워지면서 차츰 만들어진다. 내 능력으로 해결할 수 없는 문제들이 있지만 나는 계속 이 문제들을 탐구하고 해답을 찾고 있다. 새로운 소재를 끊임없이 손으로 만져보고 주물럭거리고, 흔들어보고 뜨겁게 달구면, 아마도 이것은 나의 계승자(다음 세대)가 더 수월하게 앞으로 나아갈 수 있는 길을 터주는 것이 된다. 그러면 내 계승자도 마찬가지로 그 다음 계승자에게 그렇게 넘겨줄 것이다. 이러한 이유에서 나는 이 어려운 과제를 해결해야 하기에 또한 이 과업을 정복할 수 없는 나의 능력의 한계 때문에라도 탐구 의욕을 잃어서는 안 될 것이다. 왜냐하면 이것이 나의 부족한 점이기 때문이다.

지식에 대한 욕구, 인간이 실수를 통해 배울 수 있다는 그의 믿음은 놀랍다. 더욱 놀라운 것은 그가 이런 깨달음을 통해 인식의 새 지평을 열었다는 사실이다.

　몽테뉴는 인간의 호기심과 야망이 언제나 성공적 결말을 가져오는 것은 아니라고 했다. 그는 그 이면에 어떤 리스크가 있을지 예측했다. 개개인의 잠재적 실패는 사회에 선물로 작용한다고 여겼으며 개인은 실패를 통해 뭔가 다른 것을 시작할 수 있다고 보았다. 이러한 멋진 생각은 중세의 사고방식으로는 따라오지 못할 현대적 자의식의 표현이며 장기적인 안목이다. 인간이 자신의 결점을 인정하고 그것을 죄가 아닌 인식의 수단으로 여긴다면 이 세상을 탐구하는 모험을 감행할 수 있다. 이 세상은 인간이 상상하는 것과는 다르기 때문에 우리가 세상에 대해 논하는 것들이 틀릴 수도 있다. 하지만 몽테뉴는 이 세상을 이해하려는 시도는 비록 실패할지라도 의미가 있다고 말했다. 이런 식의 생각이 없었다면 현대의 학문은 탄생하지 못했을 것이다. 토머스 에디슨은 "전구를 만들기까지 6,000번이나 실패했다"고 말했다. 실패 없이 기술이 발전한다는 것은 불가능한 일이다. 오늘날 학문적 업적을 이룬 연구자도 무의식적으로 다른 학자의 실패를 이용하게 된다. 연구에서 어느 부분이 불가능한지 깨닫는 것은 기계의 기능을 확인하거나 진단을 받는 것만큼 중요하기 때문이다. 관점을 바꿔 다른 시도를 해봐야겠다는 생각을 하기 위해서는 실패해봐야 한다.

　우리가 사는 이 세상에서 실패가 금기 주제 1번이라는 사실이 놀랍지 않은가? 사실이 꼭 그렇지 않더라도 실험이나 이론에 실패하는 것과 인생에서 실패하는 것 사이에는 엄청난 차이가 있다. 우리는 흔히 전자를 개인적인 사건으로 보는 데 비해, 후자는 너무나 위협적인 일로 여긴다.

몽테뉴는 우리가 이 세계를 제대로 경험하기 위해서는 엄마 곰이 아기 곰의 몸을 핥아주듯이 실패를 맛보고 알아야 할 필요가 있다고 했다. 실패는 수백 년 동안 이어진 원죄 개념과는 달리 우리에게 나쁜 결과만 초래하는 것은 아니라고 말했다. 실패한다는 것은 절망과 반대되는 일이며 인간이 이 세상의 진실에 닿을 수 있고, 개인의 역할이 의미하는 바를 이해하는 데 필요한 조건이라고 설명했다. 실패가 없었다면 현대 세계도 존재하지 않았을 것이기 때문이다.

창조적 실패자 | 돈키호테

세르반테스의 소설 주인공 돈키호테는 가난하고 나이 많은 시골 귀족이다. 그의 농장은 여름이면 무자비한 열기가 내리쬐는 거대한 평야 지대 라만차에 있다. 그는 말라빠진 괴팍한 노인으로 대부분의 시간을 기사소설을 읽으며 보낸다. 이 소설은 독서할 시간적 여유가 있는 17세기 귀족 계층을 위해 쓰여졌는데 수백 페이지에 걸쳐 변치 않는 귀족적 가치에 대해 다룬다. 용기, 대담성, 궁정, 사랑. 그리고 그 모든 것 위에 영웅의 명예가 있다. 세르반테스는 이러한 이상을 관객에게 보여주기 위해 화자를 만들었다. 한 기사가 환상적인 모험을 떠난다. 자신의 청혼을 거절한 귀부인의 사랑을 얻기 위해서다. 도를 넘은 비현실적인 일들을 포함한 에피소드가 계속 이어진다. 주인공은 낯선 세계에서 상식으로는 설명할 수 없는 사건들을 겪는다. 이야기는 수십 년간 지속되는데도 주인공은 나이를 먹지 않는다. 이런 모순에도 불구하고 모든 일을 마치 사실처럼 묘사하는 것이 기사소설의 전통이었다.

기사소설은 오락소설에서 유래했다. 이런 복잡하고 이상한 내용을 보고도 독자들이 화를 내며 책을 집어던지지 않은 이유는 당시의 독자들에게 특별한 시점이 없었기 때문이다. 그들은 픽션이 무엇인지 몰랐다. 현실과 허구를 구별할 줄 몰랐다. 현실이 아니면서도 현실처럼 묘사할 수 있다는 것을 당시의 사람들은 알지 못했다. 픽션과 현실을 구별하고 이것을 유럽의 문화적 의식 속에 뿌리 내리게 한 최초의 소설이 세르반테스의 『돈키호테』다. 세르반테스는 소설 속의 주인공을 통해 그들이 책에서 읽은 내용이 허구라는 사실을 보여준다.

책에서 읽은 마법 같은 이야기들, 즉 고통과 전투, 도전, 상처, 사랑의 밀어들과 연애, 가능치도 않은 갖가지 일들로 머릿속이 가득 차버린 것이다. 그는 책에서 읽은 몽환적인 이야기들이 진실이라고 생각했으며 이 세상에서 이보다 더 확실한 이야기는 없다고 확신하기에 이르렀다.

스페인의 귀족 돈키호테는 그가 읽은 기사소설에 나오는 주인공의 놀라운 행동에 매혹되어 자신도 기사가 되겠다고 나선다. 그러나 이 시도는 우스운 결과만을 가져온다.『돈키호테』가 발표된 후에 사람들은 현실과 허구의 세계 사이에 엄청난 괴리가 있다는 사실을 알게 되었다. 그러나 소설 속의 주인공인 돈키호테는 이야기의 마지막까지 그것을 구분하지 못한다. 그가 소설에 나오는 것처럼 벌어지리라 기대했던 모험이 현실 세계에 없다는 것을 알지 못했던 탓이다. 16세기 후반의 사회는 전혀 다른 가치들로 채워져 있었다. 이 가난한 귀족이 뚱뚱한 하인 산초 판사와 돌아다니며 난리법석을 떤 라만차 지방은 귀족의 미덕에 관심이 없었다. 이곳 사람들에게 중요한 주제는 돈키호테가 소설에서 본 허풍과 거리가 멀었다. 라만차는 상인들의 세계였다. 스페인의 황금시대가 저물어가는 중이었고 북유럽의 영국과 네덜란드가 그 권력을 이어가던 때였다. 역사적으로 불안했던 변화의 시대에 그는 현실과 완전히 유리된 행동을 했다. 환상의 세계로 도망친 것이다.

기사가 되기 위해 그는 우선 이름을 바꾸었다. 원래 그는 알론조 키하나 또는 키하다 혹은 케사다라고 불렸는데 돈키호테라고 직접 이름을 지었다. 소설 속의 화자는 그의 정확한 이름은 알려지지 않았다고 밝힘으로써 이 주인공이 현실에서는 기억될 만한 특이한 점이 하나도 없는 인물이라는 걸 암시한다. 현실의 그는 영웅이 아니었다. 그러나 돈키호테 자신은 이런 사실을 전혀 알지 못한다. 기사에게는 말과 무기와 여자가 필요하다는 사실 외에 그가 알고 있는 일은 없었다. 비루먹었긴 해도 말이 한 마리 있었는데 그는 이 늙고 피곤한 말에게 순종 혈통이 되라는 희망으로 로시난테라는 이름을 붙여준다. 그리고는 오래된 부품들을 조립해 무기를 만들었다. 투구는 마분지로 만든 헬멧으로 대신한다. 하지만 돈키호테로 하여금 모험을 떠나게 만들 만큼 아름다운 여자가 없었다. 결국 뚱뚱한 이웃집 처녀가 이 역할을 대신하게 된다. 기사소설의 모든 인물들이 현실 세계에서라면 쓰지 않을 미화된 이름으로 불리듯이, 이 뚱뚱한 처녀도 돌시네아라는 예쁜 이름을 얻었다. 이렇게 채비를 마친 돈키호테는 그 누구도 믿지 않는 이상을 세상에 펼쳐 보이기 위해 '달리는 기사'가 되어 길을 나섰다.

물론 돈키호테는 실패에 실패를 거듭했다. 전투에서 지고, 풍차와 싸우고, 조롱 당하고, 얻어터지고, 스스로 말썽을 자초하고 다른 이들을 위험에 빠뜨렸다. 징조가 벌써 틀렸는데 실패하지 않을 리가 없다. 그는 술집을 성으로, 그곳의 매춘부들을 성의 안주인으로 여긴다. 부패한 술집 주인을 성주로 모셔 인사를 하니 사람들은 장난으로 그에게 기사 작위를 수여한다. 물론 그가 받은 명예에는 반대의 뜻이 담겨 있다. 돈키호테에게 이 일은 실추된 명예를 의미한다. 돈키호테는 현실에서 실패한다. 이 세계는 요상한 이름의 여자가 자신을 구원해줄 기사를 기다리고 있는 무시무시한 숲이나 괴물의 세계가 아니다. 현실은 누구나 자기 잇속만을 생각하며 틈나는 대로 서로 속고 속이는 곳이다.

돈키호테는 자신만의 세계를 창조한다. 그리고 그 세계 안에서 주체적으로 자신의 정체성에 따라 살고자 한다. 그러나 그는 실패한다. 라만차를 지나는 선량한 여행객들을 상대로 싸움을 걸 때마다 그는 말에서 굴러 떨어지고 얻어맞는다. 바로 이런 점에서 돈키호테는 우리에게 가장 끔찍한 유령이 된다. 우리들 역시 언제나 용기백배해서 꿈에서나 가능할 법한 존재가 되려고 하지 않는가.

계몽주의자의 주장 | 루소

돈키호테의 환상이 깨지고 약 100년 후, 계몽주의 철학자들은 어리석음 때문에 인간이 겪는 실망에서 우리를 보호할 만한 특성을 발견한다. 바로 이성이다. 계몽주의는 모든 인간이 이성을 가지고 태어난다고 선언함으로써 인간이 완벽하게 계획적으로 생각하고, 행동하고, 느낄 수 있다고 믿었다. 전 인류가 원죄라는 억압적 유산에 집단으로 갇혀 있는 시대는 지나갔다. 선악과는 더 이상 존재하지 않았다. 사람이라면 누구나 원하는 대로 배울 수 있고 또 배워야 했다. 개인적 경험도 그랬다. 삶에서 다른 것을 기대하고 그 때문에 행동하는 것을 더 이상 불온하게 보지 않았다. 오히려 그렇지 않은 것을 비이성적인 행동으로 여겼다. 현세가 천국은 아닐지라도 미래는 언제나 밝은 것이었다. 이런 현상은 도덕적으로나 물질적으로 또 인식론적으로도 멈출 수 없는 진보였다.

이성을 가진 한 인간은 지식을 통해 이 세계에 적응할 수 있게 되었다. 우주를 탐구하고, 자연의 법칙을 알게 되었다. 신은 더 이상 벌을 주는 독재자가 아니었다. 계몽주의의 신은 자비로웠고, 인간에게 신을 섬길 수 있는 능력을 내렸다. 신은 그의 창조물인 인간이 자신이 창조한 이 세계를 발전시키는 모습을 흐뭇하게 지켜보았다. 당시 사람들의 눈앞에 갑자기 미래가 펼쳐졌다. 그것은 수많은 가능성을 지닌 세계였다. 계몽주의를 통해 빅뱅이 일어난 것이다. 사회뿐 아니라 개인의 삶도 달라질 수 있고 나아질 수 있다는 생각이 팽배해졌다. 현 시대가 계몽된 시대인가라는 질문에 칸트는 "계몽주의의 시대라고는 할 수 있다"고 대답했다. 당시의 시대는 진보의 과정이라고 간주되었다. 아직 이상적 상태에 도달하지는 못했지만 그 상태에 도달할 수 있는 방법을 알고 있는 시기였다. 정치적 개혁과 교육, 자연과학의 탐구와 비판이라는 도구를 통해서다. 계몽주의의 수평선에는 무한대의 진보와 개인적, 정치적 자유가 있었고 이제 개인은 현세에서 행복해질 수 있었다. 밝은 미래를 보며 목표를 세우는 삶이 점차 의미를 더해갔다. 목표를 이룰 수 있게 된 것이다.

17, 18세기에 중상류층에 퍼진 낙관주의는 거칠 것이 없었다. 머지않아 사람들은 자신의 가능성을 발견해 이를 실현하고 교육과 자기인식을 통해 스스로를 완벽하게 만들 것이다. 사람들이 이보다 더 좋을 수 없다고 여겼던 계몽주의 사회는 충고자이자 계획자로서의 역할을 담당한 이성을 통해 생성되었다. 사회의 열기가 뜨거워진 것도 당연한 일이다.

인간의 이성을 신뢰한 계몽주의는 그리스도교가 불경스럽다고 간주했던 현실적인 삶의 기쁨을 허용했다. 행복은 시대의 화두가 되었다. 계몽주의 덕분에 사람들은 체념하는 대신 자기만족과 자아실현을 성취하기 위해 나아갈 수 있었다. 당시 철학자들은 인간의 존재 이유가 감각을 누리고 충만한 삶을 살기 위한 것으로 보았다. 인간의 행복을 고취시키는 사회적 조건을 마련하는 것이 자신들의 과제라고 여겼다. "행복은 유럽의 새로운 사상"이라고 자코뱅당의 지도자인 생 쥐스트는 말했다. 그는 프랑스혁명을 통해 인간의 행복 또는 사람들이 생각하는 행복이 때로는 폭력으로 얻을 수 있다는 것을 보여주어 당대 사람들을 놀라게 했다. 동지인 로베스피에르가 주장했듯이 이런 생각이 그리 새로운 것은 아니다. 이미 플라톤이 인간의 삶의 목표는 행복이고 덕을 이성적으로 활용하면 행복해질 수 있다고 했기 때문이다. 반면 아리스토텔레스는 덕만으로는 충분치 않으며 건강, 돈, 명예가 따라야 한다고 주장했다. 또한 스토아 학파는 병들고 가난한 사람도 행복할 수 있다고 했다. 하지만 계몽주의 시대에 와서야 비로소 행복은 전 사회의 목표가 되었다. 행복할 권리는 헌법에 명시되기에 이르렀다. 이 내용은 1776년 미국의 독립선언문과 13년 후 프랑스혁명의 전야에 발표된 인권선언문에 들어 있다.

계몽주의자들이 생각하는 인류 행복의 조건은 미덕이었다. 모든 인간이 이성적 도덕의 명령에 따른다면 종국에는 모두가 행복해진다는 것이다. "네 의지의 준칙이 언제나 동시에 보편적 입법의 원리가 되도록 행위하라"는 칸트의 정언명령은 도덕적인 행동을 이성적인 행동이라고 말한다. 또한 타인에게 거짓말하거나 속이고 그 외의 방법으로 피해를 주지 않는 것이 모두를 행복하게 하는 길(또는 당시 말로 "행복의 축복"이라고 했음)로 보았다.

계몽주의자들은 정치적 개념뿐 아니라 개인의 행복한 삶에 대해서도 논했다. 완벽하게 행복한 삶을 살기 위해서는 사회적으로나 개인적으로 모두 만족해야 했다. 그러므로 도덕과 이성뿐 아니라 인간의 성품 가운데 낮은 것에 속하던 부분도 가치를 갖게 되었다. 바로 감정과 육욕이다. 남녀 간의 사랑 역시 사회 전체의 행복을 위해 필요한 도덕이 되었다. 이성 간의 행복이 가정의 행복을 가져온다고 생각했기 때문이다.

사랑이라는 기이한 현상에 현대인은 인생의 반을 소비한다. 환상의 날개를 달고 오락 산업을 일으키는 사랑이 없다면 여성 잡지 등은 팔리지도 않을 것이다. 최근 들어 심리학자와 생물학자까지도 연구의 대상으로 삼고 있는 이 사랑은 1750년까지만 해도 대부분의 인간에게 별 볼일 없는 것으로 간주되었다. 최소 몇주 동안 우리를 골몰하게 만들고 속을 울렁거리게 하고 호르몬을 엉망진창으로 만드는 낭만적 감정. 고대에는 이 같은 사랑의 감정을 정상적인 상태의 반대편에 놓았다. 젊은이들에게 발작처럼 발생했다가 쉽게 사라지는 일종의 정신병이라고 생각했던 것이다. 비이성적이며 일상의 질서를 어지럽히는 것으로 사랑을 정의했던 사람들은 사랑에 족쇄를 채우는 문화를 만들어나갔다. 사랑은 문학이 되거나 연극이 되어 무대에 올려졌고, 지루함을 해소하기 위한 하나의 도구로 귀족들의 사교놀이가 되었다. 그들은 사랑의 규칙마저 학습할 수 있는 것으로 생각했다(사랑을 하려면 주고 받을 수 있는 낭만적인 언어들을 알아야 했다).

1750년 이전에는 그 누구도 사랑이 인간의 행복을 위한 보편적 수단이 될 수 있다고 주장하지 못했을 것이다. 그러한 사회에서는 사랑해서 결혼한다는 것도 이해하기 힘든 일이었을 것이다. 남은 생을 다른 사람에게 묶어 두어야 하는 결혼이 어째서 이런 무책임한 상태를 동기로 삼아야 하는가. 사랑은 비이성적이고 덧없는 것이므로 지속성을 추구하는 결혼이라는 제도와 연관지어서는 안 된다고 생각했다. 전통사회에서 가정은 국가를 이루는 가장 작은 단위로서 오래 지속되어야만 했다. 개인의 정체성과 후대의 사회적 존립은 바로 가정의 안정에 좌우되었다. 이렇게 중요한 가정을 사랑과 같은 불확실한 현상의 손에 맡겨서는 안 된다고 생각했던 것이다.

계몽주의는 이러한 사회를 급변시켰다. 이제는 더 이상 인간의 본성을 잠재적 실패 요인으로 여기지 않았다. 이성, 감각, 지각능력은 삶을 최상으로 만드는 데 중요한 가치가 되었다. 순수한 영혼이 아니라고 했던 재미, 오락, 욕구, 육욕, 기쁨, 이 모든 아름다운 일상적 현상이 삶 그 자체이며 우리의 인생을 살 만한 것으로 만든다고 여겼다. 이제는 인간의 본성이 더없이 높게 평가되었기 때문에 인간은 이성과 감정의 조화를 이룰 수 있다고 믿었다. 인간이 이성적인 한계를 벗어나지 않는다는 전제에서는 사랑이라는 것이 질서를 해치는 위협적인 존재라고 볼 필요가 없었다. 당시에 쏟아져 나온 문학 작품들은 이러한 풍조가 어떻게 진행될 것인가에 관해 물음을 던졌고, 곧 몰아닥칠 감정의 홍수와 비이성적인 사랑의 광풍을 경고했다. 또한 유럽 역사상 최초의 세대 갈등도 불거졌다.

어머니들이 허리를 꼿꼿이 세우고(나이 들고 병든 이들만이 기댈 수 있었음) 의자에 앉아 있는 반면, 딸들은 오후 늦게까지 소파에서 빈둥거리며 연애소설을 읽고 낭만적인 감정에 대해 상상했다. 코르셋은 숨쉬기가 불편했기 때문에 그들은 실내복을 입고 있었다. 이미 출가한 딸은 집에 와서 여동생들을 쓰다듬어주고 가끔씩은 엄마처럼 입맞춤도 해준다. 옆방에서는 두 가문의 아버지가 마치 기업가처럼 혼인을 거래하고 있다. 시대의 상징이 변했다. 더 이상 아버지가 명령하는 삶에 따르지 않기로 결정하고, 사랑하지 않는 사람과는 결혼하지 않겠다고 말하며 딸들은 반란을 일으켰다. 이제 이들은 행복해지려고 하는 것이다.

삶의 기쁨에 대해 새로운 가치를 발견할 수 있게 된 데에는 영국의 철학자 존 로크, 데이비드 흄, 조지 버클리의 역할이 컸다. 그들은 인간이 감각을 통해 세상을 포착하고 그것을 경험한다고 설명했다. 영국의 경험주의자들은 이전에 그토록 불신하며 동물적이라고 여긴 감정의 가치를 절상시켰다. 이성의 한도 내에서 호기심을 가지고 욕구를 충족시키고 삶의 기쁨을 누리는 것이 허용되었다. 감정은 인간의 특성 중 하나로 당당히 받아들여졌다. 그러나 당시의 사람들은 의심의 눈초리를 거두지 못했으며 감정을 이성보다 하등한 것으로 여겼다.

　　장 자크 루소는 이러한 서구인들의 우려를 일거에 격파하려 했던 인물이다. 그는 감정이 이성보다 더 나은 판단을 할 수 있다고 주장했다. 이것은 너무나 혁명적인 생각이어서 동시대인들은 그의 말을 거의 이해할 수 없었다. 가끔 우리의 감정이 직관적으로 옳은 결정을 내릴 수 있다는 믿음이 지금은 아무렇지도 않다. 지금의 학자들은 루소의 청천벽력과 같은 주장을 증명할 연구를 하고 있다. 인간이 이성과 전혀 관련이 없는 결정을 내릴 수 있다는 것을 과학적으로 증명하려는 시도다. 예를 들어 신경생물학자들은 감정이 뇌의 일부분에 프로세스화되어 있는 것으로서 우리는 눈 깜짝할 사이에 결정을 내릴 수 있다고 한다. 생화학자들은 인간의 호르몬 수치가 높아지면(이 때문에 이성적인 생각을 할 수 없게 되면) 상대방으로부터 좋은 냄새가 난다고 생각한다는 연구 결과를 내놓았다. 이것은 계몽주의 시대에 분별없는 사람들이 꾸며대던 말과는 큰 거리가 있다. 물론 루소는 과학자가 아닌 철학자의 입장에서 주장했다. 그러나 그가 언급했던 것들은 지금의 생화학자들과 신경생물학자들이 실험을 통해 실제라고 증명해내려는 바로 그것이었다. 감정은 이성이 알 수 없는 것을 알고 있다는 생각이었다.

　루소가 당시 사람들의 자아인식에 미친 영향은 엄청났다. 이 점은 오늘날도 크게 다르지 않다. 제네바에서 시계공의 아들로 태어난 루소는 어린 시절 친척집에서 자라다가 15세가 되자 고향을 떠났다. 루소는 자서전 『고백록 Confessions』에서 그때의 일을 이야기했다. 능수능란하게 언어를 구사했던 그는 당시 상황을 박진감 있게 묘사했다. 가진 돈도 없었고 학교 교육을 비롯한 어떤 교육도 받지 않은 젊은 루소는 다행히도 그의 구원자가 된 바랑 남작 부인을 만난다. 그녀는 당시 29세였고 애인 때문에 남편을 떠나 혼자 살고 있었다. 부인은 청교도 청년들을 가톨릭으로 개종시키겠다는 목표를 가지고 있었다. 루소는 10년 동안 그녀와 함께 했고 가톨릭 신자인 부인을 통해 학문과 음악을 배웠다. 성년이 되자 루소는 그녀의 애인이 되었다. 30세가 되던 해 루소는 파리로 간다. 거기서 그는 『백과전서 *Encyclopédie*』를 출판한 디드로를 만났다. 『백과전서』는 새로 탄생한 이성의 시대에 맞게 이 세계의 모든 지식을 한데 추린 계몽주의의 역작이었다. 루소는 음악에 관한 글을 몇 차례 썼다. 또 루이 15세의 궁정에서 오페라를 작곡하며 궁정 음악가로서 고위직을 맡을 좋은 기회를 얻었다. 하지만 루소는 궁정 음악가가 되는 대신 계몽주의의 불한당, 낭만주의의 창시자가 되었다. 그는 37세 때 인류에게 문화가 어떤 의미를 갖는지에 대해 천착한 논문 「학예론」을 발표한다. 루소는 여기서 서양의 전통 지식을 뒤엎는 유명한 가설, "문화는 이 세계를 발전시키는 것이 아니라 인간을 타락시킨다"를 주장했다.

루소는 수십 년 동안 사회정치적 논문, 교육서, 연애소설, 자서전 등에서 이것을 줄곧 주장했다. 그는 감정과 본성을, 이성과 문화를 연결지어 생각했다. 그는 감정과 본성이 인간의 선함을 구체화시키는 반면 이성과 문화는 도덕적 타락을 구체화한다고 주장했다. 그에 따르면 인간은 때묻지 않은 좋은 감정과 본성을 가지고 태어나지만 살아가면서 문명화된 교육을 통해 점차 타락한다는 것이다. 많이 배우고 생각할수록, 감정을 더 잘 통제할수록, 인간은 본성에서 멀어지고 혼란스러워진다고 생각했다. 사회의 안정을 위해 그가 마지막으로 주장한 것은 지배자 없는 정치, 교사 없는 교육, 문화 없는 도시, 교회 없는 신앙, 선호 취향 없는 미, 수사학 없는 언어였다. 이러한 과격함은 그가 반기를 들었던 프랑스 상류층만큼이나 무서운 것이었다.

루소가 의식한 것은 인간의 감정에 그 나름의 가치와 진실이 있다는 점이었다. 여기에는 의심의 여지가 없다. 누군가 기쁨을 느끼면서 이것이 정당한 느낌인지 의심하고 물을 필요가 없기 때문이다. 누군가 슬퍼한다면 그는 자신이 슬프다는 사실을 부인할 수 없다. 감정은 느껴지는 그 자리에 있는 것이고, 느낄 수 없다면 그저 없는 것이다. 루소는 좀더 나아가 감정은 항상 옳다고 말했다. 그의 말대로라면 "네 느낌이 틀렸어"라는 말은 잘못된 것이다. "나는 너를 사랑하지 않아"라고 말하는 사람에게 "내가 얼마나 아름답고 재능 있고 착하고 부유하고 사랑스러운지 한번 보란 말이야"와 같은 반박은 전혀 소용 없는 것이 된다. 루소는 감정이라는 세계가 지닌 엄청난 잠재력을 인식하고 있었다. 감정은 언제나 옳았다. 인간의 감정은 감정 이상도 이하도 아니기 때문이다.

감정이 우리를 잘못된 방향으로 이끌더라도 치명적이지 않다고 루소는 말한다. 왜냐하면 감정이 표현하는 모든 것은 항상 솔직하고 마음에서 나오는 것이기 때문이다. 감정이 말하는 것은 언제나 사실이다. 사람이 정말 무엇인가를 느낀다면 이 느낌은 진실한 것이다. 감정이 말하는 것은 의심할 수 없다. 그러므로 감정은 도덕의 관점에서 볼 때 최소한 이성보다 훨씬 우월하다는 것이 그의 주장이다.

루소는 감정을 통해서만 표현할 수 있는 것이 존재한다는 걸 보여줬다. 내면의 소리를 들을 수 있는 자는 자기 안에 있는 새로운 인간을 발견할 수 있다. 인간의 느낌은 의심할 나위가 없는 것이기 때문에 인간과 세계에 대한 인식은 전부 느낌에서 시작한다고 그는 주장했다. 유럽에서는 루소를 시작으로 주관적 진실과 개인이 느끼는 현실 세계라는 완전히 새로운 경험의 지평이 열렸다. 이제 "나는 사랑해(이왕이면 '우리는 서로 사랑해')"라고 말할 수 있게 되었다. 그 무엇도, 누구도 이를 바꿀 수 없었다. 전통도 가족도 인습도 끼어들 여지가 없었다. 이제 감정이 인간을 지배했다. 애인들은 서로 노력해 자신들만의 장밋빛 미래를 만들 수 있었다. 그러나 확실하다는 믿음은 거짓이었다. 사랑하는 두 사람은 그들의 감정이 항상 옳지만 영원하지 않다는 것을 곧 알아차리게 되기 때문이다.

잘 알려진 대로 호르몬 수치 때문에 이성을 사랑하는 여자는 없다. 호르몬 수치는 첫눈에 끌어당기는 매력이 될지언정 러브스토리가 되지는 않는다. 지속적인 의미를 만들려면 열정이 사랑으로 바뀌어야 한다. 그리고 마음(루소)을, 호르몬(생화학자)을 움직였던 감정이 영원히 지속되어야 한다. 처음 만나 얼굴이 붉어지고(18세기), 함께 열정적인 밤을 지내고(21세기),

그러고도 감정이 지속된다면 그 다음으로는 함께 여행가서 사진을 찍고, 아주 개인적인 (아름답거나 부끄러운) 별명을 붙이고, 함께 여가를 보내고, 집을 꾸미고, 아이를 키우고, 위기를 극복한다. 이런 일은 대부분 동시에 일어난다. 고대인들도 이미 이런 사실을 알고 있었다. 정상적 상태에서는 열정적 감정을 갖기가 매우 힘들었다(그러나 고대에서는 열정이 정상적 상태에 의해 위협받는 것이 아니라 정상적 상태가 무질서의 열정에 의해 위협받는다고 보았다). 함께 여행가고, 함께 살고, 서로에게 맞추려는 노력은 감정이 신호를 보내는 것으로 주변의 충고와 관계없이 실패할 수 있다. 친한 친구들 간에도 언제나 감정이 일치할 수는 없기 때문이다. 그렇다면 18세기 낭만주의 사랑은 어떻게 되었는가? 인간이 행복을 누릴 권리와 사랑에 의한 결혼에 눈을 뜨자마자 19세기 시민법은 역사상 최초로 이혼법에 대해 진지한 논의를 시작했다. 낭만적 사랑을 통해 실패가 민주화된 것이다. 남자든 여자든 누구나 사랑할 수 있었다. 이성은 인구의 절반만 가지고 있는 것이라고 할 수 있으나, 감정은 그렇지 않기 때문이다. 여자들도 사랑에서 성공하거나 실패할 수 있었다. 큰 기대나 실망, 달콤한 미래나 비참한 현실, 바로 이 사랑의 세계에서 여자들은 커리어를 쌓거나 실패했다. 대부분의 여자들에겐 직업상의 실패가 없었기 때문이다. 여자뿐 아니라 모든 사회 구성원에게 사랑에서 얻는 행복은 이룰 수 있는 것이었고 또 실패할 수도 있는 것이었다. 이는 문학 작품에 잘 나타나 있다. 피에즈 쇼데르로스 드 라클로의 『위험한 관계』는 프랑스의 한 귀족이 경험한 불행한 사랑에 대한 이야기다. 새뮤얼 리처드슨의 『파멜라』에서는 한 하녀가 유혹에 빠져 영원히 구원받을 수 없는 위험에 빠진다. 그리고 괴테의 『젊은 베르테르의 슬픔』에서는 가슴이 찢어지는 사랑을 경험하는 독일 시민계층의 한 청년이 등장한다.

비극적 실패 | 안톤 라이저

감정에는 옳고 그름이 있을 수 없으며, 특히 이 감정이 격정적인 것으로 나타날 때에는 더욱 그러하다는 것을 루소는 보여줬다. 이로부터 사람들은 사랑뿐만 아니라 전체적인 인생계획을 세울 수 있게 되었다. 자신의 감정을 믿을 수 있다면, 미래에 대해 큰 기대를 할 수 있기 때문이다. 처음에는 상상력만 있으면 되었다. 명예를 얻을 수 있다는 희망으로 살아갈 수 있었고, 느끼고 희망하고 꿈꾸는 것에 미래의 열쇠가 있다고 믿었다. 한번 무언가를 바라기 시작하면 상상은 불가능한 것을 넘어 점점 확대된다. 환상 속에 세우는 공중누각은 하늘 높은 줄 모르고 올라간다. 비록 현실에서는 희망의 싹이 없을지라도 상상은 누구나 할 수 있었다. 가난하고, 배우지 못하고, 사랑받지 못하고, 기회가 없는 사람도 성공을 꿈꿀 수 있었다.

만일 젊고 재능이 있지만 가난한 한 청년이 이러한 결핍을 딛고 자신이 꿈꾸는 곳에 언젠가 도달하겠다는 목표를 가지고 있다면, 청년에게 이보다 더 즐거운 것이 무엇이겠는가? 18세기 후반에 나온 한 소설은 소망과 현실 사이에서 반은 희망사항이고 반은 고군분투해 얻은 성취에 대해 이야기한다. 바로 카를 필리프 모리츠의 『안톤 라이저』다. 야심을 가지고 있으면서도 실패에 대한 두려움으로 고통받는 지적인 젊은이의 운명은 계몽주의의 가벼운 낙관주의를 퇴색시킨다. 그는 "행복은 자기 손에 달렸다"는 간단한 공식의 비극을 보여준다. 소설의 주인공인 안톤은 그의 앞에 놓인 엄청난 시련과 장애물을 이겨내고 사회적 성공을 이룬다. 그를 성공으로 이끈 힘은 바로 성공에 대한 그의 열망이었다. 즉 이 소설은 성공 스토리다. 그러나 한편으로는 매우 슬픈 이야기이기도 하다. 안톤은 야심 때문에 단 한 번도 자기 자신에게 만족하지 못한다. 그의 계획은 전부 실패한다. 현실에서 실패하지 않으면 그의 기대 속에서 실패한다. 명예를 얻고자 하는 불타는 열정 때문에 그는 점점 더 깊이 절망한다. 이 소설이 작가 모리츠 자신의 실제 이야기라고 할지라도 작품 전체에서 그리고 있는 불행한 삶의 무게가 덜어지는 것은 아니다.

안톤은 가난하지만 신앙심이 깊은 엄격한 부모 밑에서 자란다. 부모의 결혼 생활은 행복하지 않다. 아들은 작은 일에도 심하게 야단맞거나 아예 무시당하기 일쑤다. 부모 밑에서 지내는 삶은 '불만족, 분노, 눈물, 탄식' 그 자체다. 일곱 살 무렵 중병을 앓다가 겨우 목숨을 건진 안톤은 그 후에도 종양 때문에 다리 하나를 절단해야 할 위기에 처한다. 어머니는 눈물을 흘렸고 아버지는 안톤에게 2페니히를 주었을 뿐이다. 그가 거의 포기하려고 할 때 같은 마을에 사는 마음씨 좋은 구두수선공이 준 연고를 바르고 병이 낫는다. 그 덕분에 수술을 피할 수 있게 된 것이다.

12세가 되어 안톤은 그토록 바라던 소망을 이룬다. 시내 공립학교에서 라틴어 수업을 듣게 된 것이다. 그는 공부에 매진해 곧 반에서 최고가 된다. 다른 사람의 관심을 원했지만 이제껏 누구에게도 인정받지 못하던 그는 이제 출세할 수 있을 거라고 생각한다. 하지만 학교에서 집으로 돌아오면 현실이 그를 억압한다. 그의 어머니는 우물에 가서 물을 길어 오라고 하거나 장 보는 일을 시켰다. 물 긷는 일이야 하인이 할 일이고, 장을 보는 것은 여자들의 일이었기 때문에 그는 매번 굴욕감을 느꼈다. 변하지 않는 현실은 그의 꿈을 무참히 짓밟았다.

안톤이 학교에서 경험하는 작은 성공들과 집에서의 쓰라린 기억들은 마지막까지 이 소설을 끌고 나가는 비극적 복선이다. 성공하고 인정받을 가능성이 너무나 적었기 때문에 그는 언제나 극단적인 계획을 세워야 했다. 그가 세우는 계획은 그의 실제 삶보다 언제나 컸다. 현실에서 벗어나 판타지의 세계로 날아가는 것말고는 달리 방도가 없었기 때문이다. 현실과 너무 멀리 떨어진 꿈은 그만큼의 실망을 안겨줬다. 현실이 다시 그를 잡아끌면, 출세와 명예에 대한 갈망은 더욱 커졌다. 이러한 갈망은 다음 꿈이 깨질 때까지 그를 밀어붙였다. 지각 아래의 진동을 표시하는 지진계처럼 안톤은 언제, 얼마나 많은 관심을 받았고 또 야단을 맞았는지 기록해나갔다. 라틴어 문장을 잘 써서 칭찬을 받아도 그는 다른 일로 꾸중을 듣지나 않을까 두려워했다. 그는 미래의 큰 성공을 그리며 이런 두려움을 애써 몰아냈다.

안톤의 부모는 결국 그가 학교를 그만두게 한다. 줄곧 유명한 학자가 되는 꿈을 키워온 그에게는 엄청난 비극이었다. 그가 꿈꾸었던 것처럼 훌륭한 책을 쓰거나 세계를 놀라게 할 강의를 하는 대신 안톤은 하노버에 가서 모자 만드는 법을 배워야 했다.

로벤슈타인이라는 건장한 남자는 새로 온 실습생에게 상냥하게 대하면서 특별대우를 해준다. 그러나 얼마 지나지 않아 상황은 달라진다. 광적인 경건주의자인 그 남자가 점점 자존심이 높아지는 안톤에게서 갑자기 악마의 기질을 발견하고는 그에게 가장 어려운 일들을 맡겼기 때문이다. 안톤은 한밤중에 뜨거운 염색 솥 단지에서 검게 염색한 모자를 건져와야 했다. 그리고는 얼어 있는 강을 깨서 그 얼음물에 손이 부르트고 피가 날 때까지 모자를 빨아야 했다.

일요일이면 안톤은 교회에 갔다. 교회에서 듣는 이야기들에 감동을 받은 그는 목사님의 설교를 받아 적기 시작했다. 그의 행동에 깊은 인상을 받은 목사는 안톤이 장학금을 받아 학교에 다닐 수 있도록 주선한다. 안톤의 아버지는 아들이 학교에 가도 좋으나 자신은 돈 한 푼도 줄 수 없다고 말한다. 그러나 장학금은 수업료만 나왔기 때문에 그는 생활비 문제를 해결해야 했다. 사정을 알게 된 안톤의 후견인은 그에게 방세를 내지 않아도 되는 숙식처를 제공한다. 이것은 굴욕적인 일상의 시작이었다. 숙소라는 곳은 차가운 골방(방의 구석이라고 해도 좋았다)이었고 밥을 먹을 때면 주인집 식구들이 그가 몇 번이나 포크질을 하는지 유심히 관찰했기 때문이다. 현실에서 도피하고 싶을 뿐인 안톤은 다시 출세의 꿈을 꾼다.

안톤에게는 이러한 현실에서 살아남을 수 있도록 해주는 희망이 필요했다. 그의 기대와 달리 현실이 힘들어질수록 스스로 하는 약속은 커져만 갔고 그에 따라 실망도 늘었다. 그는 원대한 꿈속으로 도피했을 때에만 열등감이 사라지는 걸 느낄 수 있었다. 악순환의 연속이었다.

상급생이 된 안톤은 영국 여왕의 생일 기념사를 할 기회를 얻는다. 영광스러운 이 일로 인해 지위 높은 사람들이 그를 집으로 초대하고, 길에서 만난 사람들이 그에게 인사를 하고, 학급 친구들은 그를 다른 눈빛으로 대하기 시작한다. 도시 전체가 그가 쓴 연설문을 읽었고 그 아래에 박힌 라이저루스라는 이름을 읽었다. 그의 이름인 라이저의 고상한 라틴어식 표기였다.

하지만 정작 기념사를 읽을 영광스러운 날, 청중들은 안톤이 예상한 것보다 훨씬 적었다. 폭풍우가 몰아쳤기 때문이다. 환상 뒤에 다시 꿈이 깨졌다.

근면과 불굴의 의지 덕분에 안톤은 상급 교육을 받게 되었다. 18세기 당시, 교육은 지위의 상징이었다. 그는 점점 세상의 주목을 끌기 시작했다. 연극배우가 되어 성공하겠다고 결심한 그는 햄릿, 리어 왕, 괴테의 클라비고 역을 맡는 꿈을 꾼다. 삶의 절반을 판타지 속에서 보낸 그가 무대로 가겠다는 결심을 한 것은 어찌 보면 당연한 일이다. 출세해서 박수갈채를 받겠다는 그의 소망이 무대 외에 또 어디서 이뤄지겠는가. 하지만 그는 실패한다. 연극배우 무리를 따라다녔건만 작은 역할이나마 반드시 맡기겠다고 약속했던 감독은 그에게 등을 돌렸다. 안톤은 빈손으로 집에 돌아온다. 한동안 에어푸르트에서 공부를 했지만 그는 배우에 대한 환상을 접지 못했다. 다시 배우들 무리에 끼게 되지만 이번에는 감독이 극단의 물품을 모조리 팔아 넘기고 돈을 챙겨 사라져버렸다. 극단은 빈털터리가 되고 그의 계획은 다시 수포로 돌아간다. 이야기는 여기서 끝난다.

현실에서는, 즉 카를 필리프 모리츠의 실제 삶에서는 이야기가 성공적으로 진행된다. 고등학교 교사, 베를린의 유명한 예술 아카데미 교수, 명성 높은 프로이센 학회의 회원이 되더니 궁정학회의 회원까지 된다. 전설적인 성공과 명예가 36세를 일기로 세상을 뜨기 전까지 모두 그의 차지가 되었다. 그러나 안톤 라이저의 실제 배경에 대해 안다 할지라도 이 소설은 우리에게 아무 해결책도 주지 못한다. 이 이야기는 해결책 없는 갈망만을 말하고 있기 때문이다. 안톤의 출세욕이 너무 큰 나머지 현실은 언제나 성냥개비로 지은 집처럼 쉽게 무너진다. 환상 속에서 그는 어디로든 올라갈 수 있었다. 그러나 현실에서의 그는 계속 아래로 떨어질 뿐이었다. 안톤은 한계에 부딪힌다. 그는 이런 상황을 견디지 못하고 병적인 열등감에 시달린다. 이 소설은 냉정한 거리를 유지한 채 주인공의 끝없는 감정기복을 묘사한다. 작가는 바닥에 이른 영혼을 흔들림 없는 눈으로 직시한다. 그 묘사는 너무 적나라해서 때로는 더 이상 읽고 싶지 않다는 생각마저 하게 된다. 엄청난 희망에서 비롯된 실망과 상처는 안톤의 영혼에 흉터를 낸다. 자신이 만들어낸 성공 스토리로 인해 안톤은 오히려 외톨이가 된다. 사람들이 아름답고 행복하게 미래에 대해 설계할 때 그는 언제나 변두리로 밀려났다. 굴욕적인 감정만 커졌고, 작은 일에도 상처받고, 언제 어디서나 밀려난다고 의심하게 된다. 예를 들어 그는 자신이 집에 간다고 말하기도 전에 반 친구가 먼저 가버리자 며칠 동안 충격에서 헤어나지 못한다.

이 소설에 나오는 성공 이야기는 사실 실패의 비극이다. 모든 역경을 딛고 대학에 갔고, 재능을 살려 명성을 얻게 된 야심에 찬 젊은이가 끝에 가서는 승자가 아닌 실패한 존재가 되는 것이다. 위대한 계몽주의는 미래의 성공에 대해서만 얘기했을 뿐 성공하지 못한 것에 대해서는 언급하지 않았기 때문에 보편적인 행복이 인생의 원칙이 되어버린 사회에서는 실패란 오로지 개인의 문제가 되었다. 실패의 경험은 계몽주의의 그늘에 가려 잘 보이지 않는 곳, 내면의 가장 작고 어두운 방을 열어봐야 찾을 수 있었다. 개인의 실패와 타락은 오이디푸스의 경우에서와 같이 사회 전체에 대한 직접적 위협이 아니었다. 사회의 시선은 늘 앞을 향해 열려 있다. 행복한 사람은 자신의 능력과 재능을 발휘해 자기 자신과 이 세계를 무한대로 발전시키는 곳만 응시할 뿐이다.

계몽주의의 유산 | 녹색의 하인리히

계몽주의 시대에는 성공 스토리가 대개 교양소설의 범주에 속했다. 이러한 소설의 기본 틀은 한결 같았다. 주로 소년이 성인이 되는 과정을 다뤘는데 자력으로 무언가를 이룬 계몽된 개인을 칭찬하는 것이 주요 내용이었다. 자신의 재능을 깨달은 소년은 실수를 통해 성숙한 성인 남자가 되는 것이다. 이야기는 언제나 소년이 방황하는 데에서부터 시작된다. 아이는 많은 부침을 겪은 후 성인이 되어 인격적 완성을 이룬다. 주인공에게 세상의 모든 문이 활짝 열리게 되면 소설은 끝난다.

소년은 교육과 성찰을 통해 유치한 생각에서 벗어나게 된다. 그는 환상에서 깨어나 고통스러운 현실에 실망하지만 이런 과정을 통해 인생의 의미를 배운다. 주인공은 이렇게 얻은 교훈을 바탕으로 자기 앞에 놓인 과제를 주체적으로 풀 수 있게 된다. 마침내 그는 스스로 만족스럽고 남들도 우러러보는 삶을 살면서 사회에 꼭 필요한 구성원이 된다.

이와 같은 18세기 교양소설의 시조는 괴테의 유명한 작품 『빌헬름 마이스터의 수업시대』다. 훌륭한 가정에서 태어난 빌헬름은 자신이 속한 명망 높은 시민세계를 뛰쳐 나와 배우가 된다. 그는 배우로서 성공하는 듯했으나 극장에서 경험한 냉정함과 몇 차례에 걸친 사랑의 아픔으로 인해 다시 원래 자리로 돌아온다. 그는 계몽사회의 일원이 되어 그 안에서 자신의 배필을 만난다.

19세기 중반에 살았던 고트프리트 켈러는 소설 『녹색의 하인리히』를 통해 18세기의 이러한 성공 모델을 철저하게 거부한다. '녹색의 하인리히'는 돌아가신 아버지의 녹색 제복을 고쳐 지은 옷을 하인리히가 매일 입고 다닌 데서 붙은 이름이다. 이 작품은 화가가 되고 싶지만 재능이 부족한 실패한 예술가에 대한 이야기다. 주인공은 계몽된 인간으로서 실패자가 되기 전에 자기 능력의 한계를 깨달을 수도 있었다. 하지만 결코 포기하지 말라는 가족과 선생님들의 격려에 힘입어 잘못된 길을 걷게 된다. 그가 독학으로 그린 그림은 완벽한 실패작이었다. 주인공은 자신이 예술가라는 거짓된 믿음을 유지하는 데 수년을 보내며 모든 에너지를 허비한다.

　선생님을 공격한 주모자로 몰려 퇴학당하게 되자 하인리히는 예술가로서의 삶을 살겠다고 결심한다. 그리고 시골 친척집에 내려가 살면서 한동안 주변 경치와 식물들을 그렸다. 사촌들은 농담으로 그를 "화가"라고 불렀다. 그는 그들이 불러주는 호칭에 남몰래 큰 의미를 부여한다. 하지만 오래지 않아 하인리히는 자신의 재능을 의심하게 된다. 어느 날 19세기의 관습대로 풍경화를 그리기 위해 숲으로 간 그는 몇 시간 동안 아무것도 그리지 못했다. 무엇을 그려야 할지 몰랐기 때문이다. 그의 눈에는 숲이 꽉 막힌 것처럼 보였다. 나무 한 그루를 겨우 그리기 시작한 그는 스케치를 끝낸 후 자신의 그림이 아주 잘못되었다는 사실을 깨닫는다.

　　그러나 나는 서둘러 그림을 계속 그렸다. 스스로를 속이면서 아무렇게나 그렸다. 두려웠지만 그리는 일에만 집중했다. 결국 종이 위에 그려진 것은 나무라고 볼 수 없는 괴상한 모양이었다. 엉성한 선들은 차치하고라도 각 부분이 하나로 합쳐져 전체를 이루지 못하고 있었다. 나무는 너무 커져서 둥지를 그릴 자리가 없었다. 할 수 없이 가지 몇 개를 내리고 그 위에 둥지를 구겨 넣자 그림은 못생긴 거지의 이마처럼 좁고 길기만 했다. 나뭇잎은 모두 모서리에 처박혀 있고 뿌리는 아래쪽에서 흐물거리고 있었다. 고개를 빼고 전체적인 형태를 보니, 마치 오목거울에 비친 난쟁이 같은 나무가 나를 보고 히죽 웃고 있었다. 숲으로 눈을 돌리자 내가 그린 너도밤나무가 석양을 받아 아까보다 훨씬 웅장해 보였다. 나무가 한심한 나를 비웃는 것 같았다. 해는 곧 산 너머로 기울었고, 너도밤나무도 어둑한 그림자 속으로 사라졌다. 내 눈에는 뒤엉킨 녹색의 무리와 무릎 위에 놓인 기이한 그림만 들어왔다. 나는 그림을 찢어버렸다. 유년 시절에 품었던 희망이 깨지고 거부당하고 쫓겨난 느낌이었다. 내 인생을 위로해 줄 만한 것을 발견했다고 생각했으나 내면의 시선이 닿자 그것은 사라져버렸다. 나 자신이 정말 아무것도 시작할 수 없는 쓸모없는 인간이라고 여겨졌다.

아마도 이때가 그의 꿈을 영원히 접을 적절한 시점이었을 것이다. 친척들도 그가 창의성이 부족하다며 악의 없는 농담을 건넸다. 하지만 그의 삼촌은 계속 그림을 그리라며 격려하고 그가 지역 식물에 대해 배우려고 할 때 최선을 다해 도와준다(그의 삼촌은 숲 관리인이었다). 하인리히는 "시작은 다 어려운 거야"라며 스스로 위로한다. 그 지역의 학교 교장이 화가라는 직업은 시민에 어울리지도 않고 밥벌이도 되지 않는다며 우려하지만 결국은 그의 의지에 감복해 오히려 그를 격려해준다.

하인리히의 어머니는 아들을 미술상에게 맡겨서 교육을 받게 한다. 그는 유치하고 조잡한 물건들을 만들어 돈을 버는 인물이었는데, 한동안 하인리히를 스위스의 수도원에 보내 그곳에서 풍경화를 그리게 한다. 이 미술상은 하인리히를 2년 안에 교육시키겠다고 호언장담한다. 돈을 받기 위해서다. 하지만 역시 가르쳐줄 만한 게 없었다. 하인리히는 결국 스스로 공부해야 했다. 그는 매일 아침 혼자 밖으로 나가 그림 그리기 좋은 자리를 찾았다. 자리를 잡으면 일단 어머니가 싸준 도시락을 먹은 다음 가져간 책을 읽는다. 반쯤 그늘이 진 나무 아래에서 낮잠을 자다가 해가 저물면 어슬렁거리며 시간을 보냈다. 그는 야외 수업의 증거를 보여주기 위해 상상으로 그림을 그렸다. 이것은 당시의 전통적 예술 이론에 따르면 완전히 날림이나 마찬가지였다. 그의 스승은 이런 속임수를 알아차리지 못한다. 오히려 그는 하인리히의 '능력'이라는 것과 특별한 시각에 깊은 감명을 받는다.

그는 나의 재능과 부지런함을 칭찬했고 내 능력을 확인했다. 내가 예리하고 탁월한 눈을 가졌고 다른 이들은 모두 지나쳐버리고 마는 대상을 발견해낸다는 사실을 증명했기 때문이다. 내면에서는 이런 식으로 계속 해보자는, 이 착한 남자를 본격적으로 속여보자는 악한 욕망이 일어났다. 나는 어두운 숲 속에 앉아 시간이 지날수록 멋들어지게 변하는 바위와 나무의 모습을 그려냈다. 그리고 이것을 보고 근방의 숲을 진짜로 그린 것이라고 믿을 선생님을 생각하고는 미리부터 흐뭇해했다.

하인리히는 위대한 예술가가 아니었다. 그는 자기 재능의 한계를 인식하면서도 자기 자신과 남들에게 계속 뭔가를 보여주고자 했다. 어머니, 친척, 친구들, 선생님 등 그를 아는 사람들은 그를 격려하고 힘닿는 데까지 지원함으로써 이런 그의 의도에 동참했다. 언젠가는 성공하리라는 희망을 갖는 것이다.

어느 날 하인리히는 숲에서 그림을 그리다가 여행 중이던 사람을 만나게 된다. 그는 자신이 풍경화가라고 하며 그에게 그림을 가르쳐주겠다고 한다. 뢰머라는 화가가 이러한 제안을 한 것은, 나중에 밝혀진 일이지만 돈이 필요하던 차에 하인리히에게 재능이 없다는 사실을 즉각 알아차렸기 때문이다. 뢰머는 한동안 하인리히에게 그림을 가르쳤으나 결국에는 보잘것없는 실력이 드러났다. 하인리히처럼 그 역시 별 볼일 없는 미술선생 밑에서 공부를 시작했던 탓이다. 뢰머는 고전적인 예술 교육의 나라인 이탈리아와 프랑스로 떠난다.

하인리히를 격려해주고 재정적으로 또 전문지식으로 지원해주었던 이 모든 그럴싸한 상황들이 그를 만들었다. 이제 그는 예술이 아닌 자기를 기만하는 데 대가가 되었다. 그는 자신이 대단한 화가가 아니며, 또 그렇게 될 수도 없다는 사실을 인정하는 대신 자기 기만을 통해 새로운 기만을 만들어냈다. 그림을 그리면 그릴수록 더욱 꼬여만 가는 인생이 되었다. 이것은 장기적으로도 옳지 못한 일이었다.

20세가 되자 하인리히는 예술의 도시 뮌헨에 간다. 그는 그곳에서 어머니가 부쳐주는 돈으로 생활한다. 그러나 그가 1년 동안 판 그림은 단 한 점에 불과했다. 점점 빚이 늘었고 자신이 세운 계획들이 실패했다는 사실을 쓰라리게 인식했다. 그럼에도 그는 삶을 바꾸려는 결심을 하지 못한다. 인생을 바꾸지 않으면 안 될 지경에 이르러서도 실패에 대한 좌절감과 부끄러움 때문에 움직일 수 없는 정체된 지점에 이르른 것이다. 그는 이 길을 계속 가야할지 포기해야 할지 결정해야 하는 기로에 선다. 이 대목은 실패한 인생계획으로부터 방향을 바꾼다는 것이 단순히 길을 잘못 든 것과는 전혀 다른 의미라는 것을 보여준다. 이미 정한 목표는 함부로 바꿀 수가 없는 것이다. 바로 여기에 "기회로서의 실패"라는 말이 만들어내는 드라마가 있다. 실패한 사람은 어떤 방향으로든 즉시 결정을 내려야 하지만 이면을 들여다보지 못하는 상황에서 이 말은 별로 도움이 안 되는 말장난에 불과하기 때문이다.

하인리히의 상황에서 필요한 것은 그가 선택한 직업에서 정말 진지한 자세로 목표를 이루는 것이었다. 선택의 기로에서 드러난 그의 비겁함과 자기기만을-만일 이것이 일시적인 것이라면-극복하든가, 세월이 더 흐르기 전에 빨리 결단을 내려 다른 대안을 찾아야만 했다. 그러나 하인리히는 그 어떤 결단도 내리지 못했다. 그릇된 목표를 추구하느라 이미 판단력이 현저하게 떨어졌기 때문이다.

재정난에 시달리며 더 이상 가망이 없어지자 그는 푼돈이라도 벌어 귀향하려고 한다. 먼 길을 돌아 고향에 도착했을 때 그는 어머니가 가난에 시달리다 세상을 떠났다는 것을 알게 된다. 그리고 어머니의 불행에 가장 큰 책임은 자신에게 있다는 것을 깨닫는다. 소설의 마지막 장에서 그는 우연히 유산을 조금 받게 된다(하인리히가 그림 몇 점을 팔았던 고물상이 그에게 돈을 남긴 것이다). 그렇다고 그의 인생이 갑자기 행복해지는 것은 아니다. 그는 환멸과 실패를 경험한 후 소리없이 세상을 뜬다.

하인리히의 인생은 왜 실패했는가? 답은 간단하다. 그는 화가가 될 수 있다고 자신했지만 재능이 없었다. 거기에 주변의 잘못된 충고도 한몫을 했다. 전혀 다르게 질문을 해볼 수도 있다. 어째서 그런 거짓말이 그토록 오래 지속되었는가? 이에 대답하기란 그리 간단한 일이 아니다.

학생 시절 하인리히는 자연의 아름다움과 명예, 행복과 천재성에 대해 쓴 책을 손에 넣었다. 18세기 말, 예술가의 사회적 역할을 극단적으로 높이 평가한 천재예찬론은 이미 한물간 책이었다. 하지만 이 천재예찬론은 청년 하인리히에게 계속해서 마법을 걸었다. 축복받은 화가에 대한 상상은 그를 매혹시키고 유혹했다. 이런 상상은 그에게 알 수 없는 가능성을 열어주었다. 하지만 이 가능성은 현실이 아니었다. 하인리히는 천재가 되는 상상을 하며 막연히 자신의 미래가 화려하리라 믿었다.

천재는 계몽주의의 마지막 창조물이다. 너무나 비범한 재능을 타고난 위대한 그들은 측정할 수 없는 창조력을 가진 신과 같은 완결체인 것이다. 천재는 교육되는 것이 아니라 태어나는 것이다. 평범한 사람들이 평범한 능력과 재능으로 최선을 다해 올라가는 곳에 천재들은 가지 않는다. 근면, 인내, 연습이라는 낮은 골짜기는 천재에게 낯선 곳이다.

천재는 그에게 주어진 특별한 재능으로 아무 어려움 없이 작품을 창조한다. 그들은 비교되지 않는 유일한 것을 만든다. 천재의 창조물은 완전히 새롭고 색다르며 익숙하지 않은 것이다. 그것은 놀라울 정도로 멋지다. 예술이 되기 위해서 비극은 이래야 하고 풍경화는 이래야 한다는 전승된 규칙에 따라 미를 도출해내던 시대에 천재들은 이 쇠사슬을 과감하게 끊어버릴 수 있었다. 바로크 시대에 거의 관심을 받지 못했던 셰익스피어가 영국과 독일에서는 타고난 천재로 추앙되었다. 당시 사람들은 셰익스피어의 드라마를 조야한 언어로 이루어진 번잡스럽고 거친 것으로 보았는데 바로 이런 이유에서 셰익스피어는 매혹적인 원조가 되었다. 그의 드라마는 (루소의 말을 인용하자면) 규칙을 따를 필요가 없는 개인의 창조적이고 천부적인 재능으로 만들어진 작품인 것이다. 그러나 볼테르는 셰익스피어의 형식파괴에 대해 이렇게 말했다. "서민이 극의 중심에 서다니, 이는 시간과 장소의 불일치다." 그는 셰익스피어의 비극에 대해 술 취한 야만인의 작품이라고 평하며 분노했다. 이러한 볼테르의 반(反) 셰익스피어론은 당시 사람들에게 별다른 인상을 주지 못했다. 셰익스피어야말로 원조 천재였던 것이다. 하인리히가 뜻을 세웠으나 이루지 못한 바로 그것이었다.

칸트는 『판단력 비판』에서 천재에 대해 정의한다. 그는 천재의 특성이 독창성이자 유일성이라고 결론 내린다.

1. 천재는 특정한 규칙이 적용될 수 없도록 하는 능력을 유발하는 재능을 의미하는 것이지 어떠한 규칙으로 학습할 수 있는 민첩함이 아니다. 그러므로 천재의 제1의 특징은 독창성이다.

이 개념에는 함정이 있다. 유일성이 천재의 주요 특징이라면 이론적으로 보아 개인은 모두 유일하기 때문에 개개인이 모두 천재라는 생각에 빠질 수 있기 때문이다. 물론 그런 일은 없다. 개인의 창의력이 일반적인 규칙에서 벗어났다고 해서 곧장 천재적인 것과 연결되지는 않는다. 하인리히가 상상으로 그린 그림은 당시의 화법에 따라 그린 게 아니기 때문에 분명 유일한 것이다. 그렇다고 해서 그를 천재라고 볼 수는 없다. 칸트도 천재에 대한 개념 중 가장 민감한 이 부분을 언급하면서 천재 그 자신은 어떠한 규칙도 지킬 필요가 없지만 아주 훌륭한 작품을 창조해 남들의 모범이 되어야 한다고 강조했다.

2. 천재의 작품은 모범이 되어야 한다. 남의 것을 모방해서 만든 것이 아님은 물론 남에게 판단의 기준이나 규칙이 되어야 한다.

여기서 세 번째 논리적 문제가 제기된다. 만일 천재에게 아무 규칙도 적용되지 않는다면, 그의 작품을 다른 것과 비교할 때 적용되는 규칙은 대체 어디서 나오는가? 물론 재능 있는 화가, 시인, 작곡가는 취향과 미의 기준을 스스로 정한다. 이것은 그가 기본적으로 원하는 바를 행하고, 또 행할 수 있다는 사실을 의미한다. 그러나 그의 특별한 작품이 남들에게 모범이 될 수 있는 이유는 아직 설명되지 않았다. 원칙적으로 천재는 그가 원하는 대상과 방법을 자유롭게 구사할 수 있다. 하지만 그보다 높은 권위를 가진 것이 있으니 바로 자연이다. 천재는 이러한 자연의 늘어진 한쪽 팔과 같은 존재다. 천재는 자신의 능력을 전혀 알지 못한다. 자신이 무엇을 하는지, 자신이 어떤 영향을 미치는지 정확히 알지 못한 채 그저 천부적인 재능으로 창조할 뿐이다. 천재는 그가 어떤 기준으로 창조하는지, 그가 세우는 새로운 기준을 뭐라 명명할지 알 수 없다. 칸트는 다음과 같이 말한다.

3. 천재는 그가 작품을 어떻게 창조했는지 스스로도 설명할 수 없고 학문적으로도 증명해보일 수 없다. 천재의 규칙은 오로지 자연적으로만 존재한다. 그러므로 자신의 천재성 덕분에 작품을 만들어낸 작가는 자신의 내면에서 어떻게 이러한 생각이 떠오르게 되었는가를 알지 못하고 그러한 것을 자신의 마음대로 또는 계획대로 만들어낼 수 없다.

계몽주의는 천재를 통해 한계가 정해져 있지 않은 현대인의 역할을 만들어냈다. 천재에게는 제약이 없었다. 그는 무엇이 아름다운가, 아름답지 않은가를 규정하는 전통적 예술로부터 자유로운 존재였다. 그리고 이 특별한 재능 덕분에 사회 질서의 울타리 밖에서도 살 수 있었다. 예술에서도 삶에서도 천재는 제약받지 않았다. 끝없는 창조력을 가진 인간으로서 뿐만 아니라 더욱 복잡한 역할도 구현해냈다. 어떠한 객관적인 규정이 없었기 때문에 천재는 성공을 위한 기준을 그 안에서 스스로 찾아야 했다. 그러면서도 천재는 자신이 무엇을 하는지 스스로 알 수 없었다. 이렇게 불확실한 영역은 판단 착오와 자기 기만이 자랄 수 있는 최상의 배양토가 되었다. 천재적인 것은 무엇인가? 새롭고 익숙하지 않은 것은 또 무엇인가? 거슬리는 것, 아무짝에도 쓸모없는 것은 천재적인 것이 될 수 없는가? 천재가 되는 데 실패한 하인리히나 사회에서 인정받지 못한 불운한 예술가의 아이콘 빈센트 반 고흐는 위대한 재능을 제대로 평가하는 게 얼마나 어려운 일인지 보여주는 예다.

이제는 천재라는 말이 예술가만을 지칭하지 않는다. 천재란 매우 재능 있는 사람으로 그 중에는 칸트의 생각과 달리 예술가뿐 아니라 자연과학자도 포함된다. 그러나 엄청난 잠재력을 지닌 독창적이고 어디에도 속하지 않는 인간이 천재라는 생각은 전혀 사라지지 않는다. 우리는 18세기 식의 천재는 아닐지라도, 발현되기만을 기다리는 사고와 능력이 우리 안에 지치지 않고 샘솟고 있다는 점에서 그들의 후손이다. 칸트는 천재를 남성 예술가만의 특징이라고 보았다. 그는 자연과학이 창조적이라고 생각하지 않았기 때문에 뉴턴과 같은 과학자는 천재가 아니라고 강조했지만 인간은 모든 영역에서 창조적일 수 있다. 그리고 그 무엇도, 그 누구도 우리의 풍부한 아이디어와 창조력을 방해할 수 없다. 교사가 수학을 잘 가르치려면 아이들의 창조력에 기대야 한다. 공군 조종사는 훈련을 통해 긴급상황을 창조적으로 해결하는 방법을 배워야 한다(단순한 지적 능력은 다 아는 사실에만 의존하기 때문에 아무 도움이 못 된다). 그리고 경영자 역시 문제 해결을 위해 창조력을 사용해야 한다.

인간의 창조력에 대한 우리의 믿음은 계몽주의의 거대한 유산이다. 그러나 대부분의 긍정적인 것이 그러하듯 창조력도 어두운 이면을 가지고 있다. 창조적인 사람도 실패할 수 있다. 재능이 부족하거나 아이디어가 쓰레기 같다면 실패할 것이고, 좋은 아이디어가 있을지라도 시대정신에 어울리지 않는다면 그 역시 실패할 것이다.

이런 슬픈 사실을 직시할 때 작은 희망이 나타난다. 하인리히의 시대 이래, 실패에 창조적으로 대응할 수 있는 다양한 가능성이 생겼기 때문이다.

진보하는 실패

나는 실패한다, 나는 보헤미안이다

1830년대 파리는 물질적인 소유나 사회적 경력 등의 사회 통념을 거부하는 족속들로 들끓었다. 김 빠진 맥주처럼 지루한 부르주아의 삶 대신 강렬한 추락을 꿈꾸었던 이들의 대표격은 예술가들이었다. 테오필 고티에, 제라르 드 네르발 같은 이들은 점잖은 시민가정에서 태어났지만 그들의 아버지와는 다른 삶을 살고자 했다. 이들의 정신적 지주는 낭만주의였고, 일용할 양식은 권태와 혐오감이었다. 그들은 스스로를 보헤미안에 비유했다. 친분 있는 화가의 아틀리에에 삼삼오오 모여 가급적 무질서한 생활을 유지해나갔다. 보헤미안처럼 자유롭고 구속받지 않으며 살기를 갈망했던 이들은 일반 시민이 면도를 했으니 자신들은 수염과 머리를 길렀고, 당시의 기준으로는 너절하고 괴상한 옷차림을 하고 다녔는데 빨간 조끼에 검은색 빌로드 재킷, 챙 넓은 모자, 대충 묶은 넥타이 등이다.

그들은 평범한 것을 경멸했다. 고독, 상실, 자살에 대한 시를 쓰면서 살아 있으면서도 지옥의 감정을 맛보길 원했다. 그래서 그들은 주류 사회에는 끼지 못했던 매춘부, 범죄자, 유랑자들과 교감을 나누며 술을 퍼마셨다. 예술가들은 스스로를 사회에서 추방당한 아웃사이더로 여겼다.

마치 빈곤과 절망에 절은 것처럼 보이는 이들의 삶에는 젊은이의 치기와 낭만적 이상주의, 시민적 가치에 대한 비판이 혼재되어 있다. 사실 이들은 사회적으로 생존의 위협을 느끼지 않았던 것이다. 옛날 이야기에나 나올 법한 구질구질한 지하방에서 어떤 구속도 받지 않고 그들만의 파티를 즐기면서도 벨벳 코트 안주머니 안에는 시민세계로 돌아가는 차표를 고이 챙겨두었다.

보헤미안의 삶을 표방했던 이 내숭덩이들은 다음 세기에 큰 센세이션을 일으켰다. 생의 목적이 실패인 것처럼 사는 이들의 삶이 이후 수십 년 동안 젊은이들을 매혹시킨 것이다. 재능 있고 자기실현에 대한 욕구가 컸던 이들의 삶에는 지적 매력이 가득했다. 보헤미안의 삶을 선택한 이들도 이 점을 잘 알고 있었다. 자신이 추구하는 예술을 위해 현실적 결핍을 스스로 감당해내는 것, 낡은 옷과 끝없는 가난, 만성적 실패에 시달리는 것을 자랑스럽게 생각했다. 대부분의 보헤미안들은 실패한 것처럼 보이는 이러한 삶의 방식을 숭배했다. 그러나 언제든 시민사회로 돌아갈 수 있다고 내심 생각했던 이들도 점차 현실적인 고통에 시달렸다. 파리 라틴 구역의 다락방조차 유지할 수 없을만큼 궁핍한 생활을 하면서 이들은 자신이 숭배하던 생활 방식이 언제라도 빠져나올 수 있을 때에만 이상적이라는 사실을 깨닫는다.

간단하게 계산해보자. 일단 높은 목표(예술가로서의 삶)를 세운다. 그리고 거기서 추락의 높이(보헤미안의 삶)를 뺀다. 그러면 더 떨어질 곳이 없다는 결론이 나온다. 물론 이런 등식이 언제나 성립되는 것은 아니다. 일부 화가와 시인들은 불확실한 삶을 택한 댓가로 드라마틱한 결과를 맞이했다. 실패한 예술가들은 쇠약해진 몸으로 길바닥에 나앉았고 병에 걸려 죽어갔다. 그래도 완전한 자기실현과 완전한 몰락 사이의 경계를 오가는 모험적인 삶은 여전히 매력적이었는데, 30세 이전에 극복할 수 있는 통과의례라고 생각한다면 더욱 그랬다.

그 자신도 보헤미안이었던 앙리 뮈르제는 1851년 보헤미안들이 사는 이야기를 모아 『보헤미안의 생활정경』이라는 책을 펴냈다. 뮈르제는 그가 묘사한 환경을 누구보다 잘 알고 있었다. 가난한 집안 출신이었던 그는 끝없는 곤궁과 반복적인 실패에 대해서도 아는 것이 많았다. 그러나 그는 이 책에 썼듯이 '명랑한 고통'이라는 달콤한 말로 냉혹한 현실을 가렸다. 그가 묘사한 가난하지만 행복한 예술가의 삶은 큰 인기를 끌었다. 이야기 속에는 성공과 거리가 먼 생활을 하면서도 전혀 걱정하지 않고 매일 같이 애인을 바꾸며 사는 네 명의 예술가가 등장한다. 그들은 돈이 생겨도 빚 갚는 일을 뒷전으로 미룬 채 술판부터 벌이는 존재들이다. 살던 집에서 쫓겨나도 거처를 마련할 궁리를 하는 대신 갑자기 영감이 떠올랐다며 노래를 작곡했다. 그들은 귀족들이 그랬던 것처럼 분수에 맞지 않는 삶을 살았고 항상 빚을 졌다. 그러나 경제적 빈곤이 실제로 그들을 위협한 적은 한 번도 없었다. 이들은 땔감이 다 떨어지면 자신의 원고가 적힌 종이를 태우거나 의자로 장작을 만들어 불을 지폈다.

이 책의 성공은 뮈르제에게 시민세계로 들어가는 입장권을 의미했다. 이야기들은 훗날 푸치니의 오페라 〈라보엠〉의 기초가 되었다. 뮈르제는 예술가로 사는 것의 괴로움을 다채롭게 표현했다. 그 덕분에 보헤미안을 자처한 예술가들은 시민적 미덕을 옹호한 자들에게 선망의 대상이 된 동시에 도발자가 되었다. 보헤미안은 그 어떤 것도 책임지려 하지 않았다. 먹고 사는 문제에 전혀 신경을 쓰지 않았던 그들은 결혼할 생각도 하지 않았고 언제나 매춘부와 염문을 뿌렸다. 가장 놀라운 점은 그들이 생존에 심각한 영향을 미치는 위험에 면역이 되어 있었다는 사실이다. 그들은 사랑했고, 살았고, 술을 마셨고, 파티를 즐겼다. 모든 것을 포기했지만 언제나 행복하고 즐거워했다. 그러나 정말로 놀라운 일은 이 모든 불확실한 삶 안에 진실한 무엇인가가 있었다는 점이다.

미화된 빈곤과 질펀한 파티에 대한 일화를 걷어내고 보면 보헤미안들은 실패와 빈곤, 생존의 위협에 다른 방식으로 대응했다는 것을 알 수 있다. 돈도 명예도 성공에 대한 어떤 비전도 없는 예술가들에게 보헤미안들의 생활방식은 안전해보였다. 외풍이 심한 다락방, 허름한 아틀리에, 라틴 구역의 맥주집에서 경험하는 타락은 날개 없는 추락이 아니었다. 19세기 사회의 보헤미안들은 무중력 상태에서 떨어지는 우주인 같았다. 아래로 추락하면서도 유유히 반대 방향으로 움직여 궤도에 머무르는 우주인처럼 그들은 인습 밖의 거친 삶을 그들의 궤도인 예술로 확실히 붙잡았다. 그들은 예술을 우월의식의 표출로 이해했다. 세상과 타협하지 않고 예술과 정신적 유랑을 위해 살겠다는 믿음은 이들을 둘러싼 환경을 일종의 반중력 상태로 만들었다. 빈곤과 절망이 그들을 끌어내려도 이런 관념이 보호막이 되어주었다.

"나는 내 인생의 단편들을 묶어 다른 것과 엮었다. 기분이 나면 웃었고, 굴욕스러운 기억이 뼈에 사무칠 때면 이를 갈았다." 쥘 발레스는 그가 서 있던 불안정한 토양을 보헤미안만의 방식으로 묘사했다. 보헤미안은 실패한 존재를 미적인 생활양식을 구현해낸 존재로 바꾸었다. 재정적 곤란, 직업적 실패, 끔찍한 사랑의 실패마저도 그들에게는 매력적인 일이 되었다. 비참한 삶이었지만 가난이나 실패 따위에 아랑곳하지 않았다. 보헤미안들은 오히려 진부하기만 한 목표를 추구하느라 애쓰면서 휘청거리는 보통 사람들을 경멸했다.

보헤미안을 좋아하지 않아도 된다. 실패를 간단히 뛰어넘게 해주고, '속물'과 그들을 구분지어 준 우월성을 비웃을 수도 있다. 그러나 한 가지 사실만은 인정해야 한다. 처음부터 실패를 자신의 삶의 방식으로 끌어들여 포용하는 것만큼 잠재적 실패로부터 스스로를 보호하는 데 적합한 방법은 없다는 점이다. 파리 라틴 구역의 예술가들, 이후의 뉴욕과 베를린, 취리히, 뮌헨의 화가와 시인들은 일부러 무대 뒤로 숨어버리는 작전을 폈다. 이들은 성공하지 못한 삶을 최상의 경지까지 끌어올렸다.

우리는 20세기 청년 문화에서 보헤미안식 삶이 다양하게 변형되는 것을 보아왔다. 1950년대에는 비트족이 보헤미안의 유산을 물려받았다. 그들 역시 망가진 삶에서 볼 수 있는 모든 특징을 보여주었는데, 그들에게는 돈도 미래도 관계를 지속해나가는 능력도 없었다. 이런 문화는 70년대에 히피, 80년대 펑크족 또는 아웃사이더로 이어졌다. 우리는 오늘날 "침몰하는 것보다 뛰는 게 좋아"라는 랩을 들어도 더 이상 도발적으로 느끼지 않는다. 보헤미안식 삶의 모델이 그 이후 깊은 인상을 주지 못했기 때문에 우리는 보헤미안이라는 캐릭터가 얼마나 독특하고, 얼마나 정밀하게 탄생된 것이었는지 쉽게 간과하게 된다.

19세기 초 최초의 보헤미안이 나타나 자신은 '정상적인' 상황에서 사는 것을 원하지 않는다고 선언했을 때, 그는 신세계를 밟은 것이나 다름없었다. 1830년에는 대도시에 자생하는 예술가 구역도 청년 문화도 아웃사이더라는 역할도 없었다. 보헤미안은 사회계층의 구분을 무시했을 뿐만 아니라 사회를 박차고 나와 새로운 역할을 만들어냈다. 시민계층과 귀족 가문의 아들들은 (나중에는 딸들도) 아틀리에나 술집에서 어울리면서 직업적 성공과 사회적 지위라는 전통적인 측량 막대로는 평가받지 못하는 그들의 삶을 축하했다. 그들만의 옷 차림새, 화류계 및 암흑가와의 친분, 스스로 선택한 가난을 통해 그들은 남들에게 "너희들이 두려워하는 추락을 우리는 축하한다"고 과시했다. 그들은 자신들이 선택한 인생의 방식에 열광했다. 그러나 경계에서의 삶은 위험을 안은 시한부 게임이었다. 보헤미안의 삶을 감싸주던 보호막은 닳아버렸고, 나이 든 그들은 우습고 불쌍한 존재가 되었다. 남들에게 비웃음이나 사는 굴욕적인 존재가 된 것이다.

예술과 개인성에 대한 믿음이 성공하지 못한 자를 언제까지나 비참함에서 보호해줄 수는 없다. 보헤미안의 삶은 오직 통과의례로서만 매력적이었다. 이 모델이 20세기 청년 문화에서 살아남은 것은 이 때문이다. 보헤미안의 삶은 유혹적이지만 기만적인 우월성이 다분했다. 실패를 원했던 것처럼 행동함으로써 실패하지 않으려는 시도는 영원히 실패할 따름이다. 결국 보헤미안의 삶을 통해 부르주아의 욕망과 성공에 대한 갈망을 기만하려 했던 그들의 시도는 별다른 족적을 남기지 못했다. 이제 실패에 대한 두려움에서 시선을 돌리기 위해 뭔가 더 나은 방법을 찾아야 했다.

다다와 베케트의 공로

1916년 2월 취리히의 한 술집에서 몇몇 작가와 화가들이 모여 문화의 밤이란 행사를 열었다. 여자가수 두 명이 프랑스어와 덴마크어로 샹송을 불렀다. 시인 트리스탄 차라는 루마니아 시를 낭송했다. 악단은 러시아 민속춤과 노래를 선보였다. 이 행사는 예술사에 카바레 볼테르라는 이름으로 남았고 다다의 탄생 시점으로 기록되었다.

파티는 이후 수주 동안 계속되었다. 처음에는 비교적 평범했지만 시간이 지나면서 점차 기괴해졌다. '카바레 볼테르'의 주인 휴고 발은 의미 없는 단어만을 나열한 '소음시'를 낭송했다. 어느 날 저녁, 그는 파란색 종이로 된 통을 허리까지 쓰고 무대에 섰다. 번쩍이는 황금색에 안은 빨간 색인 종이를 망토처럼 어깨에 걸치고, 머리에는 파란색과 흰색이 섞인 줄무늬 모자를 썼다. 이런 뻣뻣한 종이를 뒤집어 쓴 상태에서는 잘 움직일 수 없었기 때문에 그는 다른 사람들에게 들려서 무대에 올랐다. 그리고는 마법사와 광고탑의 중간쯤 되는 모습으로 서서 즐겁게 노래를 불렀다. "가지 베리 비마 플랑드리디 라울라 롤니 카도리……." 이 소음은 노래라기보다는 정신없이 지껄이는 광고처럼 들렸다.

이들은 저녁마다 모였다. 어떤 날은 '동시시'를 발표했는데, 여럿이 동시에 시를 읽어서 아무도 알아듣지 못했다. 20명의 발표자가 동시에 시를 읊어대면 정말이지 아무 소리도 구별할 수 없었던 것이다. 또 어느 때는 끊임없이 북을 쳤다. 벽에는 전통적인 유화 대신 찢어진 종이와 쓰레기로 만든 콜라주가 걸렸다. 고등학교 졸업 파티를 위해 생각 없이 만든 졸렬한 미술 작품을 연상시키는 이런 것들이 반세기가 지난 후 20세기 문화에 가장 영향력 있는 사조 가운데 하나가 되었다.

다다라는 이름이 어디서 유래했는지는 아무도 정확히 알지 못한다. 다만 어린아이의 옹알이에서 따온 것이라고 짐작할 뿐이다. 다다는 20세기 신예술의 서막을 장식한 최초의 단어였다. 다다이스트들은 다다가 루마니아어로 긍정의 소리인 '야야', 프랑스어로는 '목마'를 의미한다는 것을 상기시키면서, 이 단어가 누구나 말할 수 있는 일종의 국제문화어라고 설명했다.

다다는 세계가 잿더미에 덮여 있던 시기에 탄생했다. 취리히에서 우연히 만나 다다를 창조한 망명자들은 1차 세계대전에 절망했던 예술가들이었다. 과거 유럽의 전통 속에서 지켜지던 안전함은 폭격 아래 무너져버렸다. 탱크, 수류탄, 폭탄, 기관소총 같은 새로운 무기들은 집과 나무와 도로와 인간을 날려버렸다.

포탄에 패여버린 땅, 뼈대만 앙상한 건물, 시체가 널려 있는 악몽 같은 폐허만 남았다. 계몽주의 이후 서양이 자랑스러워했던 인간성, 진보, 이성이라는 가치는 포화와 함께 공중으로 사라진 것 같았다.

20세기의 현대성이라는 것은 전쟁이라는 최악의 방식으로 무대에 등장했다. 1890년 이래의 서구 문화는 강력한 영향력을 발휘하는 기술적, 문화적 변화들로 채워져 있었는데 이것은 동시대인이라면 누구나 인지할 수 있었다. 예술가와 지식인들은 이것을 글과 그림으로 표현했다. 빨라진 삶의 속도, 전통의 단절, 사회 위계질서의 재구성, 그리고 세상의 파편화와 존재의 위협감을 묘사했다. 전쟁은 이런 모든 경험이 현대성이라는 이름으로 다시 한 번 표현되는 무대였다.

유럽 사회의 구 질서는 해체되었다. 이것은 전쟁을 통해 전 계층에서 분명하게 드러났다. 해체된 질서를 입증하는 좋은 사례는 바로 군복의 위장색이다. 전쟁 이전에는 군복이 그 사람의 사회적 지위를 극명하게 드러내는 귀족 문화의 특권 가운데 하나였다. 그러나 전쟁 이후의 군복색은 모두 진흙색으로 통일되었다. 예전의 군복들은 없어진 신분질서처럼 못 쓰게 되었다. 새로운 군의 위계질서는 구별하기 어려운 현대사회의 위계질서처럼 잘 위장되었다.

전장에서는 현대성의 경계가 새롭게 나타났다. 과거에는 지위를 유지하는 것으로 전쟁의 승자를 구별할 수 있었다. 사회가 개개인에게 각자의 자리를 지킬 것을 요구하듯이 사령관은 전선을 사수하기 위해 모든 군인이 제 위치를 지키도록 했다. 그러나 1차 세계대전을 치르면서 이런 꽉 막힌 전선의 개념이 붕괴되었다. 현대무기의 파괴력을 감당할 수 없었기 때문이다. 물론 전통적인 전쟁 이론에서 벗어나지 못한 장군들은 전쟁 발발 초기에 자신의 부하들에게 위치를 지키도록 명령했다. 그러나 이 때문에 엄청난 사상자가 발생한 후로 전술은 바뀌었다. 전선은 여전히 사수되었으나 3단계로 나뉘게 되었다. 즉 전투가 벌어지는 최전방, 그로부터 200미터 뒤에 위치한 참호, 마지막으로 제3의 방어선이 있었다. 군인들은 수주에서 수개월 동안 참호 속에서 생활했다. 그러나 이런 질서도 전쟁이 모든 전선을 뛰어넘는다는 사실을 숨기지는 못했다. 취리히의 예술가들은 이 사실을 알아차렸다. 그 대답이 바로 다다이다. 하노버 출신의 다다이스트인 쿠르트 슈비터스는 선언했다. "어차피 모든 것이 무너졌다. 이제 중요한 것은 이 파편들 속에서 새로운 것을 만드는 일이다."

다다가 취리히에서 전 세계로 전파되자 이 운동의 창시자 중 한 사람인 리하르트 휠젠벡은 일종의 창립선언문을 공표했다. "우리는 그 무엇으로도 세상을 바꿀 생각이 없다. 우리는 그 무엇으로도 시와 그림을 바꿀 생각이 없다. 우리는 그 무엇으로도 전쟁을 끝낼 생각이 없다. 우리가 여기 서 있는 데에는 그 어떤 의도도 없다. 즐거움이나 오락거리를 제공하려는 의도가 없다." 예술가들은 그들이 제한된 자원을 가졌다는 사실을 잘 알고 있었다. 문명사회인 유럽이 바로 옆에서 포탄에 날아가는 와중에 그들은 중립지대인 취리히로 도망와 살고 있다. 그런데 그들이 예술로 전쟁에 항거한단 말인가? 우스운 일이다! 예술이라는 수단으로 전쟁의 폭력에 맞서 뭘 할 수 있는가? 할 수 있는 일은 아무것도 없다.

다다는 바로 아무것도 하지 않는다는 것을 그들의 모토로 삼았다. 예술가들은 선언했다. "만일 장대만 좀더 높이 올린다면 모든 것이 가능하다. 그 밑으로 지나갈 수 있기 때문이다." 그들은 구두 밑창과 전차표, 눈가리개, 계산서, 노끈, 빵 봉지로 예술을 창조했다. 단어 나부랭이를 가지고 시를 썼다. 분명 다다는 새롭고 대담한 모험이었다.

파괴적 전쟁을 겪는 동안 의미 있는 예술 작품을 창조하려 했던 과거의 노력들마저 가치를 잃었다. 다다이스트의 작품은 실패한 작품의 잔해로 만든 그림과 글들이었다. 그들은 종이조각, 신문쪼가리, 삐라, 천 조각, 나무토막, 쓰레기로 콜라주를 만들었다. 『악어 운전기사와 산책 지팡이의 과장법』이란 제목의 '연작시'가 주는 도발 뒤에는 망가지고 파괴된 것 뒤에서 뭔가 특별한 것을 창조할 수 있다는 인간의 능력에 대한 낭만적 믿음이 있었다. 다다 작가들은 우연을 찬미했고, 실패를 강행했고, 무아지경에 귀를 기울였다. 그들은 완벽한 세계와 실패 사이의 경계를 허물었고, 실패와 넌센스와 무가치한 것이 완전히 탈바꿈된 세상에서 움직였다. 다음의 표현주의적 선언문(1918)은 다다이스트의 선언 가운데 가장 유명한 것이다. "최고의 예술은 자아의 의식 속에서 시대의 수천 가지 문제를 표현하는 것이다. 지난 수주간의 폭발에 의해 모든 것이 날아가버렸음을, 지난 며칠 동안 폐허더미에서 팔다리를 찾아 헤맸음을 알 수 있게 해주는 것들이다."

다다의 파급력은 오늘날의 예술과 문화에까지 이른다. 20세기 문화의 핵심 원칙 중 하나는 지나치게 덧칠하는 자기과시보다 간략하고 지적인 표현이 더 성공적일 수 있다는 사실이다. 기념비적인 웅장함, 완성에 대한 욕구는 표현 예술에서 또 동시대의 문학과 무대에서 창피한 것이었다.

　오늘날의 예술가들이 선호하는 주제는 미완성이다. 그들은 작업이 중단된 흔적을 작품 속에 남기고 싶어 한다. 관찰자인 우리로서는 이들의 예술을 이해하기 힘든 것이 사실이다. 한 번도 실행되지 않았던 아이디어나 기획을 의도적으로 들이대기 때문이다. 미술관에 가면 마치 공사장을 연상케 하는 공간에서 당황한 채 서 있게 되는데, 그럴 때는 보통 뭔가 긁히고 문질러대는 요란한 소리를 들으며 깜박이는 비디오 화면을 바라봐야 하기 일쑤다. 성공하라는 기대를 전혀 채우지 못한, 겉보기엔 실패한 작품들을 예술이라고 인식하며 감상해야 되는 것이다. 우리는 추상화된 의도와 실패한 작업들을 감상한다. 얼마 전 사진을 전공하는 한 학생이 비디오필름을 제작한 이야기를 들려줬다. 담당 교수가 내준 조별 과제는 찍은 작품이 나중에 작업할 더 큰 작품의 일부가 되도록 만들라는 것이었다. 만일 영화의 수준이 떨어지면 어떻게 하나, 각자 찍은 것을 사용할 수는 있기는 한가, 학생들이 질문을 하자 교수는 웃으면서 이렇게 대답했다고 한다. "물론, 그게 바로 프로젝트의 주제입니다. 그대로의 재료를 가지고 다른 뭔가를 만들어내는 것!"

사무엘 베케트는 다다이스트는 아니었지만 다다이스트처럼 예술의 가능성을 불신했다. 그는 예술을 통해 뭔가를 말하려는 시도는 본래적으로 실패하게 되어 있다고 생각했다. 베케트에 있어 문학의 언어는 다루기 어려운 반항적 대상이었다. 문학의 언어는 시인의 의도에 끊임없이 저항하기 때문에 작가의 의도는 절대 문학으로 표현할 수 없다고 여겼다. 문학으로 아무것도, 거의 아무것도 말할 수 없다면 당연히 아무것도 시도할 필요가 없는 것이다. 그러므로 사무엘 베케트의 작품에서 시적인 표현이 계속 줄어드는 것은(줄어드는 것처럼 보인다면) 그가 문학의 언어가 지닌 가능성을 깊이 불신한 탓이다. 그러므로 우리는 그의 소설 『와트Watt』에 나오는 "여기 그가 서 있다. 여기 그가 앉아 있다. 그가 무릎 꿇고 있다. 여기 그가 누워 있다. 여기 그가 움직인다. 이리저리. 문에서 창문으로, 창문에서 문으로. 창문에서 문으로, 문에서 창문으로"와 같은 불편한 문장들을 베케트의 작품에서 만나게 되는 것이다.

베케트는 스스로 쓴 문학 작품을 문학 자체의 무능력과 끊임없이 싸워야 하는 것으로 보았다. 실패에 대한 인정은 그의 연극에도 표현되었다. 무대의 인물들은 나란히 앉아 쓸데없는 이야기를 나누고 떠오른 생각들을 주절거리는 듯한 인상을 준다. 전통극에서 기대할 수 있는 것은 모두 빠져 있는 거친 희곡론, 결핍의 미학은 예술에서는 실패만이 가능하다는 사무엘 베케트의 확신을 거듭 상기시킨다. "끊임없이 시도했다. 그때마다 실패했다. 늘. 다시 시도했다. 또 실패했다. 이번에는 좀더 세련되게." 그의 유명한 격언은 작가로서 그가 지닌 표현력을 상징적으로 보여준다. 20세기 연극에 일대 전환점을 마련한 그는 예술가로서 그 자신이 재능이 없었다거나 뭔가를 이해하지 못했다거나, 또는 계속 실패를 거듭했기 때문에 실패했다고 생각하지 않았다. 베케트는 예술가로서 현대 예술을 한다는 것, 그리고 거기서 실패하지 않는다는 것은 불가능한 일이라고 여겼다. 그는 예술이란 예술가의 의도에 계속 저항하는 수단이라고 보았다. 그래도 베케트는 예술을 했다. 실패를 인정하면서 사람들이 실패작이라고 말하는 극을 썼다. 실패를 거듭하면서 이것을 새롭게 관찰했고, 다른 관점에서 새로운 무언가를 창조했다. 알다시피 그는 말년에 꽤 성공을 거두었다.

모든 삶의 표현은 하나의 예술이고, 예술의 모든 표현은 삶에 관한 것이라는 현대성의 원리를 적용한다면 우리는 베케트에게 배울 수 있다. 사무엘 베케트가 예술가로서 실패한 것이 아니듯이 우리도 도덕적으로 완전무결한 인생을 살기에 너무나 어리석고, 무능력하고, 게으르기 때문에 실패하는 것이 아니다. 우리가 실패하는 이유는 고도로 복잡한 현대세계가 계속해서 성공해나가려는 우리의 시도를 극도로 제한하기 때문이다. 그 안에는 기대와 요건, 불가피성, 끝없는 가능성, 우연, 불의, 행복이 있다. 그리고 햄릿에서 익히 보았듯이 이 모든 것을 늘 완벽하게 하나하나 서로 조율하고 장악하기란 쉽지 않다. 그러나 동전에는 양면이 있다. 우리가 언제나 실패할 수 있다고 끊임없이 주장하는 복잡한 세계는 50년 전, 100년 전, 또는 덜 복잡했던 사회보다 훨씬 너그럽다. 우리 사회는 일탈을 훨씬 더 잘 받아들인다. 사회가 그만큼 복합적으로 변모한 탓이다.

오이디푸스가 자신의 눈을 찌르고 떠나야 했던 것은, 사회의 질서와 명예를 철저하게 위반한 자를 어디에 두어야 할지 몰랐기 때문이다. 햄릿이 죽어야 했던 것은, 피의 복수나 남성적 명예를 중시하는 낡은 돼지 우리 같은 덴마크식 이데올로기 사회에서 그만이 진주처럼 빛나는 현대적인 생각을 했기 때문이다. 고트프리트 켈러의 900페이지짜리 소설 『녹색의 하인리히』에서도 주인공은 마지막에 사라진다. 시민사회의 엄격한 도덕법칙에서 볼 때 그가 저지른 심각한 방황은 그 무엇으로도 되돌릴 수가 없기 때문이다.

　현대사회는 이전의 어떤 사회보다 관대하다. 물론 아직 일상의 커뮤니케이션에서는 이를 거의 느낄 수 없고, 실패는 고대에 관객들을 극장으로 끌어들인 것처럼 여전히 공포와 매혹이 뒤섞인 모습이다. 하지만 추락은 이제 더 이상 비극의 주인공만이 겪을 수 있는 끔찍한 운명이 아니다. 실패의 경험은 이웃, 가족, 친구, 동료 또 우리 자신의 것이다. 베케트가 예술에서 뗄 수 없는 부분이라고 했듯이 실패는 우리 삶의 일부가 되었다.

　우리는 베케트나 베케트의 축소된 인물들만큼 금욕적일 필요가 없다. 그러나 현대적 삶의 덤불을 헤치고 새로운 시각을 열어준 것이 베케트의 공로라는 것은 두말할 필요가 없다. 이런 변화된 관점은 우리에게 완전히 새로운 지평을 열어주었다. 실패를 인식하고 "끊임없이 시도했다. 그때마다 실패했다. 늘. 다시 시도했다. 또 실패했다. 이번에는 좀더 세련되게"라고 말할 수 있게 된다면, 우리는 실패에 대한 두려움을 차츰 줄여나갈 수 있고, 실패에 질려 도망가지 않아도 될 것이다. "성공을 하기 위한 실패"와 "더 나은 실패" 사이에는 엄청난 차이가 있다. 두 번째 경우를 통해서만 우리는 실패를 더 이상 삶의 위협으로 보지 않게 될 것이다.

버지니아 울프에게 중요한 것

1차 세계대전이 막 끝났을 무렵의 어느 여름날, 런던은 새롭게 깨어난다. 현대 문명은 정상으로 복귀했다. 아름다운 옷차림을 한 여인들이 다시 거리를 활보했고, 비행기는 행인들의 머리 위를 날며 하늘에 광고 문구를 남겼다. 버킹엄 궁과 웨스트민스터 사원 사이로 자동차들이 열심히 지나다녔고, 사람들은 자신의 일정에 따라 움직였다. 버지니아 울프의 소설 『댈러웨이 부인 Mrs. Dalloway』은 이렇게 시작된다.

쉰 중반의 피터 월시는 영국 제국의 군무원으로 인도에서 수년을 지내던 중 이혼을 하기 위해 런던에 돌아온다. 인도에서 그는 스물네 살의 여성과 사랑에 빠졌다. 그 여성은 상관의 부인인 데이지다. 데이지와 결혼하면 그의 모든 경력은 끝장나겠지만 그래도 그는 결혼을 감행하려 한다. 피터의 지위는 사실 별 볼일 없다. 하지만 데이지와 결혼할 경우 그마저도 잃게 된다. 그녀 역시 피터와 결혼하면, 당시의 이혼법에 따라 첫 남편과의 사이에서 낳은 두 아이와 이별해야 한다.

6월의 어느 날 오전 피터 월시는 클라리사 댈러웨이를 방문한다. 50대의 성공한 정치가의 아내이자 장성한 딸을 하나 둔 클라리사는 켄싱턴의 고급 주택가에 산다. 그녀는 손님을 우아하게 접대하는 것으로 유명하다. 이날의 초대 손님들도 총리를 비롯하여 모두 귀족들이다. 그녀는 꽃을 준비했고, 하인들은 은그릇을 닦느라 분주했다. 그녀는 저녁에 입을 옷을 손보던 차에 손님이 찾아왔다는 전갈을 받는다.

　30년 전 피터 월시와 클라리사는 연인이었다. 그러나 그녀가 친절하고 까다롭지 않은 리처드 댈러웨이와 사랑에 빠지면서 둘은 헤어졌다. 피터는 찢어지는 가슴을 안고 인도로 가는 도중, 배 안에서 만난 여자와 결혼해버렸다. 지금의 클라리사는 그의 삶과는 정반대의 모습으로 최상류층 귀부인으로서의 모든 표장을 가지고 있다. 반면에 피터는 삶의 폐허 앞에 서 있었다. 피터와 클라리사는 마치 이 세상의 절반씩을 대표하는 것처럼 보인다. 그는 어쩌면 런던에 일자리를 얻기 위해 과거의 연적 리처드 댈러웨이에게 굽실거려야 할지도 모른다.

　"네." 피터가 말했다. "네, 네, 네." 의식의 표면으로 올라오면 상처를 주고야 마는 무엇을 클라리사가 무작정 끌어올리는 듯싶었다. "그만! 그만!" 하고 소리치고 싶었다. '나는 아직 젊어. 나의 인생은 아직 끝나지 않았어. 아직도 멀었지. 겨우 50이 좀 넘었을 뿐 아닌가. 이이한테 말을 할까, 말까' 피터는 생각했다. 그 일을 터놓고 이야기해버리고 싶었다. '하지만 이이는 너무 냉담하다. 태연히 바느질을 하고 있지 않나. 데이지를 클라리사 옆에 세우면 아주 평범해 보일 테지. 클라리사는 나를 인생의 낙오자라고 생각할 거야. 사실 그들의 눈으로 보면, 댈러웨이 부처의 눈으로 보면 그렇기도 하겠지. 그래, 분명 그렇다. 나는 낙오자다, 이 모든 것과 비한다면-이 자개 박은 테이블, 화려하게 은장식을 한 페이퍼 나이프, 돌고래 장식품과 촛대, 의자 커버며 값진 영국 판화 같은 것에 비하면-나는 낙오자다! 공연히 뽐내는 이런 생활 자체가 싫다-.' 그는 또 생각했다. '리처드가 하는 일이 마땅치 않다. 리처드와 결혼한 일만 빼면 클라리사가 하는 일은 싫지 않지만.' 이때 루시가 은그릇을 몇 개 들고 방으로 들어왔다. '이 여자는 날씬하군. 매력적이고 우아해.' 루시가 은기를 내려놓으려고 몸을 굽힌 것을 보며 피터는 생각했다. '그런데 클라리사는 지금까지 내내 이렇게 지내왔겠지. 한 주일 한 주일 클라리사의 생활은 이렇게 계속되어 왔겠지! 그런 동안에 나는-.' 피터는 생각했다. 갑자기 이 모든 생각들이 몸속에서 뿜어져 나오는 것 같았다. 여행, 승마, 말다툼, 모험, 브리지 파티, 연애 사건 그리고 일, 일, 일이. 그는 태연히 주머니칼을 꺼냈다-뿔로 만든 오래된 칼, 지난 30년 동안 그가 가지고 있었던 것을 클라리사 역시 분명히 알고 있는 칼이었다-피터는 그것을 손으로 감싸쥐었다.

현대 시인들이 대부분 그런 것처럼 버지니아 울프도 언제든 그스스로 예술가로서 실패할 수 있다는 생각을 (생계유지를 할 수 있을 만큼의 돈을 벌지 못할 것이란 확실한 두려움까지) 하고 있었다. 그녀는 현대적 삶이 쉽게 깨질 수 있다는 것을 감지하고 있었다. 그녀는 "1910년 12월의 어느 날, 또는 12월 내내 인류의 성격이 변화했다"고 적었다. 그녀는 소설 안에서 한 세기 전과 완전히 다른 세계에서 산다는 것이 각 개인의 '삶'에 무엇을 의미하는가라고 묻는다. 도덕적, 사회적, 이데올로기적 확실성이 사라져버린 세상에서 사람들은 이제 모든 것을 새롭게 정의해야 했다. 20세기 문학의 위대한 심미주의자인 그녀에게 있어 현대적 '삶'은 예술적인 차원에서만 설명될 수 있는 것이었다. 즉 울프는 삶을 영원히 새로운 것을 창조하고 발명하는 끝없는 과정으로 보았다. 개인의 삶은 언제나 순간적인 인지 속에서 파편화된다. 이것은 새로운 관찰, 새로운 발견을 통해 발전하기 위함이다. 개인을 유일한 존재로 만드는 이런 지난한 인지 과정을 통해 버지니아 울프는 소설 속 인물들의 삶이나 자신의 삶에 관심을 가지게 되었다.

가만히 생각해볼 때 인생은 '이런 것인가'와 상당한 차이가 있는 듯하다. 잠시 동안 평범한 날의 평범한 마음을 조사해 보자. 마음은 사소하고 미친 듯하고 보잘것없고 또는 강철과 같은 예리한 것이 새겨져 있다는 인상을 무수히 받게 된다. 그것은 사방으로부터 수없이 많은 원자가 되어 다가온다. 그리고 이것이 낙하할 때 어떤 것은 월요일의 생활이 되고 또는 화요일의 생활이 되기도 하므로 중점이 지금과는 다른 곳에 놓인다. 중요한 순간은 이곳이 아닌 저곳에 있었던 것이다.

이 인용구는 울프의 에세이 『현대 소설론*Modern Fiction*』에 나온다. 프랑스의 철학자 앙리 베르그송처럼 버지니아 울프도 감정과 인지는 고유의 능력이 있다고 생각했다. 베르그송은 19세기 말, 인간의 감정과 인지능력은 저마다 다르게 나타나며 개인별로 다른 의미를 갖는다는 이론을 세웠다. 그는 감각의 자극과 그로부터 나타나는 지각을 수학적으로 계산할 수 있다는 당시의 가설을 반박했다. 베르그송은 행복, 절망, 실망, 놀람을 양적으로 측정하는 것이 무의미하다고 보았다. 이것은 사람마다 다르게 나타날 뿐 아니라, 상황에 따라 완전히 다르게 구현될 수 있기 때문이었다. 어떤 사람에게는 느끼지도 못하고 지나가는 일이 다른 사람에게는 끝없는 행복이나 깊은 절망을 불러일으킬 수 있는 것과 마찬가지다.

베르그송과 마찬가지로 울프도 '삶의 질'은 각 개인의 내면에서 오는 것으로 인간의 심리는 외부세계에서는 알 수 없는 비밀스런 속성을 가진 세계라고 설명했다.

> 인생을 사랑하고 있어. 사람들의 눈 속에, 팔을 휘저으며
> 요란스레 발소리를 내고 걸어가는 사람들의 걸음걸이 속에,
> 들끓는 아우성, 마차, 자동차, 버스, 짐차, 건들거리며 걸어
> 가는 샌드위치맨에, 악대 오르간 소리와 환성(歡聲) 속에,
> 또 머리 위로 날아가는 비행기의 묘한 드높은 폭음 속에 내
> 가 사랑하는 것이 들어 있어. 인생, 런던, 6월의 이 순간이.

그리하여 우리는 그날 오전 클라리사 댈러웨이가 화원에 가는
길을 따라간다. 찰나의 시간에 그녀는 대도시의 삶을 받아들인
다. 일상적인 것, 평소 관심을 두지 않고 지나가던 모든 것이 한
순간에 완벽하게 고유한 아름다움을 얻고, 깊은 행복의 감정으
로 변한다. 울프는 바로 그런 순간이 삶에 있어 진정한 의미가
있는 것으로 파악했다. 그런 순간에 사람은 가장 활기가 넘치게
된다. 울프는 현대문학의 과제가 삶의 다양한 측면을 드러내는
것이라고 봤다. 그러므로 울프의 모든 소설에는 클라리사처럼
그가 받은 인상과 그가 느끼는 감각을 온몸으로 느낄 줄 아는
인물들이 등장한다. 이 인물들은 갑자기 자신의 삶의 의미와 그
특징을 느낀다. '삶'은 뭔가를 밖으로 드러내는 곳이 아니다.

여기에는 어떠한 객관적 기준도 없다.

울프는 클라리사 댈러웨이처럼 런던을 사랑했다. 그녀는 시내를 끝없이 돌아다녔다. 그녀가 영국 대도시에 대한 헌정 소설을 쓴 것도 바로 이 때문이다. 대도시는 울프가 보여주려는 현대적 삶의 끝없는 다양성을 나타내기에 최적이었다. 여기 웨스트민스터의 어느 여름 오전, 이 거리를 지나다니는 사람들을 금방이라도 한데 묶을 수 있다. 그러나 이 사람들의 내면은 그 순간에도 각기 다른 소리, 색, 강도를 갖는다. 리무진이 차들 속 한가운데에 멈춰 있는데 (여왕이 앉아 있는지) 창이 가려져 있고, 지나가는 사람들이 전부 그 주변을 둘러싸고 있다. 비행기가 군중들 위로 날아가자 모두들 하늘을 쳐다보며 비행기가 남기고 간 글자를 읽는다(각각 해석이 다르다). 사람들은 전쟁을 생각하고, 공화정을, 쇼핑 거리를, 채워지지 않은 그리움을 생각한다. 만화경을 들여다보는 듯한 장면이다. 시점을 아주 조금만 움직여도 계속해서 새로운 그림이 만들어지는 것이다.

작가는 이런 에피소드를 통해 행복(또는 불행)의 유일성이 자연스럽게 언어로 드러나게 한다. 그녀가 이런 경이로움을 어떻게 만들어 냈는지, 적당한 거리를 유지하면서도 어떻게 그토록 '삶'에 가까이 다가갔는지 직접 한번 읽어보길 바란다.

그 6월의 여름날 삶에 중요한 것은 영국식 분위기, 은수저, 최상류층 파티가 아니다. 울프에게 있어 삶의 속성은 성공에 대한 인습적인 개념이나 지위와 전혀 관계가 없다. 전통적인 승자 모델에 대해 그녀는 깊은 불신을 품고 있다(이는 보헤미안의 유산을 연상케 한다). 댈러웨이에는 이런 종류의 캐릭터가 단 한 명 등장한다. 예리하지만 소름 끼치게 차가운 감정을 가진 정신과 의사 윌리엄 브래드쇼 경이다. 그의 이름은 당시 영국의 철도시간표인 '브래드쇼'와 같다. 울프가 철도시간표와 같은 삶의 여정을 창조한 것이 경이로운 일은 아니다. 울프의 놀라운 능력은 각 개인의 삶에 드러나는 유일성을 언제나 새롭게 찾아내는 데 있다.

스스로를 '실패자'라고 말한 피터 월시는 클라리사를 방문한 뒤 런던 시내를 걷는다. 클라리사 말고는 그 누구도 그가 런던에 있다는 것을 알지 못한다. 그 누구도 그를 기다리지 않는다. 그는 그냥 사람들의 물결 속에 파묻힌다. 우리는 그런 그를 응시한다. 그는 클라리사의 집을 떠나며, 그녀가 보여준 최상류층식 거리두기에 언짢고 마음이 상하면서도 50대 중반의 나이에 비이성적인 사랑에 빠지는 기쁨을 더 크게 발견한다. 그는 머릿속으로 클라리사가 말했던 태도라든지 그녀의 판에 박힌 사고방식을 비웃는다. 그러나 다음 순간 그 미움은 다른 감정에 의해 서서히 누그러진다. 바로 그녀에 대한 사랑이다. 그녀가 얼마 전 매우 아팠다는 사실이 떠오르면서 그녀가 죽을지도 모른다는 생각이 얼마나 자신을 괴롭히는지 느낀다. 그 순간 행진하던 보이스카웃 대원들에게서 묻어나오는 명랑함이 그의 기분을 망친다. 자신도 이제 나이가 들어 더 이상 젊은이들의 걸음에 보조를 맞출 수 없는 것이다!

그는 트라팔가 광장에 있는 위대한 전쟁영웅들의 상을 본다. 윌시가 보이스카웃 대원이던 어린 시절에도 그 영웅들은 그 자리에 있었다. 하지만 지금은 거대한 영웅들의 뻣뻣한 나무 다리가 불쌍해보인다. 다음 순간 그는 갑자기 런던이 낯설게 느껴진다. 놀라운 해방감이다. 인도는 아주 멀고(데이지도!) 피터는 제약도 사회적 의무도 없이 젊은이처럼 낯선 문화를 탐험하는 모험가가 된다.

그는 예쁜 여자의 발뒤꿈치를 응시하다가 그녀가 어느 집으로 사라질 때까지 두세 블록 따라간다. 그리고 머릿속으로는 에로틱한 모험을 상상한다. 이 모험은 환상이기 때문에 매혹적이다. 피터는 리젠트 공원 벤치에 앉아 담배에 불을 붙인다. 아이들과 공원에 온 가정교사를 보면서 50년 전에 그 역시 가정교사와 함께 리젠트 공원에 산책 나왔던 순간을 떠올린다. 이런 생각을 하는 동안 피터는 잠이 든다.

누가 봐도 실패자가 분명한 피터, 쉰 중반의 나이에 스물네 살짜리 여자와 사랑에 빠지고, 여전히 클라리사까지 사랑하는 이 남자, 모든 남자들이 쉰이 넘으면 그렇듯이 나이 덕분에 지칠 대로 지친 이 남자, 그러나 나이 덕분에 젊은이의 어리석음은 피할 수 있는 이 남자를 본다. 그리고 마차 소리에, 자동차 소리에, 뒤뚱거리며 돌아다니는 연주자가 내는 트럼펫 소리에, 손

풍금 소리에, 환호하고 땡땡거리는 모든 소음에, 드물게 들려오는 비행기의 고음에 승자와 패자가 갖는 의미 구분은 사라졌다.

언제나 승리하는 찰리

보헤미안과 다다, 아방가르드는 실패에 대한 전통적 관점을 바꾸었다. 실패를 미적인 것으로 승화시키고 유일하게 가능한 행동의 기준으로 만들었다. 가시를 제거한 실패는 더 이상 위험한 것이 아니었다. 그러자 찰리 채플린이 등장해 이러한 실패를 대중문화로 끌어들였다.

그 누구도 채플린만큼 독창적인 방법으로 실패를 무대 위에 올리지 못했다. 그는 떠돌이 찰리라는 인물을 통해 이 일을 훌륭하게 해냈다. 그를 모르는 사람은 아무도 없었다. 누구나 눈앞에 그를 떠올릴 수 있다. 작은 중산모, 헐렁한 바지에 꽉 끼는 윗도리, 오래 신어 늘어난 큰 구두, 양말. 찰리는 팔자 걸음으로 거리를 돌아다닌다. 경찰관은 정신 없어 보이는 그를 체포할 수도 있다. 채플린은 마지못해 경찰에게 예의를 차리며 모자를 벗는다. 1920년대 미국의 극장 앞에는 이 떠돌이를 그린 포스터나 영화 간판이 행인들에게 "내가 오늘밤 여기 온다"는 신호를 보냈다. 그리고 관객들은 그가 계단, 문, 상관에 대항해 어떻게 싸우는지, 어떻게 눈물겨운 웃음을 만들어내는지 지켜본다. 모든 일이 어쩌면 그렇게도 꼬이는지 찰리는 남들처럼 살기 위해 바둥거려보지만 언제나 실패를 거듭한다. 60분이 조금 넘는 찰리 채플린 영화에서는 능력과 성공이라는 이성에 대한 믿음의 필요성이 사라져버린다.

찰리는 모든 계단을 올라갔다 내려갔고 위험이 도사린 문을 드나들었으며 재수없게도 양동이에 채여 넘어지기 일쑤고 앉는 의자마다 넘어졌다. 자동차나 기계를 다룰 때도 늘 실패를 거듭했다. 사랑하는 여자 앞에 서기만 해도 창백해졌다. 그에게는 일, 사랑, 인생 전체가 실패 그 자체였다.

채플린이 20세기 초에 창조해낸 이 찰리라는 인물은 '행복이 개인의 손에 달려 있는', 또 성공을 위해 무조건 달려들어야 하는 세상에 실망을 안겨주었다. 하지만 거꾸로 찰리에게도 인간의 가치를 성공으로 판단하는 이 세상은 실망적이었다. 그가 손에 무엇을 쥐든지 상관없이, 언제나 자신이 원하는 바와는 반대로 되었기 때문이다.

1936년작 「모던 타임스」에는 배꼽 빠지게 웃기는 장면이 나온다. 도랑 옆 오두막에 사는 찰리는 어느 날 아침 눈을 뜬다. 그는 개운하게 목욕을 하려고 기분 좋게 기지개를 켜며 문 쪽으로 간다. 팔을 머리 위로 올리고, 판자다리를 딛고 뛰어올라 차가운 물속으로 다이빙을 한다. 그는 곧장 물웅덩이에 처박힌다. 이 '호수'의 깊이는 겨우 20센티미터다. 그에게는 세상이 언제나 다르게 돌아간다.

현대 산업노동자의 삶 속에 드러나는 비인간성에 대한 찰리 채플린의 결론 「모던 타임스」는 영화가 시작할 때 뜨는 '행복을 찾는 인간'이라는 자막 위에 '근면, 기업가정신, 자유경쟁에 대한 이야기'라는 제목을 달아 놓았다. 채플린은 결코 행복할 수도, 성공할 수 없는 노동자 역을 맡았다. 채플린이 거대한 톱니바퀴 사이에 끼어 돌아가는 장면은 이제 영화사의 유명한 아이콘이 되었다.

도급을 맡아 나사 조이는 작업을 하는 공장노동자 찰리는 점심시간에 '미스터 빌로의 식량기계'의 시험대상자가 되어 심하게 얻어터지고 난 뒤, 콘베이어벨트에서 신경발작증을 일으킨다. 이 기계가 제대로 작동만 되면 경제에 일대 혁명을 일으킬 것이었다. 노동자는 이 장치에 묶여져 작은 포크와 거대한 집게팔이 떠먹여주는 밥을 먹게 된다. 이 기계가 실수 없이 작동될 경우, 노동자들의 식사 시간은 줄어들 것이다. 그러나 기계는 제대로 작동되기는커녕 찰리의 머리에 수프를 붓는 것도 모자라 나사까지 먹인다.

완전히 정신을 잃은 찰리는 병원에 실려간다. 회복되어 병원을 나설 때, 이미 그는 실업자다. 그는 새로운 일자리를 구하기 위해 나섰다가 우연히 파업을 하는 노동자들의 시위에 휘말리게 된다. 데모대가 길모퉁이를 도는 순간 빨간 깃발을 들고 있던 찰리는 재수없게도 경찰에게 공산당으로 오인받는다. 찰리는 얼떨결에 선동자로 몰린다.

　상황은 이런 식으로 급변한다. 이 장면은 채플린 영화에서 이중 의미를 드러내는 대표적인 사례. 이를 슬랩스틱 에피소드의 단순한 나열로 볼 수도 있지만 터무니없는 현대세계와의 복합적 논쟁으로 볼 수도 있다. 현대세계의 표시와 상징들은 우리에게 어떠한 안정도 주지 못하고 삶의 방향을 찾는 데 도움을 주지 못한다. 화물차의 표시였던 빨간 깃발이 다음 순간 정치적 구호가 되고 이것이 특수한 정치 상황과 맞물려 범죄로 변모하는 것이다. 결국 공산당 지도자로 몰린 찰리는 감옥에 간다.

　찰리가 주는 웃음은 뚱보와 멍청이가 나와 서로의 얼굴에 케이크를 던져서 유발하는 웃음과는 질적으로 다르다. 우리가 찰리를 보고 웃는다는 건, 우리 역시 공범의식을 느끼기 때문이다. 반복된 불운, 계속된 실패, 뭔가를 제대로 해내지 못하는 무능력은 서투름의 한계를 넘어서는 것으로 이는 단순한 난리법석이나 슬랩스틱 코미디가 아니다. 넘어지고 좌절하고, 항상 모든 것을 잘못 이해하고, 또 늘 오해받는 찰리는 단순한 위트만을 보여주는 인물이 아니다. 실패하는 모든 단계마다 그는 미쳐 있는 이 세계에 과연 이성이라는 것이 있는가 묻는다.

찰리는 백화점의 야간경비원 자리를 겨우 얻는다. 저녁이 되어 백화점 문이 닫히면, 최근 사귄 여자친구를 몰래 데려와 아름다운 물건들을 보여준다. 찰리는 롤러 스케이트를 신고 눈을 가린 채 사악사악 소리를 내며 앞으로 나간다. 그는 스포츠 용품과 장난감 코너가 지금 보수공사 중이라는 것을 알지 못한다. 옆에 2~3층 아래로 떨어질 수 있는 구멍이 있다는 것을 볼 수 없기 때문이다. 찰리가 한 다리로 스케이트를 타면서, 구멍 가까이로 다가와 떨어질 뻔하면서도 떨어지지 않고 다음 순간 의자에 와 당탕 부딪히는 모습은 모든 것이 일상의 규칙에서 벗어나 있다는 것을 의미한다. 그의 우스꽝스러운 행동은 그 자신 때문이 아니라 그가 살아보고자 애쓰는 이 세계에 그 원인이 있다는 것을 보여준다. 모든 의자가 장애물이 되면서도 낭떠러지가 아직 낭떠러지일 필요가 없는 이 세계를 찰리는 불가해한 것으로 파악한다. 화물차에서 떨어진 빨간 깃발 때문에 감옥에 갈 수도 있는 세상에서 찰리는 벗어나고자 한다. 찰리를 보며 웃는 우리 역시 이런 세상을 비켜갈 수 없다는 사실을 알고 있다.

영화의 주인공 찰리는 호레이셔 앨저의 주인공과 반대되는 인물이다. 앨저의 주인공들은 사회적 약자, 무시당하고 욕 얻어먹는 고아, 거리의 아이들, 구두닦이지만 사회적으로 성공하는 인물들이다.

언제나 아웃사이더인 찰리도 사람들과 어울리려고 하지만 그게 안 되는 인물이다. 세계는 그에게 닫혀 있다. 찰리는 변두리에 머문다. 그러나 거기서 그는 경멸받지 않는다. 오히려 그 반대다. 찰리는 구속받지 않음으로써 파괴력을 획득한다. 쿠르트 투홀스키는 찰리라는 인물에 대해 "떠돌이가 등장하기만 하면 그 주변이 갑자기 부당한 것이 되고, 그가 옳게 된다. 그리고 전 세계는 우스운 것이 된다"고 썼다.

「모던 타임스」에는 찰리가 놀라운 힘으로 실패를 극복하는 장면이 나온다. 그는 수감 태도가 좋아 감옥에서 일찍 석방된다. 찰리는 감옥에서 편하게 잘 지냈기 때문에 사회에 나가는 게 싫지만 교도관은 그에게 일자리를 찾을 수 있도록 추천서를 써준다. 그는 조선소에 일자리를 알아본다. 선착장에는 지금 건조 중인 배의 목재들이 세워져 있다. 선체의 반은 이미 완성된 상태다.

근무조장이 찰리가 건넨 추천서를 읽는 동안 찰리는 긴장한 얼굴로 서 있다. 채플린은 이를 환상적으로 표현한다. 찰리는 그의 얼굴 표정, 몸동작을 통해 긴장된 순간을 보여준다. 그의 옆에 있던 드럼통의 테두리를 마치 북 치듯 손으로 두들긴다. 초조하게 다리를 떨며 마치 숨이 넘어갈 것처럼 깊게 호흡하면서 작업조장에게 경직된 얼굴로 히죽이 웃어 보인다. 마침내 작업조장이 한번 시작해보라는 신호를 보내자 그의 긴장되었던 얼굴 표정은 기쁨에 도취되어 끊임없이 웃어댄다.

찰리는 이제 정말 잘해보겠다고 어린아이처럼 다짐하면서 일터로 간다. 그는 모자와 지팡이를 통 위에 내려 놓고 윗도리를 벗는다. 그러나 여기서 다시 일이 꼬인다. 그가 마치 아랫사람에게 심부름 시키듯이 자기 윗도리를 작업 조장에게 건넨 것이다. 조장은 '저기 갔다 봐' 하는 몸짓을 하고 찰리는 황급히 "아, 예"라고 대답한다. 작업조장이 찰리에게 나무쐐기를 가져 오라고 한다. 찰리는 몸을 구부려 종잇장처럼 얇고 긴 나무 조 각을 들어올린다. 이미 인내심을 잃은 작업조장은 "쐐기라고 했 어. 이런, 바보. 저 뒤에서 한번 찾아 봐!"라고 말한다. 찰리는 그가 가리킨 쪽을 따라가다가 땅 속에서 쐐기를 발견한다. 그러 나 너무 깊이 박혀 있다. 찰리는 나무망치로 때려 이 쐐기를 뽑 아낸다.

나 참, 나무 쐐기야 당연히 땅에 박혀 있지. 이미 박아놓은 것이니까. 배를 떠받치는 기둥에 박혀 있던 쐐기를 뽑자 기둥들 은 성냥개비처럼 우수수 쓰러지고 선체는 멋지게 바다로 미끄 러진다. 그리고 금세 완전히 가라앉아 바다 밑으로 사라진다.

인부들은 너무 놀라 입을 딱 벌리고 서 있다. 눈앞에 벌어 진 엄청난 불행을 납득할 수 없다는 모습이다. 찰리는 그 옆에 서서 손에 쐐기를 든 채 멍하니 가라앉는 배를 바라본다. 그러 다가 몸을 돌린다. 찰리의 얼굴은 깨달음으로 반짝인다. 다음 순간 놀라운 일이 벌어진다. 사람들에게 새침하고 미안하다는 표정을 지어 보인 후, 그는 다시 윗도리를 입고 지팡이를 집어 들고 모자를 쓰고는 현장을 스르륵 빠져나간다. 노동자들의 얼 굴에 일순 숨 막히는 놀라움이 떠오른다.

그 순간 찰리는 자신에게 어떤 불행도 초래하지 않으면서 무사히 모든 것을 경험하는 이로서 승리자가 된다. 그는 언제나 자기 주장을 관철시키면서도 절대 지는 법이 없다. 영화평론가 지그프리트 크라카우어가 말했듯이 찰리에게는 그의 무력함이 곧 다이너마이트가 된다. 그에게는 허약함과 면역력이 특이한 방식으로 혼합되어 있다. 결정적으로 그는 무상함의 힘으로 이 세계를 움직인다. 우리는 그가 보여주는 이러한 역설을 통해 놀라고, 웃고, 크게 감동받는다.

실패의 변신

보헤미안, 다다이스트, 사무엘 베케트에서 극단적으로 나타나는 실패들이 우리에게는 나타나지 않는다. 버지니아 울프의 소설과 찰리 채플린의 영화에서 보는 것처럼 우리의 일상이 실패의 미학으로 채워져 있는 것도 아니다. 그럼에도 우리는 실패의 문화를 만들 수 있다. 위협적이며 남에게 말할 수 없는 부끄러운 것이라고 여기는 실패를 생생한 그림과 이야기들로 표현할 수 있다. 스콧처럼 오만하게, 녹색 옷을 입은 하인리히처럼 비참하게, 미코버처럼 명랑하게, 몽테뉴처럼 수준 높게, 안톤 라이저처럼 출구도 없이, 오이디푸스처럼 운명에 순응함으로써, 오디세우스와 록펠러처럼 승리를 확신하면서, 로빈슨 크루소처럼 양심의 가책을 느끼면서 말이다.

　　실패의 동기와 배경이 얼마나 다양할 수 있는지에 대한 인식도 실패의 문화를 만들 수 있다. 돈키호테는 픽션과 현실을 구분하지 못함으로써 실패한다. 햄릿은 그가 처한 현실이 어떤 식으로 불가피한 재앙을 가져오는지 너무나 분명히 알았기 때문에 실패한다. 하인리히는 감당하지 못할 계획을 세워 실패한다. 불쌍한 안톤 라이저는 목표는 달성했으나 스스로 만족하지 못해 실패한다. 실패에 대한 이야기와 그림들을 찾아낸 다음에야 우리는 이것을 우리 삶의 한 부분으로 다룰 수 있다. 쉽게 언급할 수조차 없는 이 단어에 의미와 생명을 불어넣은 다음에야 실패를 이해할 수 있다는 뜻이다. 수많은 실패의 이야기들을 알게 된 다음에야 우리는 비로소 실패를 있는 그대로, 현대인의 경험으로 인식할 수 있다.

고대인들은 실패를 인간과 운명 간의 투쟁으로 이해했다. 그들에게 실패는 인간의 삶을 엉망으로 만들고 인류를 멸망시킬 수 있는 신의 결정이었다(오이디푸스). 아주 드물게 보이는 극단적인 사례에서만 신의 결정을 피해나갈 수 있었다(오디세우스). 중세에 와서 실패는 거의 사라졌다. 인간이 처음부터 저주받아 태어나는 한, 이 세상에서 야망을 가지고 노력한다는 것은 무의미했기 때문이다. 르네상스는 이러한 원죄의 범례와 작별하고, 호기심을 가지고 자연과 사회에 다가가는 재능 있고 야심 찬 인간상을 만들었다. 그러나 동시에 인간의 모든 계획은 실패할 가능성에 노출되었다.

17세기에는 계몽주의가 모든 인간에게 삶의 행복과 성공을 약속했다. 당시의 철학자들은 모든 인간이 각자의 삶으로부터 뭔가를 만들어낼 수 있는 조건이 무엇인지 탐구했다. 영국과 프랑스에서는 (무혈, 유혈) 혁명이 더 나은 사회 조건을 만들었다. 그리고 타락을 막기 위한 도구로 이성이 사용되었다. 높은 목표를 세우라며 용기를 붙돋우는 낙관적인 문화에서는 실패에 대해 거의 언급하지 않았다. 대신 실패는 인간의 심리 속으로 깊숙이 자리 잡게 되었다. 그러나 다음 세기가 되자 이성도, 커다란 행복에 대한 찬란한 약속도 실패로부터 인간을 보호해주지 않는다는 사실이 드러났다.

보헤미안과 그 이후의 현대 예술가들은 출구를 찾아 헤맸다. 그들은 실패를 변형시키고자 노력했고, 그 과정에서 이것을 더 이상 삶의 위협으로 여기지 않게 되었다. 그들은 이런 실험을 통해 실패로 얼룩진 삶을 아주 특별한 미적 매력을 지닌 것으로 보았다.

보헤미안과 다다는 결핍과 파괴로부터 뭔가 새로운 것이 나타날 수 있음을 보여주었다. 사무엘 베케트는 실패를 예술 작품으로 승화시킴으로써 더 이상 실패로부터 위협받지 않았다. 버지니아 울프는 삶의 유일성이 드러나는 고귀한 순간에 실패에 대한 두려움을 사라지게 만들었다. 찰리 채플린은 웃음의 힘을 통해 우리가 실패에 맞설 수 있음을 보여주었다. 이것이 실패의 문화로부터 나오는 단편들이다. 우리가 이런 문화를 안다면 발 밑의 땅이 꺼질 것이라는 두려움에 질려 실패에 무릎 꿇지 않을 것이다. 우리는 다른 모습으로 실패에 대응할 수 있다.

아리스토텔레스가 비극을 보는 관객들에게 기대한 것처럼 과거의 이야기가 언제나 카타르시스를 가져오는 것은 물론 아니다. 햄릿, 오이디푸스, 안톤 라이저가 왜 실패했는지 안다고 해서 이를 즉각 이해하고 실패에 대한 면역력을 갖게 되는 것도 아니다. 그러나 우리가 얻은 지식들을 겸허하게 받아들이고 실패를 다루는 문화와 우리의 대응 방식을 이해한다면 뭔가 달라질 수 있다. 예를 들어 우리는 "실패는 인생의 일부야"라는 말을 다른 시각에서 보게 되고 이것이 공허한 말이 아니라는 것을 이해하게 된다. 그리고 떠돌이 찰리의 관점을 받아들이고 패자의 존엄성을 의심스럽게 만드는 자가 옳은 것이 아니라 자신의 존재를 존중해달라고 요구하는 패자가 옳다는 것을 인식할 수 있게 된다.

실패를 '잘못이 있는' 사람들만이 갖는 개인적인 오점으로 이해할 필요도 없다. 만일 우리가 실패를 경험한다 해도 그 실패가 우리를 쉽게 곤경에 빠뜨리지 않는 생기 있고 활력 넘치는 풍부한 문화의 토대 위에서 벌어진 일이라는 사실을 알게 될 것이다.

물론 이런 힌트들을 가졌다고 해서 자기 자신을 실패로부터 보호할 수 있는 것은 아니다. 그러나 최소한 실패에 대한 좋은 대안을 몇 가지 더 얻을 수는 있다. 아마도 보다 주체적인, 보다 창의적인.

생각이 지나치다보면 큰 두려움과 부끄러움, 불쾌감을 느낄 수도 있다. 실패를 우리 내면 깊은 곳에 영원히 묻어버릴 수도 있고, 빅토리아 시대의 문제들처럼 언급조차 하지 않을 수도 있다. 지극히 개인적인, 닫힌 문 뒤에서만 일어나는 경험으로 말할 수 있다.

우리에게 실패는 남들은 잘하는데, 나만 뭔가 잘못해서 일어나는 일이 될 수도 있다. 또 남들은 다 배운 어떤 특성을 자기만 못 배워서 일어나는 실책으로 여길 수도 있다. 실패는 개인의 문제일 뿐 아니라 개인에게 높은 기대를 거는 이 사회 전체의 문제라는 것을 결국 덮어두게 되는 것이다.

우리를 보호해줄 능력도 없으면서 우리에게 많은 것을 기대하는 고도로 복잡한 현대세계에서 실패를 경험하는 것은 당연한 일이다. 특히 정치, 경제, 교육 시스템이 사람들을 몰아붙여 성공만이 현실적인 목표가 되도록 조건을 조성할 때에 더욱 그러하다. 성공에 대한 기대는 우리를 실패에서 보호해주기는커녕 오히려 실패에 근접하게 만들기 때문이다.

우리는 이처럼 이루기 힘든 일을 감행하고 비인습적인 것을 생각하며 검증되지 않은 문제를 시도하고 또 시도하고자 노력한다. 그렇기 때문에 어떤 일을 감행할 때에는 우리가 실패했을 경우 느끼게 될 창피함에 대한 두려움을 과감히 버리는 것이 좋다.

창피당할까 봐 두려워하는 것보다 더 나쁜 일은 두려움의 기운이다. 이 기운은 실패하게 되면 다른 이로부터 얻는 존경이 줄어들고 자존심까지 잃게 될 것이라고 생각하게 만든다. 그러므로 두려움을 불러일으키기 위해 실패를 은유적으로 사용하는 행위는 용납할 수 없다. 하락, 추락, 난파가 역사적으로 고려해볼 수도 없고, 거리를 두고 관찰할 수도 없는, 말 그대로 아무 전망이 없는 미래를 가리키는 위협적인 개념이라면 실패를 언급하는 일조차 우리를 옭아매는 처사가 될 것이다.

두려움과 수치심을 느끼는 대신 우리는 뭔가 다른 행동을 할 수 있다. 실패에 대해 지금처럼만 말하고 생각하게 할 뿐, 다른 식의 말과 생각은 허용하지 않는 이유가 무엇인지 이해해보려고 할 수 있다.

과거의 개념과 사상 중에 우리가 알고 있는 것은 무엇이며, 무의식중에 우리의 행동을 결정하는 배경은 무엇인가? '기회로서의 실패'라는 말의 진정한 의도는 무엇인가? 이 말이 진정으로 용기를 북돋워주는가? "자신의 실수로 벌어진 실패"와 "내 잘못이 아닌 실패"의 경계를 누구도 구분할 수 없는데, 우리는 왜 그런 구분선 주위를 맴도는 것일까?

우선 자신의 문화를 알아야 이런 배경을 이해할 수 있다. 그리고 특정한 생각과 믿음이 생성된 맥락을 알아야, 마치 절대적인 것처럼 보이는 사고와 인지 방식도 완전히 다르게 파악할 수 있다는 사실을 알게 될 것이다. 우리는 누구나 실패할 수 있다. 보다 나은 실패를!

실패의 향연

ⓒ 들녘 2007

초판 1쇄 발행일 2007년 9월 5일
초판 3쇄 발행일 2007년 12월 20일

지은이 크리스티아네 취른트
옮긴이 오승우
펴낸이 이정원

책임편집 김인경

펴낸 곳 도서출판 들녘
등록일자 1987년 12월 12일
등록번호 10-156
주소 경기도 파주시 교하읍 문발리 파주출판단지 513-9
전화 마케팅 031-955-7374 편집 031-955-7381
팩시밀리 031-955-7393
홈페이지 www.ddd21.co.kr

ISBN 978-89-7527-578-4(03300)